Carolyn Martin
mit Gregg Lewis

Ich kann nicht laufen, darum will ich tanzen

Über dreißig Jahre lang glaubten alle,
ich könne nur in einer Anstalt überleben.
Bis ich ihnen bewies,
daß sie sich getäuscht hatten ...

R. BROCKHAUS VERLAG WUPPERTAL UND ZÜRICH

ABCteam-Bücher erscheinen in folgenden Verlagen:

Aussaat Verlag Neukirchen-Vluyn
R. Brockhaus Verlag Wuppertal und Zürich
Brunnen Verlag Gießen und Basel
Christliches Verlagshaus Stuttgart
Oncken Verlag Wuppertal und Kassel

Die amerikanische Originalausgabe erschien unter dem Titel
»I can't walk – so I'll learn to dance«
bei Zondervan Publishing House, Grand Rapids, Michigan, USA
© Carolyn Martin 1994

Deutsch von Ulrike Becker

© 1995 der deutschen Ausgabe:
R. Brockhaus Verlag Wuppertal und Zürich
Gesamtherstellung: Ebner Ulm
ISBN 3-417-11588-4
Bestell-Nr. 111 588

INHALT

Einleitung: Herumliegende Knochen 5

Kapitel 1: Das Mosaik meiner Kindheit 9
Kapitel 2: Eine freche kleine Tomate 17
Kapitel 3: Meine Kindheit mit Gaga 26
Kapitel 4: Ein häßliches Entlein in Alaska 36
Kapitel 5: Alleine atmen 48
Kapitel 6: Pappy 55
Kapitel 7: Gefangen 63
Kapitel 8: Elsie zeigt, wo's langgeht 73
Kapitel 9: Entdeckungen, die ein Leben verändern 81
Kapitel 10: Ein neuer Geist 90
Kapitel 11: Der tote Punkt 95
Kapitel 12: Die tiefen Furchen des Schmerzes 105
Kapitel 13: Die Schneeschmelze 113
Kapitel 14: Willkommen in Sea Ridge 122
Kapitel 15: Ich kann vor mir selbst nicht davonlaufen . . . 130
Kapitel 16: Wie im Irrenhaus 139
Kapitel 17: »Ach, erzähl mir keine Märchen...« 145
Kapitel 18: Erste Flugversuche 154
Kapitel 19: Die Elfe und der Nachtwächter 165
Kapitel 20: Geblümte Tempos mag ich lieber 171
Kapitel 21: Theologie der kleinen Schritte 179
Kapitel 22: Kein Blick zurück 189
Kapitel 23: Das *Res* 200
Kapitel 24: Achtung – elektronische Frau! 206
Kapitel 25: Auf der Suche nach einem offenen Ohr 214
Kapitel 26: Der Collegeabschluß 222
Kapitel 27: Ein unabhängiges Leben 228
Kapitel 28: Workshops für Schriftsteller 238
Kapitel 29: Am LBI 246
Kapitel 30: Das Fundament meiner Träume 255
Kapitel 31: Eine schutzlose Seele 263
Kapitel 32: Der Spatz hat sein Nest gefunden 272

Nachwort 279

Zur Erinnerung an Pappy.

Für Mom und alle meine Geschwister, die – damals wie heute – alles tun, um mir zu helfen. Danke, daß Ihr zu mir gehalten habt, selbst dann, wenn es nicht einfach war,

und

für Dr. Anne H. Carlsen von der Anne-Carlsen-Schule in Jamestown, North Dakota. Sie haben mich dazu motiviert, Treppen zu erklimmen, wo andere noch nicht einmal meine Schritte erkennen konnten. Sie haben mir diese ersten Schritte gezeigt und mir das Vertrauen gegeben, daß ich auch die Stufen meistern kann.

Einleitung

Herumliegende Knochen

Sie sollten Carolyn Martin wirklich persönlich kennenlernen. Nur wenn Sie erlebt haben, mit welch schwierigen körperlichen Herausforderungen sie jeden Tag zu kämpfen hat, können Sie die Reise ihres Lebens, über die sie in diesem Buch schreibt, wirklich verstehen. Nur wenn Sie Carolyn vor sich sehen, wie sie heute ist, bekommen Sie eine Ahnung davon, welche emotionalen Hürden sie nehmen mußte. Nur wenn Sie einmal versucht haben, mit Carolyn ein beiläufiges und einfaches Gespräch zu führen, können Sie begreifen, wie enorm die Aufgabe für sie war, ihre Lebensgeschichte zu erzählen und zu Papier zu bringen.

Als ihr Co-Autor, Lektor und Freund möchte ich Ihnen Carolyn mit ein paar »Schnappschüssen« vorstellen, damit Sie sich ein Bild machen können, das klarer ist als ein bloßes Foto.

Carolyn sagt: »Als Gott mich schuf, muß er ein paar komische Knochen benutzt haben, die gerade noch so in der Ecke lagen. Durch meine Zerebralparese sehe ich aus wie ein Ersatzteillager. Meistens bin ich mir meiner äußeren Erscheinung gar nicht bewußt. In meinem Innern bin ich einfach ich selbst. Und das heißt für mich: ganz normal.«

Die meisten Menschen, denen Carolyn begegnet, sehen sie keineswegs als »normal« an. Aufgrund der körperlichen Behinderungen nehmen die Leute an, daß Carolyn auch geistig behindert sei. Sie wenden sich von ihr ab, um peinliche Situationen zu vermeiden.

»Ich glaube, ich bin die Personifizierung ihrer schlimmsten Alpträume«, meint Carolyn weiter. »Keines meiner Glieder funktioniert so, wie es sollte. Ich bin oben und unten undicht. Meine Stimme klingt, als hätte ich Kieselsteine in Mund und Rachen. Und wenn ich singe, was ich gerne tue, dann klingt das geradezu unmenschlich. Mein Körper, der aussieht wie eine Vogelscheuche, neigt sich im Rollstuhl zur Seite, und mein

Hals, der die Konsistenz eines Gummibandes besitzt, läßt meinen Kopf bei jeder Bewegung wild herumwackeln. Vielleicht schrecken manche zurück, weil sie Angst haben, genauso zu werden wie ich. Sie sind nur einen Autounfall davon entfernt.«

Carolyns schwerwiegende körperliche Einschränkungen machen alltägliche Dinge zu großen Herausforderungen, die ihr einen immensen Vorrat an körperlicher Energie und emotionaler Stärke abverlangen. Eine Mahlzeit zu kochen und zu essen kann zu einem gewagten Abenteuer voller Kleckse und Aufregungen werden, so daß es am Ende scheint, als habe sie mehr Kalorien verbraucht, als sie durch das Essen wieder zu sich nehmen konnte. Und da kann man es Carolyn kaum übelnehmen, daß sie oft den Eindruck hat, das Essen ist die Mühe nicht wert, die es ihr bereitet.

Die lebenslange Auseinandersetzung mit ihrer Zerebralparese hat Carolyn gelehrt, Dinge sorgfältig zu planen und analytisch zu durchdenken. Es gibt wenige Dinge, die Carolyn tun kann, ohne deren Ablauf zunächst in Abschnitte zu zerlegen, die großen und kleinen Bewegungsschritte zu planen und dann ihre ganze Konzentration daranzusetzen, daß ihre unbändigen Muskeln auch den Willensanstrengungen ihres Verstandes gehorchen. Ihre Einschränkungen haben Carolyn dazu gezwungen, im Lösen von Problemen kreativ zu sein. Statt zehn oder fünfzehn Minuten mit dem Versuch zu verschwenden, einen Clip-Verschluß von einer Brotverpackung zu entfernen, benutzt Carolyn eine Schere mit großen Griffen, um das ganze Ende der Verpackung, mitsamt dem Verschluß, abzuschneiden; danach verschließt sie die Brottüte mit einer einfachen Wäscheklammer, um das Brot frischzuhalten. Um ein Ei aufzuschlagen, legt sie es in ein Teesieb, klopft es fest gegen die Wand des Spülbeckens und fischt dann die Schalenteile heraus. Um heiße Getränke einzugießen, stellt sie zunächst die Tassen oder Becher in die Spüle, damit alles, was sie danebengießt, in den Abfluß läuft und sie sich nicht daran verbrüht.

In ihrem gesamten Apartment finden sich Zeugnisse für Carolyns Erfindungsreichtum. Seitlich an ihrem Kühlschrank hängt ein Magnet, der an einem Stock befestigt ist – zur Bergung von Metalldeckeln, die auf den Boden gefallen oder in die Spüle gerutscht sind. Im Badezimmer bewahrt sie ihre Seife in einem alten Strumpf auf, weil bei ihrem Alles-oder-nichts-Griff der linken Hand eine rutschige Seife in hohem Bogen davonfliegen würde. An der Eingangstür hängt eine kurze Leine, wie man sie auch für große Hunde benutzt, damit Carolyn die Tür ohne Mühe zuziehen kann. Neben ihrem Telefon mit großen Tasten befindet sich ein Anrufbeantworter, auf dessen Band die klare Stimme einer Freundin zu hören ist. Auf dem Band werden Anrufer gebeten, eine Nachricht zu hinterlassen, damit Carolyn später zurückrufen kann, wenn eine Freundin zur Hand ist, um das, was Carolyn sagen will, zu übersetzen. An den Kettchen, mit denen man die Lampen einschaltet, hängen lange, breite Bänder. Um beim Lesen die Seiten umzublättern, benutzt sie ein etwa zwanzig Zentimeter langes Stück eines Besenstiels, über dessen eines Ende ein altmodischer Daumenschutz aus Gummi gestülpt ist.

Die alltäglichen Aufgaben stellen eine so große Herausforderung dar, daß es erstaunlich ist, daß Carolyn noch die Energie und Kreativität besitzt zu schreiben. Will sie ein Blatt in ihr speziell angepaßtes Textverarbeitungsgerät einführen, so benötigt sie dafür zehn Minuten. Man muß sich schon wundern, wie die tausend und abertausend Seiten der verschiedenen Entwürfe dieses Buches zustande gekommen sind, wenn man bedenkt, daß Carolyn jede Seite mit ihrem Ein-Finger-System weghackt, mit einer Durchschnittsgeschwindigkeit von einer Stunde für jede Seite.

Ich habe diese Geschichte gekürzt und verdichtet, dabei einige Elemente neu geordnet und einige Lücken gefüllt. Doch die Idee und sogar die Worte stammen, ebenso wie die erstaunlichen Erfahrungen ihres Lebens, von Carolyn selbst. So hat Carolyn endlich eine klare Stimme für ihre Erzählungen gefunden. Sie werden diese Stimme vernehmen, wenn Sie dieses Buch lesen – Carolyns Geschichte, mit ihren eigenen Worten.

Gregg Lewis

Kapitel 1

Das Mosaik meiner Kindheit

Ich dachte, wenn ich meine Lebensgeschichte erzähle, wäre das, wie wenn man ein Puzzle zusammensetzt, von dem man die Vorlage kennt. Doch bald mußte ich feststellen, daß einige Puzzleteile verlorengegangen waren; andere hatte ich noch gar nicht ausgepackt und auf manchen war gar nichts zu erkennen. Ich bin inzwischen überzeugt davon, daß es unmöglich ist, das Puzzle richtig zusammenzusetzen. Aber ich bin nicht der Mensch, der etwas wegwirft, nur weil es nicht ganz perfekt ist.

Über die Jahre hinweg habe ich alte Pappschachteln angesammelt, in denen ich Dinge aufbewahre, die anscheinend wertlos sind. Ich hoffe immer, eines Tages in diesen Schachteln genau das zu finden, was ich gerade suche, um etwas zu reparieren oder gar eine kleine Erfindung zu machen. Meine Krimskrams-Schachteln sind ein ausgesprochen treffendes Bild für mein Leben. Auch ich bin solch eine Ansammlung eigenartiger und zerbrochener Gegenstände. Um dieses Buch zu schreiben, habe ich sie alle zusammengesetzt – zum Mosaik meines Lebens.

Einige Monate vor meiner Geburt im Juni 1946 schauten sich meine Eltern eine Zeitschrift an. Die Titelgeschichte zeigte einige Kinder mit Zerebralparese. Meine Mutter sagte beiläufig zu meinem Vater: »Wenn wir ein wenig Geld angespart haben, sollten wir diesen Kindern etwas davon schicken. Sie können sicher jede Hilfe brauchen.« Wie sich herausstellte, sollten meine Eltern weit mehr Geld für die Sache der Zerebralparese ausgeben, als sie sich je gedacht hätten.

Die Wehen meiner Mutter waren lang und beschwerlich. Bei der Entbindung mußten die Ärzte Zangen benutzen. Als ich endlich das Licht der Welt erblickte, war mein kleiner Körper blau, schlaff und leblos. Da der Arzt keine Bewegung feststellen konnte und keine Hoffnung für das Baby sah, wandte er seine Aufmerksamkeit meiner Mutter zu und überließ mich, auf einem Tisch in der Nähe, dem Tod. Eine Schwester bestand, entgegen der Meinung des Arztes, auf dem Versuch, mich wiederzubeleben. Jemand gab mir Sauerstoff, und so erhielt ich das Recht, zu leben – mit Zerebralparese.

Ob der Schaden nun von den schweren Wehen herrührte, von der Anwendung der Zangen oder davon, daß man nicht sofort nach meiner Geburt Wiederbelebungsmaßnahmen eingeleitet hatte, der Arzt muß wohl von Anfang an Probleme vermutet haben. Er warnte meine Mutter vor der trügerischen Hoffnung, daß ich mich genauso schnell wie ihre sieben anderen Kinder entwickeln würde. Und nachdem ein ganzes Jahr vergangen und ich immer noch nicht in der Lage war, meinen Kopf aufrecht zu halten, geschweige denn, mich zu drehen, aufrecht zu sitzen oder zu krabbeln, wurde auch meine Mutter immer unruhiger.

Da ihre Sorgen und Fragen ihr keine Ruhe ließen, überwies mich unser Arzt schließlich an einen Neurologen. Nachdem dieser Facharzt mich untersucht, einigen einfachen Tests unterzogen und meine Mutter befragt hatte, stellte er sehr schnell das Offensichtliche fest. Nicht nur, daß ich keine Beweglichkeit entwickelt hatte, ich zeigte auch überhaupt keine willentlichen motorischen Bewegungen. Während alle Kleinkinder ihre Gliedmaßen zunächst unkontrolliert und zuckend bewegen, beginnen sie normalerweise innerhalb einiger Wochen, ihre Hand auszustrecken und Dinge zu berühren. Bald lernen sie, die Finger von Erwachsenen oder ihr Lieblingsspielzeug zu fassen. Im Alter von einem Jahr konnte ich weder meine Hand ausstrecken noch irgend etwas ergreifen.

Ich hatte keines der einfachen Wörter wie »Mama« oder »Papa« gelernt und zeigte auch sonst keine erkennbaren Muster sprachlicher Äußerungen. Ich weinte. Ich schrie. Das war alles. Ich konnte meinen Kopf nicht bewegen, um etwas anzuschauen, das meine Aufmerksamkeit erregt hatte, und meine Sehkraft war schlecht. Daher zeigte ich auch kaum Reaktionen auf visuelle Reize.

Gleichzeitig reagierte ich auf akustische Reize überempfindlich. Jedes neue oder unerwartete Geräusch – es mußte nicht einmal laut sein – schien eine Miniexplosion in jeder Synapse meines Körpers auszulösen. Meine Arme und Beine zuckten heftig und unkontrolliert. Dieser Reflex erschreckte mich stets so sehr, daß ich vor Angst weinte und oft schrie.

Nachdem der Neurologe seine Eingangsuntersuchung abgeschlossen hatte, teilte er Mutter seine Diagnose mit. Er sagte, ich sei »schwachsinnig«. Es gäbe keine Hoffnung, und ich würde mein ganzes Leben wie eine Pflanze vor mich hin vegetieren. Er sagte meiner Mutter, es wäre das Beste, mich in eine Anstalt zu geben und zu vergessen, daß ich je existiert hätte.

Um die Weigerung meiner Mutter, den Rat dieses Neurologen zu befolgen, richtig würdigen zu können, bedarf es einer Kurzeinführung in die Geschichte meiner Familie.

Als ich das Licht der Welt erblickte, lebte meine Familie auf einer kleinen Schweinefarm im ländlichen San José in Kalifornien. Mein Vater, den jeder in der Familie »Pappy« nannte, war in der *Kaiser-Gypsum*-Fabrik angestellt. An den Abenden und Wochenenden arbeiteten er und meine älteren Geschwister auf der Farm. Pappys Nebenberuf verlangte stets mehr von ihm, als er eigentlich hineinstecken wollte, aber die Farm half dabei, uns zu ernähren. Und wenn man acht Kinder zu versorgen hat, braucht man schon ein regelmäßiges Zusatzeinkommen.

Pappys erste Liebe galt dem Jagen, dem Fischen und dem Herumbasteln an seinen Gewehren. Obwohl die Anforderungen seiner Doppelbeschäftigung ihm wenig Zeit in der Wildnis übrigließen, sah er doch genauso aus wie der Mann, der er auch war – ein rauher Naturbursche, der sich in der Wildnis wie zu Hause fühlte. Zu dem Zeitpunkt, als ich als Familienschlußlicht auf die Welt kam, war mein Vater bereits ergraut. Was ihm an Haaren noch geblieben war, säumte seinen Kopf wie ein zu tief sitzender Siegeskranz. Das Haar schien in seinem Gesicht fruchtbareren Boden gefunden zu haben. Dort schmückte er sich mit einem zerzausten Suppenfilter-Schnurrbart, langen Koteletten und einem Dreitagebart, so stachelig wie Schweineborsten. Er war ein kräftiger, großer Mann, aber nicht dick.

Seine dunklen, ernsten Augen bekamen einen schelmischen Glanz, wenn er zum Scherzen aufgelegt war.

Pappy war nach mehreren Magen- und Rückenoperationen jahrelang bettlägerig. Er hatte über einen langen Zeitraum an chronischen Rückenproblemen gelitten, und sein Zustand verschlimmerte sich zunehmend durch die schwere Landarbeit und die tägliche Aufgabe, Tonnen von Schweinefutter zu schaufeln.

Mom – mit ihrer zarten Erscheinung und ihrem babyfeinen Haar, das sich unmöglich frisieren ließ, wenn sie es nicht in einen Knoten flocht und mit Haarspray festklebte – mußte die Farm bearbeiten. Zu ihren Arbeiten gehörte es, täglich die »Schweineeimer« mit Lebensmittelabfällen zu holen und regelmäßig die Tiere zum Markt zu fahren. All dies tat sie zusätzlich zu ihrer übrigen Arbeit als Köchin, Hausfrau, Mutter einer großen Kinderschar und vollzeitliche Krankenschwester ihres kranken Mannes. Das war das Jahr, in dem mich meine Mom gebar.

Meist behielt Mom ihre ruhige und liebevolle Art bei, doch manchmal war sie frustriert von der erdrückenden Arbeitslast, die eine Familie unserer Größe von ihr forderte. Oft mußte sie sich, was den Haushalt anging, mit dem Geringsten zufriedengeben und hatte nie genug Geld für Dinge, die man als »Luxus« hätte bezeichnen können.

Moms Mangel an Organisationstalent machte die Herausforderung noch größer. Um zu verhindern, daß sie ihr Geld und kleinere Wertgegenstände verlegte, versteckte sie diese Dinge in ihren »antiken« Zuckerdosen und Vasen. Aber Pappy machte sich einen heimtückischen Spaß daraus, ihr zu zeigen, daß er all ihre Verstecke kannte. Dann wurde Mom wütend und mußte all ihre Schätze umräumen.

Die Beziehung zwischen Mom und Pappy glich einem Munitionsdepot, in das hin und wieder ein Streichholz geworfen wird – oft gab es ein wahres Feuerwerk. Die beiden schienen häufig so extrem gegensätzlich zu sein, daß sie es selten schafften, sich auf halbem Weg zu treffen. Und doch blieben sie durch all die Stürme ihres Lebens hindurch zusammen, auch wenn oft jeder nach seinem eigenen Takt marschierte und sie sehr unterschiedliche Ziele verfolgten.

Mom hatte den Traum, ihren Kindern ein ganz anderes Leben zu ermöglichen, als sie selbst es als Kind erlebt hatte. Nachdem ihre Mutter sich von ihrem Vater hatte scheiden lassen, weil dieser sich als unfähiger Ehemann und Vater erwiesen hatte, ernährte ihre Mutter die kleine Familie (Mom hatte nur einen Bruder) durch ihre Nähkünste. Aber meine Mutter konnte es nicht ausstehen, knapp bei Kasse zu sein. Darüber hinaus haßte sie es, alleine zu sein, und schwor sich, sie würde einmal eine große Familie und viel Geld haben. Ihr erstes Ziel erreichte sie, und von dem zweiten träumte sie noch immer.

Pappy war vorsichtig und sparte; er war kein Verschwender. Er arbeitete hart. Wenn er mit seinen Händen arbeiten konnte, war er glücklich. Pappy schien vor jeglicher Geldausgabe zurückzuschrecken – besonders für Dinge, die er als »Luxus« ansah (fließend Wasser und Heizung eingeschlossen). Er kaufte selten irgend etwas Neues. Wenn er etwas vom Schrottplatz reparieren konnte, um es auf der Farm oder im Haus zu benutzen, so tat er dies.

Es verlangte viel Zeit und Mühe, bis Mom und Pappy die hohe Kunst der Teamarbeit gelernt hatten – die sie auch dann nur selten anwandten. In den Zeiten, in denen sie miteinander auskamen, gelang es ihnen immerhin, ein halbwegs mittelmäßiges Team zu sein.

In den Jahren, die meine Familie auf der Farm lebte, half Moms Mutter mit den Kindern. Gaga, so nannten wir meine Großmutter, lebte in einem kleinen weißen, stuckverzierten Haus gerade gegenüber. Gaga war groß und hatte silbergraues Haar, das sie immer in einem Haarnetz trug. Ihre runzlige Haut fühlte sich lustig an. Aber ihre braunen Altersflecken auf der Haut konnte sie überhaupt nicht ausstehen. Daher ging sie nie ohne ihre Handschuhe aus – nicht einmal zum Lebensmittelladen. Sie war der festen Überzeugung, daß »echte Damen« niemals ohne Handschuhe und Hut herumlaufen sollten.

Ich kann mich nicht daran erinnern, daß Gaga je etwas anderes getragen hätte als Wollkleider und ihre grüne Anstecknadel aus Jade. Sie benutzte täglich *Cashmere-Bouquet*-Badesalz, und zu besonderen Gelegenheiten duftete sie nach dem Parfüm *White Shoulders*.

Mom war dankbar für jede Hilfe, die sie bekommen konnte, und brauchte sie wohl auch, um ihre große Drei-Etagen-Familie großzuziehen. Im Obergeschoß befanden sich mein Halbbruder Don (der schon zu Mom gehört hatte, bevor sie Pappy traf), Robert und Maxine. Parterre wohnten sozusagen Ken und Shirley. Und unten im Keller waren Rosemary, Elizabeth und ich.

Don war bei meiner Geburt schon fast zwanzig. Er kam uns jüngeren Kindern eher wie ein guter Onkel vor und nicht wie ein Bruder. Schon in meinen frühesten Erinnerungen lebte er mehr für sich als mit den anderen.

Robert war dunkelhaarig und sehr kräftig. Er hatte es schon immer gehaßt, der kleinste unter den vielen Riesen in der Familie zu sein, weil seine Schwestern ihn erbarmungslos damit aufzogen. Zu seinem Glück erwies ich mich als der Familienzwerg. Obwohl ich größer aussah als meine 1,57 m, weil ich nicht so rund und vollgestopft war wie andere Familienmitglieder.

Was Maxine angeht, so erinnere ich mich daran, sie nur einmal gesehen zu haben, als ich klein war. Sie saß in einem Rattanstuhl auf der Veranda und hielt ihren Sohn im Arm, der kaum jünger war als ich. Er war todkrank und starb kurze Zeit danach. Nach seinem Tod ging Maxine nach Chicago, wo sie viele Jahre als Model und Entertainerin arbeitete.

Ken, bei meiner Geburt elf Jahre alt, war der älteste der jüngeren Geschwister und verbrachte die meisten Jahre meiner Kindheit zu Hause. Obwohl er ständig Ärger mit seinen vier jüngeren Schwestern hatte, konnte seine offen zur Schau gestellte (aber unberechtigte) Unschuldsmiene Gaga und Mom oft täuschen und ersparte ihm manche verdienten Schläge. Vielleicht war es ein Vorzeichen seiner späteren Karriere als Feuerwehrmann, daß Ken gerne Feuer anzündete, um sie dann einem von uns in die Schuhe zu schieben.

Shirley, nur ein Jahr jünger als Ken, spielte die Rolle der großen Schwester. Sie trug ihr langes braunes Haar in Zöpfen, um

Gagas tödlichem Lockenstab zu entgehen – einer von der billigen Sorte, die auf dem Herd erhitzt wurden und aussahen wie das gemeinste Folterinstrument. Inmitten unserer chaotischen Familie bestimmte Shirley mit ihrer milden, friedlichen Natur ihre Gangart selbst. Sie war stets an der Pflege eines kranken Tieres mehr interessiert als an den höheren Weihen der Mode oder gar der Schule.

Rosemary und Elizabeth waren zwei, beziehungsweise ein Jahr älter als ich. Sie hätten auch genausogut Zwillinge sein können. Denn obwohl sie von ihrer Persönlichkeit grundverschieden waren, sah und dachte ich sie immer als eine Einheit. Die beiden entwickelten sogar ihre eigene Geheimsprache. Schon sehr früh mußte jeder, der Elizabeth verstehen wollte, Rosemary bitten zu übersetzen.

Weil Rosemary als Kind rundlich und scheu war, richtete sie sich nach ihrer jüngeren Schwester. Nüchtern wie ein kleiner Richter, lernte es Rosemary, Elizabeths Eskapaden mit der richtigen Einstellung zu nehmen.

Elizabeth war der Familienfunke, das Energiebündel, das Dinge in Gang setzen konnte – Dinge, die ihr oft ziemliche Schwierigkeiten mit Gaga einhandelten. Es machte ihr Spaß, ihren Mutwillen mit Gaga zu treiben, auch wenn sie wußte, daß sie die Konsequenzen dafür *tragen* mußte. Na ja, manchmal trug sie auch nichts. – Ich erinnere mich, wie sie eines Tages Gaga eine »alte Streitaxt« nannte und dann ohne einen Faden am Leib über die Wiese davonstürzte, um der Strafe zu entgehen. Jedesmal, wenn Elizabeth wütend wurde, zog sie sich aus und rannte davon. Und es schien ausgeschlossen zu sein, daß Gaga oder sonst jemand sie zähmen konnte.

Ich gehörte ganz eindeutig zur Familie Martin. Ich hatte die gleichen braunen Haare und braunen Augen geerbt wie meine Geschwister, aber von Anfang an erkannte jeder, daß ich anders war. Und bald erkannte ich selbst es auch.

Die ersten vier Jahre meines Lebens verbrachte ich in den einengenden, aber schützenden vier Wänden meines Kinderwagens. Selbst in einem Alter, in dem die meisten Kinder im

Kindergarten sind oder von der Vorschule träumen, war ich nicht in der Lage, mich aufzusetzen, zu krabbeln oder herumzurollen. Ich konnte keinen Löffel benutzen und keine Flasche halten. Ich konnte kein Spielzeug in die Hand nehmen. Ich hatte nicht die geringste willentliche Kontrolle über irgendeinen Teil meines Körpers. Meine Nackenmuskulatur blieb so schwach, daß mein Kopf vorsichtig auf ein Kissen gelegt werden mußte, um zu verhindern, daß ich mich erstickte oder meinen eigenen Speichel einatmete.

Ich wüßte nicht, daß meine Einschränkungen mich in diesem Alter sonderlich frustriert hätten. Ich vermute, ich habe damals die engen Grenzen meines Daseins einfach akzeptiert, weil ich nichts anderes kannte. Wenn ich überhaupt das Gefühl hatte, gefangen zu sein, dann hatte dies wohl weniger mit meiner Unbeweglichkeit zu tun, als vielmehr mit meiner Unfähigkeit zu kommunizieren. Ohne Worte konnte ich keinem sagen, was ich wollte, oder auch nur wissen lassen, *daß* ich etwas wollte. Unfähig, irgend etwas anderes zu tun, als zu weinen und zu schreien, schien ich tatsächlich wie eine Pflanze vor mich hin zu vegetieren, wie es die Ärzte vorausgesagt hatten.

Kapitel 2

Eine freche kleine Tomate

Jeder unerwartete Lärm und jede unbekannte Stimme löste meinen hypersensiblen Angstreflex aus. Ich verfiel in Panik, zuckte und schrie bei jedem neuen Geräusch voller Furcht. Daher mußte mein Kinderwagen jedesmal aus dem Zimmer geschoben werden, bevor ein Besucher eintreten konnte.

Meine Angst vor Fremden wurde zu einem ernsten Hindernis, als meine Mutter mich für ein spezielles Kindergartenprogramm anmeldete. Ich wollte in keiner Weise mit irgendeinem Therapeuten oder Lehrer zusammenarbeiten. Ich warf mit Spielsachen, schrie, biß und ließ mein Wasser gerade auf die Leute, die am geduldigsten versuchten, mir zu helfen. Die Therapeuten zogen den Schluß, daß sie nichts für mich tun könnten, bis ich mich beruhigt hätte und ihnen vertrauen würde.

Mom und Gaga waren verblüfft, wie ich jedesmal spitzkriegte, daß sie mich in den klinischen Kindergarten bringen wollten. Ich war erst drei Jahre alt und so klein, daß ich zwischen die beiden gepfercht auf dem Vordersitz unseres Wagens saß. Sie wußten, daß ich nicht über das Armaturenbrett hinweg oder zum Fenster hinaussehen konnte. Ich erinnere mich, daß ich dachte, wie dumm sie doch waren, wenn sie nicht wußten, daß Bäume, Telegraphenmasten und wilde Düfte zum Land und hohe Gebäude, Autohupen und Ampeln in die Stadt gehörten. Ich verfolgte die Gerüche, die Geräusche und die Silhouetten der Hochhäuser. Egal, welche Strecke Mom auch zur Klinik benutzte, ich strampelte und schrie, bis sie umdrehte und wir nach Hause zurückfuhren.

Meine Anfälle waren Mom und Gaga zutiefst peinlich, aber die Therapeuten beruhigten sie. Sie sagten Mom, mein Verhalten könne bedeuten, daß ich einen starken Überlebenswillen besäße und eines Tages etwas aus mir machen werde.

Eines Tages – ich war drei oder vier Jahre alt – geschah etwas, das meine Haltung Fremden gegenüber veränderte. Ein Mann, den ich nie zuvor gesehen hatte, kam in unsere Küche. Ich fing an zu heulen, als eine meiner Schwestern den Kinderwagen ergriff und in Richtung Schlafzimmer schob. Genauso plötzlich hielt dieser mutige und freundliche Fremde den Kinderwagen an, schwang mich hoch in seine Arme und rief mit einem faszinierenden dänischen Akzent: »He, bist du nicht ein bißchen zu klein, um soviel Lärm zu machen?«

Er reagierte ruhig und liebevoll auf meinen fortdauernden Angstkoller und versuchte nicht, mich zum Schweigen zu bringen. Er hielt mich einfach nur fest, während ich mich wand und schrie. Er war völlig beherrscht. Was ich auch tat, nichts brachte ihn aus der Fassung.

Seine Strategie funktionierte. Ich beruhigte mich schließlich und besah ihn mir genauer. Wir starrten uns gegenseitig an. Ich entdeckte einen Schokoladenriegel in seiner Hemdtasche und versuchte heranzukommen. »Oh, du willst das hier? Komm, versuch's noch mal.« Er lachte, als er den Schokoladenriegel aus seiner Tasche angelte und in meine Reichweite brachte. Als ich ihn mit meinem schraubstockartigen Griff zerdrückte, grinste er mich an, riß das Papier auf und fütterte ihn mir Stück für Stück.

Mom und Gaga sahen erschrocken und schweigend zu. Zum ersten Mal in meinem Leben benahm ich mich zivilisiert genug, um mich von einem Fremden hochheben und im Arm halten zu lassen. Von da an durfte ich im Raum bleiben, wenn wir Gäste hatten. Und meine Familie gewöhnte sich an, meinen Kinderwagen in der Nähe zu behalten, so daß ich zuschauen konnte, wie Gaga und Mom im Haus arbeiteten. Eines Tages, als Gaga eine sarkastische Bemerkung über Maxines Freund machte, lachte ich laut auf. Ich verstand nicht genau, was meine Großmutter sagte, aber ich spürte an ihrer Stimme, daß das, was sie sagte, lustig und nicht sehr schmeichelhaft war.

Gaga und Mom drehten sich erstaunt zu mir um. Die Ärzte hatten ihnen gesagt, ich sei zu nichts fähig und könnte nur wie eine Pflanze vor mich hin vegetieren. Nun sah es so aus, als wäre ich doch tatsächlich eine ziemlich freche kleine Tomate. Verstand ich wirklich, was die Leute zu mir sagten? Wieviel verstand ich? Gaga und Mom beschlossen, mich auf der Stelle über Dinge auszufragen, von denen sie dachten, eine Vierjährige könne sie wissen.

»Wo ist Ken?« lautete die erste Frage.

Ich drehte meine Augen zur geöffneten Küchentür hin, denn dort vor der Tür arbeiteten er und Pappy. Als die Fragen immer präziser wurden, wandte ich meine Augen immer wieder dahin, wo die Dinge waren, nach denen sie mich ausfragten. Wo sind die Scharniere am Küchenschrank? Wird die Kartoffelpresse zum Mahlen von Kaffee oder zum Pressen von Kartoffeln verwendet?

Mom und Gaga waren überrascht, daß ich Namen und Zweck all ihrer Küchengeräte kannte, wie auch Namen und Aufenthaltsort aller Familienmitglieder. Sie machten so viel Aufhebens um mich, daß ich mich noch heute daran erinnere, wie ich dachte: *Was für blöde Erwachsene!*

Aber ich dachte auch: *Was für ein wunderbares Spiel!* Den ganzen Tag über erwartete man von mir, meine Vorstellung für jeden zu wiederholen, der die vorherigen Darbietungen versäumt hatte, und ich wurde im Handumdrehen ein richtiger Prahlhans. Aber ich blieb ein emotional explosives Kind – besonders, wenn die Spannungen oder der Geräuschpegel im Haus über das normale Maß an Chaos hinausliefen.

Da meine beiden lichten Momente gekommen waren, als es im Haus relativ ruhig gewesen war, fragten sich Gaga und Mom, ob ich mich nicht in einer gefestigteren und ruhigeren Umgebung besser benehmen würde. Sie beschlossen, mich in Gagas kleines Häuschen gegenüber zu verlegen.

Gagas Haus war umgeben von ein paar Flicken mit Wiesenblumen, Pampasgras und Blumen- und Gemüsebeeten. Sie spielte Musik, damit ich mich leichter entspannen konnte, und sorgte gewissenhaft für meine täglichen Bedürfnisse – angefangen vom Füttern bis dahin, daß sie mich vorsichtig in eine Holzkiste packte und mich nach draußen trug, wo ich in der warmen Sonne sitzen und spielen konnte. Dieses Leben bei Gaga gab mir ein Gefühl der Sicherheit, wie ich es bisher nicht gekannt hatte.

Wir teilten unser kleines Zuhause mit Gagas schwarzweiß gefärbtem Terrier namens Britchy. Mit seinem weißen Vorderteil und schwarzen Po und Hinterbeinen sah er aus, als trüge er eine Hose. Britchy wedelte fast ununterbrochen mit dem Schwanz – besonders nach einem Bad. Und davon bekam er eine Menge ab, denn Sauberkeit war eine Grundvoraussetzung für das Zusammenleben mit Gaga.

Es machte mir Spaß, zu sehen wie Britchy im Spiel herumtollte, und ich beneidete ihn um seine Energie und Beweglichkeit. Wenn die Nachmittage heiß waren, schlief er gewöhnlich neben mir im Schatten. Es schien mir unfaßbar, daß dort, gerade gegenüber im Haus meiner Eltern, eine Welt voller Unruhe und Lärm war.

Die positiven Auswirkungen des Umzugs zeigten sich bald. Kaum hatten Gaga und ich unseren neuen Rhythmus gefunden, gewann ich ein bißchen an Koordinationsfähigkeit. Pappy bastelte mir nach Plänen, die ihm mein Therapeut gegeben hatte, einen kleinen Spieltisch mit einem Loch darin und einer Tür, die mich sicher umschloß. Dieser Tisch hielt mich durch eine besondere Stützvorrichtung in einer aufrechten Position und machte es mir möglich, viele schöne Stunden allein zu spielen. Pappy strich den Tisch mit feuerwehrroter Farbe an und machte zusätzlich zu den Plänen ein paar ausziehbare Beine, damit der Tisch mit mir »wachsen« konnte.

Ich bekam einige pädagogische Spielsachen, damit ich meine Geschicklichkeit entwickeln konnte. Wenn ich davon frustriert war, warf ich sie wütend von meinem Tisch herunter. Und Gaga schimpfte dann gewöhnlich mit mir. Nachdem ich mich oft genug herumgeärgert hatte, entdeckte ich, daß ich mit der nötigen Konzentration tatsächlich die Pflöcke in meine Spielzeugwerkbank hämmern konnte. Ich mußte nur mit meiner rechten Hand die Werkbank packen und mit meiner besser koordinierbaren linken Hand den Hammer schwingen. Gaga ermahnte mich fortwährend: »Laß dir Zeit und überlege dir, was du tun willst!« Und so lernte ich mehr und mehr Handgriffe.

Wenn ich mich beeilte oder etwas schnell fertigbekommen wollte, scheiterte ich. Wenn mich dann die Enttäuschung packte, weinte ich stundenlang unkontrolliert. Ich weinte nicht nur aus Wut über meine Unfähigkeit, das zu tun, was ich wollte, sondern auch, weil ich dachte, was für ein schlimmes Mädchen ich sei. Denn mein Weinen brachte Gaga aus der Fassung. Ich wollte es ihr doch so sehr recht machen.

Wenn ich ruhig war, machten mir Spielsachen zum Zusammensetzen besonderen Spaß. Es langweilte mich bald, mit diesen Kindergartenpuzzles mit genau passenden Teilen zu spielen. Sie waren zu einfach. Größere Bildpuzzles gefielen mir besser, weil es ein echtes Erfolgserlebnis war, wenn ich eines fertiggestellt hatte.

Ich lernte viel durch Ausprobieren, daher lohnte sich das Überlegen. Ich fand eine Technik heraus, wie ich Klötze als Betten und Tische für meine Puppen gegen eine Wand lehnen konnte. Ich benutzte gerne große Bausteine mit Buchstaben und Zahlen darauf, und es machte mir sehr viel Spaß, die Buchstaben des Alphabets zu lernen.

Trotz all ihrer Erfahrung im Erziehen von Kindern hatte Gaga, was mich anging, wohl doch mehr als einen blinden Fleck. Sie beschützte mich übermäßig, weil sie glaubte, sie wisse es am besten und müsse mich selbst gegen meine eigenen Geschwister verteidigen. Und sie konnte schrecklich nachsichtig sein; so sehr, daß ich es lernte, sie kräftig zu manipulieren. Einmal waren wir beim Einkaufen, als ich eine Puppe sah, die einen Koffer trug. Ich mußte diese Puppe einfach haben, also machte ich einen Riesenspektakel. Gaga und Mom war das äußerst peinlich, und so kauften sie die Puppe, nur damit ich aufhörte. Trotz der Fehler, die Gaga vielleicht gemacht hat, wäre ich ohne ihre Liebe und Fürsorge wohl nie so weit zur Ruhe gekommen, daß ich in den Kindergarten gehen konnte.

Eines Tages erklärte Mom, daß sie mit Gaga und mir eine Spazierfahrt unternehmen wolle. Sie hatte einen wunderschönen Blumengarten gesehen, den die Kindergartenkinder angelegt hatten, und dachte, es würde mich freuen, ihn anzuschauen. Sie versicherte mir, daß wir nicht in den Kindergarten hineingehen würden; sie wolle uns nur den Garten zeigen.

Dieser Garten befand sich unter dem Fenster einer sonderpädagogischen Kindergartengruppe, und ich sah, wie die Kinder interessante Dinge machten. Ich wollte geradewegs hineingehen – besonders, nachdem mir Gaga gesagt hatte, daß die Kinder dieser Gruppe den Garten bearbeiten und Stiefmütterchen pflanzen mußten. Ich liebte es, am Boden zu sein und dreckig zu werden – und Gaga ließ mich nie genug davon haben.

Mom sagte, es sei sehr unhöflich, an diesem Tag in die Gruppe zu gehen und den Unterricht zu unterbrechen. Aber sie versprach mir, daß ich sehr bald in den Kindergarten gehen könne, wenn ich es wirklich wollte, wenn ich ein braves Mädchen wäre und wenn ich versprach zu tun, was mir die Erzieher sagten. Und der ersehnte Tag kam bald.

Was mich an meinem ersten Kindergartentag am meisten beeindruckte, war das gute Benehmen der übrigen Kinder. Kein Schreien. Kein Weinen. Kein Tamtam. Jeder war still und saß oder stand an Stütztischen, die Platz für je vier Kinder hatten. Die Kinder spielten ruhig miteinander, jeder schien glücklich, nichts war durcheinander. Ich erinnere mich, wie ich dachte, wie schön es sein müßte, wenn ich nur so brav sein könnte wie diese Kinder.

Der erste große Test für meinen Entschluß kam bald nach Beginn meiner Kindergartenzeit. Ich starrte gerade in Tagträumen aus dem Fenster, als die Erzieherin mich ermahnte zuzuhören, oder sie würde die Vorhänge zuziehen. Aber ich war an einem Stützpult direkt neben dem Fenster. So lenkte mich erneut draußen etwas ab. Ohne weitere Warnung ging die Erzieherin hin und zog die Vorhänge zu. Wie überrascht ich war! Gaga ermahnte mich gewöhnlich tausendmal, bevor sie zu so einer Tat schritt. Es erstaunte mich, daß die Erzieherin kein bißchen ärgerlich wurde. Sie ging einfach nur hin und schloß die Vorhänge. Ich verstand sofort, daß sie von mir erwartete, daß ich ihr folgte; und ich gehorchte ohne meinen üblichen Spektakel.

Zu diesem Zeitpunkt meines Lebens hatte ich eine leise Ahnung davon bekommen, daß ich irgendwie »anders« war – zumindest in den Augen mancher Leute, die Gaga und ich beim Einkaufen trafen. Sie bemerkten, daß ich in einem Sportbuggy für Kleinkinder saß, und fragten Gaga: »Ist mit Ihrem Kind was nicht in Ordnung?«

Aber im Kindergarten fühlte ich mich nie als fehl am Platz oder »anders«. Meine Gruppe gehörte zu einem sonderpädagogischen Programm, und meine Kameraden hatten die verschiedensten Behinderungen. Ich glaube, wir mußten alle in unseren Stühlen beziehungsweise Stützpulten festgeschnallt werden, um Stürze zu verhindern. Ein Junge tat mir besonders leid, denn er mußte nicht nur in seinem Sitz festgeschnallt werden, sein Kopf mußte zusätzlich hinten an seinem Stuhl festgebunden werden, damit er sich nicht weh tat.

Im Kindergarten machte es mir Spaß, »Familie zu spielen« und mich künstlerisch zu betätigen. Ein Helfer brachte mich gewöhnlich in die Haushaltsecke, schnallte mich in einen kleinen Stuhl und zog mir eine Verkleidung an. Dann spielte ich Familie mit zwei kleinen Jungs, die ungefähr so alt waren wie ich und Körperstützen trugen, aber laufen konnten. Ich spielte immer die Mutter. Einer der beiden war der Vater und der andere unser kleiner Sohn.

Wenn es ans Malen ging, legte ein Helfer meine Finger um einen Pinsel und bewegte dann mein Handgelenk hin und her, so daß große farbige Klecksen und Striche entstanden.

Ich genoß diese neue Art, mit Freunden zu spielen, aber am meisten liebte ich die Zeiten, in denen mich die Helfer mir selbst überließen und ich meine Finger schmutzig machen konnte – mit Fingerfarben, nassem Ton oder Gartenerde. Mich dreckig zu machen, das war genau das, was ich mir unter einem »Riesenspaß« vorstellte. Es hätte Gaga sicher viel Mühe mit dem Waschen, Bügeln und den Näharbeiten an den Säumen meiner hübschen vornehmen Kleidchen erspart, hätte sie mich nur öfter meine geliebten lila Overalls tragen lassen – besonders wenn ich zur Bewegungstherapie ging.

Ich arbeitete jetzt mit den Therapeuten zusammen, ließ mich von ihnen auf ein Dreirad mit einer hohen Rückenlehne schnallen und meine Füße an den Pedalen festmachen. Genau wie meine neuen Freunde fuhr auch ich bald auf dem ganzen Kindergartengelände herum, auf dem Kopf einen kleinen Helm, der mich nicht nur schützte, sondern mir auch ein ungeahntes Selbstvertrauen verlieh. Was für ein Spaß!

Ich versuchte krabbeln zu lernen. Dafür benutzte ich ein Krabbelgestell auf Rädern, an dem eine Schlinge befestigt war, die mich in einer Krabbelstellung hielt. Ich mußte nur noch meine Arme und Beine symmetrisch zueinander bewegen – das war schwer zu lernen und zu behalten. Doch wie frustrierend es auch sein mochte, ich gab nicht auf. Ich wußte, wenn meine Kameraden es schafften, dann mußte ich es auch versuchen.

Einige der anderen Kinder benutzten den Schulbus – in Wahrheit ein strahlend neuer Lieferwagen mit Holzverkleidung an den Türen. Wenn ich ihn sah, deutete ich jedesmal darauf und stampfte mit den Füßen – bis Mom und Gaga verstanden hatten, daß ich mit den anderen fahren wollte. Mom und Gaga waren zunächst nicht sonderlich begeistert von dieser Idee. Schließlich konnte ich immer noch nicht ohne fremde Hilfe sitzen. Aber sie waren einverstanden, so daß ich es versuchen durfte.

Der junge Busfahrer, Mike, wußte genau, wie er meine Mutter und Gaga beruhigen konnte. Er setzte mich vorsichtig auf die hinterste Bank zwischen zwei Schülerinnen, die bei uns auf die High-School gingen. Ich saß zwischen sie geklemmt, während sie mir ihre Bücher zeigten und mir erklärten, was die Bilder bedeuteten. Sie waren so nett zu mir, daß ich hoffte, ich würde einmal genau wie sie werden, wenn ich groß wäre.

Jeden Tag auf dem Weg zum Kindergarten schauten Mütter, die ihre Kinder zum Bus brachten, hinten hinein und versuchten, eine Antwort aus mir hervorzulocken: »Ist das nicht eine Süße! Komm, lach doch mal!«

Sie kannten mich nicht sehr gut, denn ich war keineswegs so süß. Eigentlich war ich ein böses kleines Mädchen, weil ich meiner Familie zu Hause soviel Kummer bereitete.

Ich hatte keine Möglichkeit, über meine Gefühle zu sprechen. Wenn diese intensiven Emotionen mich überschwemmten, schienen sie sich in unkontrolliertem Kichern oder wilden

Wutausbrüchen zu entladen, die dann in Tränen und schließlich in schrecklichen Schuldgefühlen endeten. Und jedesmal, wenn ich weinte, würde irgend jemand in der Familie jemand anderem vorwerfen, mich zu sehr aufgeregt zu haben. Dann weinte ich noch mehr, weil ich soviel Spannungen und Ärger und Kämpfe unter denjenigen auslöste, die mir am meisten bedeuteten.

Niemand hatte mir jemals gesagt, daß ich ein böses Mädchen sei. Ich wußte einfach, daß es so war.

Kapitel 3

Meine Kindheit mit Gaga

Lange Zeit schob mich meine Familie in einem komischen blaugestrichenen Ding herum, das sich *Taylor-Tot* nannte. Ich entdeckte, daß ich dieses Ding hochheben konnte, indem ich meinen Fuß unter die abnehmbare Fußstütze hakte. Dann konnte ich aufstehen und mich mit dieser Art Laufgestell fortbewegen. Mom und Gaga wunderten sich lautstark über meinen Erfindungsreichtum.

Ich wuchs aus diesem Ding sehr schnell heraus, deshalb gab einer der Therapeuten Vater eine Bauanleitung für ein großes Laufgestell. Gaga machte aus schwerem Musselin einen Sitz, Pappy konstruierte den Rahmen und befestigte riesige Laufrollen daran. Ich war so große Räder nicht gewöhnt. Bei meiner ersten Testfahrt setzte sich das Ding so schnell in Bewegung, daß ich die Kontrolle darüber verlor. Aus Angst zu fallen, schrie ich und wollte raus aus diesem Ding.

Gaga hielt mich fest und schimpfte mit Pappy, daß er so große Räder an das Laufgestell montiert hatte. Pappy sagte, wenn sie soviel davon verstünde, könne sie es doch in Ordnung bringen. Er stampfte davon. Das Laufgestell verschwand, und ich habe nie erfahren, was daraus geworden ist. Aber ich wußte, daß ich an diesem Ärger schuld war. Ich schien zu Hause für nichts anderes gut zu sein, als Ärger zu bereiten.

Nicht lange danach bekam Pappy einen Zeitvertrag bei Kaiser in Alaska. Niemand erklärte mir, warum er gehen mußte. Ich wußte, daß er eine Menge Streit mit Mom und Gaga gehabt hatte. Daher dachte ich irgendwie – vielleicht auch nur im Unterbewußtsein –, daß sein Weggehen vermutlich auch meine Schuld war.

Nachdem Pappy in Alaska war, zogen wir von der Schweinefarm weg in Moms »Traumhaus«, wie sie es nannte. Dies war ein ehemaliges Jagdhaus gewesen, mit zwölf riesigen Gästezimmern und einem abgetrennten Privatbereich mit eigenem Eingang. Mom dachte, daß der viele Platz es ihr erlauben würde, noch mehr Pflegekinder aufzunehmen (sie hatte schon seit Jahren tagsüber Pflegekinder zu sich genommen) und ein spezielles Ferienlager für Kinder zu eröffnen, die den Sommer über bleiben, die ländliche Lage genießen und Ausflüge zu interessanten Orten in diesem Teil Kaliforniens unternehmen konnten.

Das Gelände um das Haus war bewaldet wie ein riesiger Park. Mom ließ einen hübschen Swimmingpool bauen. Obwohl ich zuerst große Angst vor dem Wasser hatte, genoß ich es bald so sehr, mit den älteren Kindern im Becken zu spielen, daß ich weinte, wenn ich heraus mußte. Ich liebte es besonders, im Wasser zu gehen, denn es half mich zu tragen, so daß ich mein Gleichgewicht halten konnte.

Das Schlafzimmer, das ich mit Gaga teilte, hatte ein riesiges Fenster, von dem aus man ein Feld überblicken konnte, auf dem Wanderarbeiter Stangenbohnen pflückten. Später am Tag, wenn die Arbeiter fertig waren, rief Gaga die Kinder zusammen, um durch die Reihen zu gehen und die Reste aufzusammeln. Dann gab es frische Bohnen mit Speck zum Abendessen. Ich konnte keine Bohnen pflücken, aber ich konnte die Enden der Bohnen für Gaga abzwicken, und es machte mir Spaß zu helfen. Ich verstand nie, warum Shirley, Rosemary und Elizabeth nicht begeisterter davon waren.

Als Baby gab ich wenige Töne von mir. Und dadurch, daß ich meinen älteren Schwestern beim Kämmen zusah, lernte ich mein erstes richtiges Wort: »Au!« Aber mit sechs Jahren sprach ich immer noch nicht. Ich versuchte es nicht einmal. Ich hatte nicht das Bedürfnis zu sprechen. Gaga erriet die meisten meiner Wünsche. Wenn ich etwas mitteilen wollte, zeigte ich mit den Fingern darauf, weinte oder schrie.

Eines Tages, als Gaga und ich die Stille und Abgeschiedenheit unseres Zimmers genossen, setzte sie mich an den Tisch in der Mitte des Raumes und schnitt mir ein Stück frisch gebackenen Kuchen als Zwischenmahlzeit ab. Ich hatte den Mund voller Kuchen und überall im Gesicht Krümel, als Mom hereinkam. Ich schaute auf und sagte: »Nimm dir auch ein Stück Kuchen.«

Die Worte kamen schwerfällig, verworren und entstellt heraus, aber ich sah an ihrem erstaunten Gesicht, daß Mom verstanden hatte. Sie schaute Gaga an und fragte: »Hast du das gehört?« Ohne auf eine Antwort zu warten, wandte sie sich wieder zu mir. »Was hast du gesagt, Posie?« (»Posie«, »Blümchen«, war mein Kosename, weil Mom dachte, ich sähe aus wie eine zerbrechliche, kleine Blume.)

Als ich mein Angebot wiederholte, umarmten mich Mom und Gaga, sprachen wieder und wieder meine Worte aus und benahmen sich überhaupt, als hätte ich gerade den tollsten Trick vorgeführt, den sie je gesehen hatten. Ich verstand nicht, was daran so besonders war. Ich hatte mir immer gedacht, daß ich eines Tages reden würde, wenn es nötig war.

Nachdem Mom und Gaga erst einmal wußten, daß ich ein paar Worte sprechen konnte, zwangen sie mich zu reden, egal wie verzerrt meine Sprache auch sein mochte. Sie wollten nicht, daß ich mit den Fingern zeigte, wandten sich sogar ab und weigerten sich, mich wahrzunehmen, bis ich versuchte zu sagen, was ich wollte. Manchmal mußte ich mich mehrmals wiederholen. Oft verstanden sie meine Worte selbst dann nicht. Aber sie bestanden darauf, daß ich zu sprechen *versuchte*. Allmählich verbesserte sich mein Sprechvermögen; oder meine Familie lernte meinen Mischmasch aus Tönen richtig zu interpretieren. Vielleicht auch beides.

Ich konnte es nicht ausstehen, wenn ein neues Buch mit Geschichten im Haus war und ich nicht wußte, wovon es handelte. Und es brauchte kein langes Betteln, um Gaga dazu zu bringen, es mir vorzulesen. Sie war sehr gut im Vorlesen und hatte die Gabe, die Figuren durch den Tonfall ihrer Stimme zum Leben zu erwecken.

Ich lernte schnell viele der Geschichten, die mir Gaga vorlas, auswendig – Wort für Wort. Später erzählte ich sie dann in meiner bruchstückhaften, verzerrten Sprache meinen Puppen, die an die Wand gelehnt dasaßen. Einmal unterbrach mich Gaga beim Erzählen und fragte mich, was ich mache. Als ich ihr erzählte, daß ich meinen Puppen vorlas, lächelte sie. Ich glaube nicht, daß sie mich wirklich verstand. Zumindest nicht so wie meine Puppen, die mich niemals baten, etwas zu wiederholen, langsamer zu reden oder es mit einem anderen Wort zu versuchen. Darum liebte ich es so sehr, mich mit ihnen zu unterhalten und ihnen »vorzulesen«.

Die Größe unseres neuen Hauses und die Tatsache, daß Mom und Gaga anderes zu tun hatten, als den ganzen Tag auf mich aufzupassen, beschleunigten meine körperliche Entwicklung. Um jeden Winkel dieses Hauses zu erkunden und von einem Raum zum anderen zu kommen, ohne auf jemanden warten zu müssen, der mir half, entwickelte ich meine eigene Methode der Fortbewegung. Ich rollte mich auf den Rücken, hüpfte auf meinem Hintern und stieß meine Beine vor. So bewegte ich meinen Körper zentimeterweise in die Richtung, in die mein Kopf zeigte. Ich tat dies wieder und wieder. Hüpfen, stoßen, hüpfen, stoßen. Wie eine Eidechse, die auf dem Rücken liegt und sich windet, bewegte ich mich den Flur hinunter ins vordere Zimmer, um mit den anderen Kindern das Nachmittagsprogramm im Fernsehen anzuschauen.

Meine Lieblingsbeschäftigung war, den Kindern beim Tanzen zuzusehen.

Aber ich wollte selber mitmachen und nicht nur zuschauen. Wenn ich sah, wie Kinder im Fernsehen Purzelbäume schlugen, sah ich keinen Grund, warum ich das nicht auch versuchen sollte. Und schon hüpfte ich auf meinem Hintern davon, durch den Flur und auf dem kürzesten Weg durch alle staubigen Ekken zu der Gymnastikmatte im hinteren Raum. Dort machte ich fleißig meine eigenen ungelenken Gymnastikübungen, bis ich den Eindruck hatte, daß sie einem Purzelbaum ähnlich sahen.

Im Kindergarten und zu Hause wurde ich immer stolzer auf meine Lernerfolge. Am glücklichsten war ich, wenn ich beim Lernen mir selbst überlassen war. Gagas Worte, »Überleg' dir, was du tust! Was würdest du tun, wenn ich nicht da wäre, um dir zu helfen?«, wurden für mich zu einer Herausforderung. Ich lehnte oft Hilfe ab und rief Mom und Gaga nur, damit sie die Früchte meiner Bemühungen erlebten.

Meinem neugefundenen Selbstvertrauen und meiner Abenteurernatur wurde ein schwerer Schlag versetzt, als ich im Kindergarten mit meinem Dreirad umkippte und mit inneren Verletzungen ins Krankenhaus eingeliefert wurde. Mom und Gaga waren so ärgerlich auf den Kindergarten, daß sie, als ich wieder hingehen konnte, von den Erzieherinnen verlangten, daß sie mich zu ruhigen Spielen anhielten. Um mich vom wilden Toben in der Pause abzuhalten, unterhielten mich die Erzieherinnen, indem sie aus riesigen Bauklötzen ein Haus um mich herum bauten, während ich sicher festgeschnallt in meinem Stuhl saß. So machte mir der Kindergarten auch weiterhin Spaß, obwohl ich nicht mehr Dreirad fahren durfte.

In den Sommerferien besuchte Mom Pappy, der inzwischen schon über ein Jahr in Alaska war. Er mochte den Job nicht, den Kaiser ihm gegeben hatte, aber er liebte Alaska. Er hatte seinen ersten Job aufgegeben und Arbeit auf dem Bau gefunden, wo er an einem Damm außerhalb von Anchorage mitarbeitete.

Er liebte vor allem zwei große Dinge: das große Geld am Zahltag und die großen Tiere, die er an seinen freien Tagen jagen konnte. Er überredete meine beiden ältesten Brüder, Robert und Ken, ihm nach Alaska zu folgen. Nun wollte er, daß auch Mom und wir Mädchen uns ihnen anschlossen. Er sah das Alaska der fünfziger Jahre als verheißenes Land voller unbegrenzter Abenteuer und Möglichkeiten an.

Mom war sich da nicht so sicher. Sie zögerte schon, meine älteren Schwestern in ein unzivilisiertes Arbeiterlager mitzunehmen. Sie und Gaga entschieden, daß es unvernünftig sei, mich den kalten Wintern in Alaska auszusetzen. Ich war immer noch schrecklich dünn und kühlte aus, sobald das Wetter unfreundlich wurde. An kalten kalifornischen Wintertagen schlief ich mit einer Wärmflasche. Doch selbst dann brauchte es zwei bis drei Stunden, bevor meine Hände und Füße sich am Morgen wieder erwärmt hatten. Alaska war einfach ein zu großes Risiko für mich.

Meine Familie kam zu folgender Entscheidung: Mom und die Schwestern würden gehen, aber Gaga und ich sollten zurückbleiben. Wie hart es auch für ein siebenjähriges Mädchen sein mag, von seiner Familie getrennt zu sein, es war sicher das beste gewesen. Wie sich herausstellte, bestand das Quartier meiner Familie im Arbeiterlager aus wenig mehr als einer Wellblechhütte, umgeben von Kieselsteinboden, ohne Toilette im Haus oder fließend Wasser.

Alaska mag vielleicht Pappys Traum gewesen sein, aber es war sicher nie der Traum meiner Mutter gewesen. Und obwohl sie und meine Schwestern damit zurechtkommen mußten, gab sich Mom doch nie mit dem barbarischen Lebensstil zufrieden. Sie wurde zum Gesprächsthema Nummer eins im Lager, weil sie sich weigerte, eine Mahlzeit ohne Tischtuch, Zuckerdose und einem kleinen Sahnekännchen auf dem Tisch zu servieren. Das Leben in der Wildnis bedeutete für sie nicht, daß man so unzivilisiert sein mußte, Teller auf einen nackten Tisch zu stellen oder Kondensmilch direkt aus der Dose in den Kaffee hineinzubefördern.

Da es in der Nähe der Baustelle keine Schule gab, sollten meine Schwestern ihre Schulbildung per Fernunterricht fortsetzen. Das Calvert-Programm bot eine gehobene Schulausbildung per Post an, zuzüglich eines Buches über *Das Wissen* und eines über *Land und Leute*. Die Bücher wurden gekauft und der Unterricht gebucht, aber meine Schwestern brachten die Aufgaben nie zu Ende und verloren ein Schuljahr.

Einige Monate blieben Gaga und ich ganz allein in dem alten Jagdhaus. Doch es wurde Mom bald unmöglich, die Zahlungen für das Haus aufrechtzuerhalten, und es gab für sie keine Chance, Mietaufträge festzumachen, da sie dreißig Meilen vom nächsten Telefon entfernt lebte. So wurde Moms Traumhaus verkauft, und Gaga und ich zogen nach Santa Cruz. Gaga dachte, daß mir das Meer und die salzige Luft guttun würden, und sie hatte viele Freunde entlang der Strandpromenade, an der sie vor Jahren in einem großen Hotel gelebt und gearbeitet hatte.

Wir zogen in ein heruntergekommenes Motel am Strand, das alten Freunden von Gaga gehörte. Die Apartments bestanden aus freistehenden Hütten, die jeweils einen eigenen Schuppen hinterm Haus hatten. Obwohl Gaga unsere kleine Zwei-Zimmer-Hütte fleckenlos sauber hielt, durchdrang der modrige Geruch des Meeres die Wände. Ich liebte diesen Geruch, so zeitlos, einsam und geheimnisvoll – wie ein alter Koffer, angefüllt mit Schätzen.

Das Leben dort war einfach. Die Kochnische enthielt einen kleinen Herd und eine Kühlbox, für die zweimal in der Woche Eis geliefert wurde. Gaga hatte ein rotweißkariertes Wachstuch auf unserm kleinen Tisch, wo sie die Mahlzeiten auf zusammengesuchten Tellern und mit ebensolchem Besteck servierte. Wir tranken aus einer Sammlung von *Cheeze-Whiz*-Gläsern mit Tulpenmuster darauf. Fast jeden Tag hatten wir einen frischen Wildblumenstrauß in einem bunten Erdnußbutterglas auf dem Tisch.

Im Schlafzimmer, dem einzigen größeren Raum, stellte Gaga ihre Handnähmaschine auf und nähte fast alle unsere Kleidung selbst. Ich vermute, wir konnten uns keine neuen Sachen leisten, aber Gaga meinte immer, gekaufte Kleider paßten ihr nicht. Während sie arbeitete, verbrachte ich Stunden auf unserem Bett, beobachtete sie und spielte »Tarzan« mit Jasper, meinem abgegriffenen Stoffaffen; eine vielsprossige Leiter diente mir als Dschungel. Jasper schlief in einem uralten Blechkoffer, zusammen mit Gagas alter Familienbibel, vergilbten Zeitungsausschnitten über das Erdbeben von 1906 und anderen persönlichen Schätzen wie einer antiken Kaminuhr und einer nackten Porzellanpuppe, für die Gaga immer ein paar Kleider nähen wollte, wenn sie denn jemals dazu kommen sollte.

An regnerischen Wintertagen pflegte Gaga, vorsichtig und mit viel Liebe ihren alten Koffer zu öffnen, den Inhalt durchzusehen und Pläne zu schmieden für die Zeit, »wenn wir unser eigenes kleines Haus haben«. Aber einige Monate später, als ihr das Geld ausgegangen war, verkaufte sie den Koffer samt Inhalt für 50 Dollar. Obwohl Mom regelmäßig Geld für meinen Unterhalt schickte, wollte Gaga das Gefühl haben, daß sie alles Nötige für uns kaufen konnte, ohne um Hilfe zu bitten.

An den meisten Tagen ging Gaga mit mir den Strand hinauf und hinunter und hielt sich über den neuesten Klatsch auf dem laufenden, indem sie mit alten Freunden plauderte, die Geschäfte entlang der Strandpromenade unterhielten. Mr. Weaver, der Popcornverkäufer, und Nick, der einen Laden am Strand besaß, plauderten gern mit Gaga über die »guten alten Zeiten«, als sie noch ein fester Bestandteil der arbeitenden Bevölkerung am Strand gewesen war. Mehrere Male versetzte Gaga ihre Armbanduhr bei Mr. Weaver und kaufte sie zurück, wenn wir einen Brief und weiteres Geld von Mom erhalten hatten.

Fast jeden Tag besuchten wir Joe, einen behinderten Kriegsveteranen, der allein in einem Haus hinter dem Lebensmittelladen wohnte und immer einen verrückten Strandhut mit einem Affen darauf trug. Joe besaß einen hölzernen Rollstuhl mit großen Vorderrädern. Sein Stuhl faszinierte mich. Ich fragte mich, ob ich auch einmal so etwas besitzen würde, wenn ich älter wäre. Ich benutzte immer noch einen komischen Apparat, der aussah wie ein großer Kinderwagen und den wir meine »Karre« nannten; aber ich wuchs schnell aus ihm heraus.

Manchmal spielte ich allein im Hof des Motels, während Gaga nähte, Hausarbeiten verrichtete oder den kleinen Streifen Erde vor unserer Tür bearbeitete, den sie in ein Blumenbeet verwandelt hatte. Kein Fleckchen Erde bliebe blumenlos, wenn es nach Gaga ginge. Aber die meiste Zeit verbrachten wir mit anderen Menschen. Außer Gagas Freunden gab es noch zwei kleine Nachbarskinder, die gerne »Schule« spielten und mir beibrachten, mit meinen Bauklötzen zu buchstabieren. Es gab auch einige Collegestudenten, die in dem großen Haus neben uns wohnten. Manchmal spielten auch sie »Schule« mit uns.

Gaga wollte nicht, daß ich in einen richtigen Kindergarten ging. Vielleicht sah sie darin keinen Sinn oder sie dachte an meinen Dreiradunfall und hatte Angst, daß ich mich wieder verletzen würde. Aber Mom war davon überzeugt, daß ich eine richtige Erziehung bräuchte. Sie drohte damit, mich zu sich nach Alaska zu holen, wenn Gaga nicht dafür sorgte, daß ich wieder an einem ordentlichen Kindergartenprogramm teilnahm.

So wurde ich für eine spezielle Kindergartengruppe in Salinas angemeldet und fuhr jeden Tag mit einer Frau dorthin, die noch einige andere Kinder auf dem Weg einsammelte. Ich war froh, wieder mit anderen Kindern zusammen in einer Gruppe zu sein. Und ich hatte Spaß daran, zur Sprachtherapie zu gehen und zu lernen, wie man Eierschalen durch ein Labyrinth bläst, weil der Therapeut davon überzeugt war, daß die richtige Atemkontrolle ein wichtiger Schritt zu einer besseren Aussprache sei.

Ich sprach zu diesem Zeitpunkt sehr viel. Der Trick war, die Leute dazu zu kriegen, daß sie mich verstanden. Obwohl ich ein Experte im Wiederholen war, kamen die Worte so klar wie Schlamm heraus. Ich geriet oft mit meinem Therapeuten aneinander, weil er wollte, daß ich ein Wort wiederholen sollte, das ich nicht aussprechen konnte, und ich statt dessen ein anderes Wort benutzen wollte. Der frustrierte Therapeut bestand darauf, daß ich es so sagte, wie er es wollte. Aber ich konnte genauso dickköpfig sein. Und er wußte nicht, daß Gaga und Mom mir beigebracht hatten, mir einen anderen Weg auszudenken, um Dinge zu sagen, die ich mit einem bestimmten Wort nicht aussprechen konnte oder wenn sie etwas nicht verstanden hatten. Das schien mir völlig logisch.

So hielt ich nicht allzu viel von meinem neuen Kindergarten. Und das nicht nur wegen des Sprachtherapeuten. Ich konnte nie verstehen, warum meine Erzieherin wollte, daß ich einen Umschlag mit dem Brieföffner aufreiße. Während ich versuchte, den Brief ruhig genug zu halten, um die Plastikklinge einzuführen, spürte ich, wie die Erzieherin mich beobachtete. Und ich dachte: »*Das ist ein Job für einen Erwachsenen, Briefe zu öffnen. Ich bin nur ein Kind. Warum bringen sie mir nicht das Lesen bei?*« Ich verstand die Erzieherinnen nicht. Und sie verstanden mich bestimmt auch nicht.

Doch wie frustriert ich auch über den Kindergarten war, in meiner Alltagswelt langweilte ich mich nie beim Lernen. Auf Plakatwänden standen viele Wörter. Ich kannte die grundlegenden Lautzeichen, und es kam mir nie in den Sinn, ein Wort auszusprechen, um es mich sagen zu hören. Ich begann zu lesen, lange bevor jemand etwas davon ahnte. Ich glaubte, alle Kinder lernten wie ich auf sich allein gestellt, und daß die Erwachsenen ihre Kinder nur einfach nicht verstanden. Auf diesen Gedanken kam ich durch den Kindergarten.

Vielleicht lag es daran, daß ich mit dem Sprechen Schwierigkeiten hatte, aber ich entwickelte eine Faszination für Wörter. Ich war besonders fasziniert von Wörtern, die gleich ausgesprochen wurden, aber eine unterschiedliche Bedeutung besaßen. An regnerischen Tagen, wenn niemand zum Spielen herauskam, vertrieb ich mir mit einem Gedankenspiel die Zeit, bei dem ich mir alle Homonyme ausdachte, die ich kannte – es sollte noch Jahre dauern, bis ich wußte, daß man so etwas »Homonym« nannte.

An solchen nassen Tagen am trüben und verlassenen Strand übte Gaga mit mir die Worte »Bitte« und »Danke«. Wenn ich vergaß, diese Wörter zu benutzen, oder mich weigerte, bekam ich nicht, was ich wollte. Wieder und wieder sagte Gaga zu mir: »Nur weil es für dich schwer ist zu sprechen, gibt dir das noch lange kein Recht, zu jemandem barsch zu sein. Eine junge Lady muß immer höflich sein.«

An warmen Wintertagen nahm mich Gaga nach dem Kindergarten auf einen Spaziergang mit und schob meine Karre die öde, leere Promenade entlang. Kein Mensch war zu sehen, und so spielte ich allein im Sand, während Gaga auf den Holzstufen saß und die aufgewühlten Wellen beobachtete. Hin und wieder entdeckte ich einen sehnsüchtigen Blick in den Augen meiner Großmutter. Ich fragte mich, ob das Meer wirklich das bewirken konnte, was sie für mich davon erhoffte.

An diesen einsamen Nachmittagen erbte ich Gagas Sehnsucht nach dem weiten und rauhen Meer. Ich entdeckte meine Liebe zu seinem zeitlosen Wogen und seinem mächtigen, stürmischen Tosen.

Kapitel 4

Ein häßliches Entlein in Alaska

Nachdem Pappys Vertrag mit der Baufirma ausgelaufen war, kauften meine Eltern ein Haus in Anchorage, in der Nähe einer Schule, die meine Schwestern besuchen konnten. Es sollte nur ein zeitlich begrenzter Aufenthaltsort sein, bis Mom und Pappy beschlossen hatten, was sie als nächstes tun wollten.

In der Zwischenzeit unterzeichnete Pappy einen Vertrag für Jobs »in der Wildnis«, an Baustellen, die so weit entfernt waren, daß man sie nur mit einem kleinen Flugzeug erreichen konnte. Diese Arbeit wurde gut bezahlt, als Ausgleich für die Unannehmlichkeiten und wegen der Möglichkeit, daß die Arbeiter bei schlechtem Wetter bis zu drei oder sechs Wochen in der Wildnis festsaßen.

Nachdem es sein konnte, daß Pappy monatelang weg war, lud Mom Gaga und mich ein, die Familie für eine längere Zeit zu besuchen. Als Gaga mir die Pläne mitteilte, heulte ich vor Aufregung. Nach mehr als einem Jahr sollte ich meine Familie wiedersehen.

Mom und meine Schwestern waren auf der Inlandsroute per Schiff nach Alaska gereist. Moms Briefen nach zu urteilen, war das eine eindrucksvolle Reise, die Gaga und ich unbedingt machen mußten.

Ich war acht Jahre alt und das einzige Kind an Bord unseres Schiffes. Die Stewards übertrugen mir die Aufgabe, zu den Mahlzeiten die Glocke zu läuten – sie führten meine Hand an das Seil, ich umklammerte es mit der Faust und zog daran, so fest ich konnte! Sie erlaubten Gaga nicht einmal, meinen Karren über eine Schwelle zu heben. Einer von der Mannschaft war immer zur Stelle, um uns mit einem Lächeln zu helfen.

Im Gegensatz zu anderen Passagieren hatte ich keine Probleme, mich an den Seegang zu gewöhnen. Die Bewegungen des Schiffes schienen sich kaum von meinem schwankenden Schritt zu unterscheiden, wenn ich in meiner Karre stand und mich an die Reling klammerte, um das Gleichgewicht zu halten. Einmal verlor ich meinen Schuh, und fast wäre er ins Wasser gefallen. Gaga schimpfte mit mir, denn ich hatte den Schuh spielerisch auf meinen Zehen herumtanzen lassen und ihn deshalb verloren.

Wir verbrachten die meiste Zeit auf Deck, beobachteten, wie das Schiff das eisige Wasser durchschnitt und spürten die Gischt im Gesicht. Als sich das Schiff durch die stille und wunderbare Inlandspassage bewegte, wurde ich von Ehrfurcht ergriffen. All diese Millionen von Bäumen mit ihrer grünen Eleganz so nah am blauen Meer. An den engsten Stellen der Passage schienen die Wälder fast zu unserem Schiff herüberzugreifen, um es auf seinem Weg in den Norden anzuschieben.

Mom holte uns ab, als wir in Seward anlegten. Von dort aus fuhren wir durch die Wildnis nach Anchorage. Wir sahen hochgewachsene Wälder und mächtige Flüsse, schneebedeckte Berge und die zerklüftete, felsige Küste der Bucht von Cook. Als wir ein Straßenschild entdeckten, das den Elchpaß ankündigte, erklärte uns Mom, daß hier oft Elche die Straße überqueren. Im selben Augenblick sprang eine Elchkuh aus dem Wald auf die Straße. Ihr folgten zwei Kälber, die auf ihren langen dürren Beinen wankten und furchtbar ungeschickt und scheu aussahen.

Ich quiekte vor Freude über die ersten wilden Tiere, die ich in dieser Wildnis gesehen hatte. Der Anblick dieser Elchkälber und der Geruch dieses Waldes war für immer in mein Gedächtnis geschrieben. Ein einziger Augenblick an meinem ersten Tag in Alaska – und ich fühlte mich für immer verzaubert vom Wesen und von der stillen Pracht dieses ungebändigten Landes.

Auf der letzten Etappe unserer Reise entschuldigte sich Mom und versuchte uns auf das Haus vorzubereiten. Sie versicherte Gaga, daß es nur ein »Notbehelf« sei. Da es so viele Neuankömmlinge aus den übrigen Bundesstaaten der USA gäbe, erklärte sie, »war nichts anderes zu kriegen«. Wenn man sie so reden hörte, schien das Haus kaum bewohnbar, aber sie sagte immer wieder: »Immerhin ist es ein Unterschlupf.«

Ich war sofort begeistert, als wir die Auffahrt hinauffuhren. Das Ganze erinnerte mich an eine Müllkippe auf einem Berg.

Unkraut, Wildblumen, umgestürzte Bäume und Teile von abgewrackten Autos zierten den Vorgarten. Es gab so viel zu erkunden. Stufen, die direkt aus einer steilen Erdböschung gehauen worden waren, führten hinauf zu einem heimeligen, aus Holz gebauten Haus mit zwei Vordertüren. Die verwunschenen kleinen Fenster konnten nie genug Sonne hereinlassen oder genug Kälte abhalten, als daß es in einem der vier Zimmer des Hauses freundlich oder warm gewesen wäre.

Pappy hatte dem Kauf des Hauses zugestimmt, nachdem er es nur einmal gesehen hatte – und das unter dem Mantel winterlicher Dunkelheit. Die Vorbesitzer hatten erklärt, sie hätten das Haus aus Abfallmaterial gebaut, aber das war Pappy egal, besonders nachdem sie ihm versichert hatten, es sei solide gebaut. Er hatte das Haus nie untersucht und den Besitzern aufs Wort geglaubt, weil er erfahren hatte, daß sie »Kirchenleute« seien. Obwohl Pappy selbst nicht zur Kirche ging, erwartete er doch von jedem, der das tat, daß er vertrauenswürdig sei. Aber diesmal wurde er enttäuscht. Die Vorbesitzer verließen die Stadt, lange bevor die winterliche Maske dahinschmolz, um die beinahe abbruchreife Wahrheit offenzulegen.

Vor dem Einzug beschloß Pappy, alle Teppiche herauszureißen, da sie vor Moder stanken. Dabei entdeckte er, daß das Haus gar keinen echten Boden besaß – es waren nur Sackleinwand und Karton auf ein altersschwaches, vergammeltes Fachwerk gelegt worden, ohne irgendeinen Unterboden, auf dem man sie hätte festnageln können. Das vordere Zimmer war bald selbst eine Müllhalde. Eine kalte graue Tapete mit Backsteinmuster wurde nur durch die gelben und braunen Flecken aufgehellt, die markierten, wo das Wasser durch das flache Dach und die Wände entlanggelaufen war.

Als guter Zimmermann, der stolz darauf war, alles genau im Lot zu bauen, stellte Pappy sehr bald fest, daß in diesem Haus nichts eben oder gerade war, aber er hatte das Haus bereits gekauft, seine Familie brauchte einen Unterschlupf, und so blieb ihm nichts anderes übrig, als auf die vorherigen Besitzer zu schimpfen, während er versuchte, die schlimmsten Probleme in den Griff zu bekommen.

Pappy hatte vor, auf unserem Grundstück einen Brunnen zu graben, aber zuerst mußte er ein echtes Fundament unter das Haus legen, damit es den Vibrationen beim Bohren des Brunnens standhalten konnte. So lange mußten sich Gaga und ich daran gewöhnen, kein fließendes Wasser zu haben. Gutmütig, wie sie war, half Gaga, Wasser vom Brunnen eines Nachbarn zu holen. Wir erhitzten es auf dem Holzofen im Schlafzimmer.

Wenn es regnete – und es schien seit unserer Ankunft wochenlang ununterbrochen zu regnen –, mußten wir zudem noch die Wäsche im Schlafzimmer zum Trocknen aufhängen. Was für ein Schauspiel, wenn Pappys steifgefrorene lange Unterwäsche vor dem Ofen auftaute. Meine Schwestern brachten dann einen Stock herein und wir droschen auf die Unterwäsche ein, um sie weich zu kriegen. Dabei lachten wir und fühlten uns ganz toll, weil wir Pappys Kleidung so brutal behandeln konnten – auch wenn er selbst nicht drin steckte. Pappy hätte es sicher nicht so lustig gefunden wie wir.

An einem besonders kalten Morgen wachte ich inmitten einer merkwürdigen und lastenden Stille auf. Ich hörte nicht wie sonst das Regenwasser in die über mein Bett gespannte Plastikfolie tropfen, die das Wasser umlenken sollte. Und als Mom die Tür öffnete, sah ich, daß draußen alles mit Schnee bedeckt war – frisch, still und schön.

Unser alter Hund Britchy wurde wieder zum Welpen. Er stürzte zur Tür heraus und bellte vor Schreck, als er den weißen flockigen Grund berührte. Obwohl ich beim Aufwachen bis auf die Knochen durchgefroren war, bettelte ich, damit ich zum Spielen raus dürfte und meinen ersten Schneemann bauen konnte. Mom überredete mich, zuerst zu frühstücken, dann steckte sie mich in Schneeanzug und Stiefel, trug mich nach draußen und warf mich in eine Schneeverwehung.

Gaga war besorgt, ich würde auskühlen, wenn ich so lange im Schnee saß, aber Mom hatte an meinem ersten Schnee ebensoviel Vergnügen wie ich. Große bauschige Flocken fielen vom Himmel wie verzaubert, landeten auf meinem nach oben gewandten Gesicht und schmolzen in meinem offenen Mund, während ich laut lachte. Als der halbe Vormittag um war, waren all die Bäume in feine weiße Spitze gehüllt, und am Nachmittag war unser häßlicher Schrottplatz in eine weiße Wunderwelt verwandelt worden – ein Paradies in der Kälte.

Dies war auch der Tag, an dem wir eine neue Überraschung bei meiner Art von Zerebralparese entdeckten. Weil ich so lange draußen gespielt hatte, war ich erfrorener als jemals zuvor in meinem Leben. Ich entwickelte einen akuten Fall von »Leichenstarre im Vorstadium«, so könnte man es wohl am besten bezeichnen. Mein Körper, der normalerweise schlaff wie eine Stoffpuppe ist, wurde so steif wie Pappys gefrorene Unterwäsche, und ich mußte mir mit dieser den Platz vor dem Ofen teilen.

Da Gaga im sonnigen Kalifornien aufgewachsen war, machte es auch ihr Freude, zu sehen, wie der Schnee im Hof immer mehr wurde. Es schien ihr nicht einmal etwas auszumachen, daß sie eine Schneeschippe mitnehmen mußte, um zum Toilettenhäuschen zu kommen. Unser Außenklosett in Santa Cruz war fleckenlos und komplett mit einem richtigen, normalen Toilettensitz ausgerüstet gewesen. Trotzdem hatte sich Gaga in Alaska nie über unser primitives Häuschen im Hinterhof beklagt – eine »Basisversion« ohne Extras und ohne Toilettensitz; nur ein gähnendes Loch markierte die Stelle, wo ein großes Brett herausgerissen worden war.

Tatsächlich war das Loch in unserem Toilettenhaus so groß, daß es wie ein todesmutiges Unterfangen anmutete, einem so einfachen Drang der Natur nachzugeben. Ich hatte solche Angst davor, hineinzufallen und niemals wieder gefunden zu werden, daß Mom mir erlaubte, die chemische Toilette im Haus zu benutzen, die normalerweise gepflegten Gästen vorbehalten war. Außerdem ersparte ihr dies die Mühe, mich jedesmal, wenn ich mußte, nach draußen zu tragen.

Trotz der Gefahren und Mühsal eines Lebens im Alaska der fünfziger Jahre gewann Gaga die gleiche Vision der unbegrenzten Möglichkeiten, die Pappy hierher zu dieser letzten Grenze Amerikas gezogen hatten. Im Alter von 67 beschloß sie, ein eigenes Stück Land zu besitzen. Während einer nachmittäglichen Spazierfahrt entdeckte sie das Landstück, das sie haben wollte, und bat Mom, es bei der Regierung für sie zu beantragen. Es war kein großes Grundstück, aber Gaga träumte von einem kleinen Blockhaus und einem kleinen Gartenstück, eingebettet in ihren eigenen Birkenwald. Obwohl sie und mein Vater nie eine sehr enge Beziehung gehabt hatten, erklärte er sich bereit, das Land zu roden und ihr eine Hütte zu bauen. Er sagte, das sei das mindeste, was er tun könne, wo sie mich doch im Grunde aufgezogen hatte.

Träume von der Weite Alaskas und die Besiedlung eines Landstückes schienen immer schon wichtige Gesprächsthemen gewesen zu sein, wenn Erwachsene sich trafen. Aber wenn wir Kinder vom Zuhören genug hatten, verfolgten wir unsere eigenen Träume und machten unsere eigenen Pläne. Wenn die Erwachsenen sich in unserer Küche versammelten, waren wir Kinder normalerweise im vorderen Zimmer uns selbst überlassen. Ich nehme an, unsere Eltern glaubten, daß man in diesem Zimmer sowieso nichts mehr kaputtmachen konnte, und so hätte höchstens ein lauter, gewalttätiger Aufruhr die Rache der Erwachsenen über uns gebracht. Es schien, daß keiner sich darum kümmerte, wie viele Freunde und Nachbarskinder im vorderen Zimmer spielten und sich unters Volk mischten.

Früher, in Kalifornien, hatte ich die meiste Zeit auf dem Boden gespielt. Aber unser Haus in Anchorage war so kalt, daß ich stundenlang in eine Decke gewickelt auf einem Stuhl verbringen mußte. Meine Schwestern und ihre Freundinnen brachten dann oft ihre Beschäftigungen zu mir, gaben mir Spielzeug in die Hand, ließen mich ihre Puppen nehmen und schoben sogar Puzzleteile für mich auf dem Brett vor mir herum. Und trotzdem wollte ich herunter, um mit ihnen zu spielen. Gaga verbot mir das und sagte: »Posie, wenn schon Moms Mop am Boden festfriert, dann würdest du das erst recht tun!«

Meine drei Schwestern verstanden meine Enttäuschung. Shirley sagte, sie hätte etwas Geld vom Babysitten gespart und sie könnten mich zum Laden mitnehmen und meine für kalifornische Verhältnisse ausgestattete Garderobe um ein paar wärmere Sachen ergänzen. Wir fragten Gaga und Mom erst gar nicht um Erlaubnis, aus Angst, daß sie nein sagen könnten. Shirley hob mich in meine Karre, schmuggelte mich aus dem Haus und schob mich hüpfend und schlitternd die unasphaltierten Straßen entlang zum nächsten Geschäft – es war das erste Mal, soweit ich mich erinnern konnte, daß ich ohne Mom und Gaga irgendwohin ging. Im Laden ließ mich Shirley eine grüne Flanellhose und ein gelb-grünes langärmeliges Sweatshirt aussuchen.

Nachdem sie bezahlt hatte, nahm mich Shirley mit in die Umkleidekabine und zog mir die Hose und das Sweatshirt an, um sicherzustellen, daß wir sie nicht zurückbringen müßten, falls die Erwachsenen Ärger machen würden. Ich fühlte mich so toll, so schadenfroh darüber, daß ich einfach wie eines der anderen Kinder ausgebüxt war.

Gaga stand gerade an der Küchentür, als wir die Auffahrt heraufkamen. Ihr hättet den Schreck in ihrem Gesicht sehen sollen, als sie begriff, daß ich ihren wachsamen Augen entronnen war und mich mit den anderen davongemacht hatte, als wäre das schon immer so gewesen. Ich glaube, als sie meine neue Hose und den neuen Pulli sah, akzeptierte sie, was sie schon immer gewußt hatte: daß ich fest entschlossen war, alles zu tun, um wie all die anderen Kinder zu sein.

Gaga erinnerte mich daran, mich bei Shirley für die warmen Sachen zu bedanken. Und da ich so unübersehbar begeistert und stolz über mein Ausreißen war, vergaßen sie und Mom zu schimpfen und sagten uns lachend, wir sollten spielen gehen.

Nachdem man mir einmal die Freiheit gegeben hatte, herumzusausen und das Haus zu erkunden, entging nichts mehr meiner Aufmerksamkeit. Eines Tages entdeckte ich ein unbekanntes Märchenbuch und versuchte, den Titel herauszubekommen. Die Wörter waren für mich zu schwierig, und so trug ich das Buch zu Shirley, damit sie es mir vorlas.

Sie hatte eine bessere Idee: »Laß uns ›Schule‹ spielen, und

dann bringe ich dir das Lesen bei.« Wir entschieden, daß dies eine echte Überraschung für die anderen werden würde. Ich war ganz aufgeregt, weil ich mir schon so lange gewünscht hatte, lesen zu können.

Shirley legte eine alte Armeewolldecke auf die kunststoffbezogene graurote Couch im vorderen Zimmer, weil ich mich auf dem rutschigen Kunststoff sonst nicht aufrecht halten konnte. Sie zog ein kleines Kinderpult herüber und plazierte es vor mir. Dann bastelte sie mir mein erstes Lesebuch aus Kartonstücken, die sie mit einer festen Schnur zusammenband, damit ich es festhalten und die Seiten umblättern konnte, ohne sie zu zerreißen.

Shirley zauberte mit Schere, Stift und Karton und ließ Dick und Jane all die Dinge tun, die sie in jedem echten Lesebuch für Erstkläßler tun würden. Wir vertrieben Gaga und Mom aus dem Wohnzimmer, und Shirley sagte ihnen, daß wir ihnen unsere Überraschung nicht zeigen würden, wenn sie noch einmal hereinkämen oder auch nur zur Türe hereinschauten. Sie ließen uns in Ruhe, weil wir so still und brav waren.

Shirley wiederholte, was ich schon über die Grundregeln der Aussprache wußte, und ich verließ mich auf meinen gesunden Menschenverstand, um einige Wörter herauszubekommen. Aber andere Wörter schienen mir Ausnahmen von der Regel zu sein. So beschloß ich, einfach das Buch zu öffnen und zu lesen. Einige Wörter erkannte ich von den Plakatwänden in Kalifornien oder von Zeitungsüberschriften wieder. Shirley war schon immer sehr gut darin gewesen, meine Sprechversuche zu entziffern, aber ich glaube, ich überraschte sogar sie, und auch mich selbst. Lesen war viel einfacher, als ich gedacht hatte.

Nicht lange danach beschloß Shirley, daß ich soweit sei, und rief Gaga und Mom herein für unsere Überraschung. Sie waren tatsächlich erstaunt über mein plötzliches Lesevermögen und besonders darüber, wie ich die schwierigeren Wörter ergründet hatte. Sie wollten wissen, woher ich so viele Wörter wußte, die Gaga mir nicht beigebracht hatte. Ich erklärte ihnen, daß ich schon immer versucht hatte, Wörter, die ich irgendwo gesehen habe, zu entziffern, weil es Spaß machte.

Mom rief immer und immer wieder aus, was für ein kleiner »Stinker« ich doch sei. Sie begriff, daß ich sehr viel mehr wußte, als ich zugab, weil ich ständig beobachtete und zuhörte und neugierig über jede Kleinigkeit war. Sie und Gaga freuten sich beide so sehr über mich und sagten, es sei eine wunderbare Überraschung. Sie lobten auch Shirleys Geschicklichkeit mit dem Papplesebuch, ebenso wie ihre offensichtliche Begabung zu unterrichten.

Nicht lange danach vereinbarte Mom einen Termin mit der *Alaska Crippled Children's Association*, der Vereinigung behinderter Kinder in Alaska (ACCA), um einige Tests zu machen und herauszufinden, welche Bildungsmöglichkeiten es für mich gab. Ich war sehr aufgeregt über die Aussicht, auf eine richtige Schule zu gehen. Ich hatte keine Lust mehr auf den Kindergarten der Sonderschule mit all seinen Spielen und seinen langen Therapiestunden. Warum mußte ich so lange in den Kindergarten gehen, nur weil ich Probleme mit dem Gehen und Sprechen hatte? Was würde mir das Gehen und Sprechen nützen, wenn ich nicht lesen oder schreiben oder buchstabieren oder rechnen konnte?

Ich war verwirrt von unserem ersten Besuch bei der ACCA. Selbst als Achtjährige fand ich es merkwürdig, daß die Büros einer Organisation für behinderte Kinder oberhalb eines Geschäftes untergebracht und nur über eine enge, steile und vereiste Außentreppe zu erreichen waren. Danach mußte man sich noch durch eine sturmsichere Tür sowie eine weitere Tür im Innern hindurchkämpfen, während man versuchte, auf einem winzigen, rutschigen Treppenabsatz zu stehen.

Drinnen fanden wir zwei große Räume vor. Einer war für Therapien gedacht, der andere war das Klassenzimmer. Das Klassenzimmer interessierte mich besonders. Ich entdeckte einen riesigen Filzkalender, bei dem man die Tagesdaten abnehmen und wieder aufstecken konnte. Es gab Tafeln, Tische, Pulte und Bücher. Ich wußte sofort, hier wollte ich sein – statt in einem nie endenden Kindergarten festzuhängen, wollte ich in einer echten ersten Klasse lernen.

Die Tests, die ich an diesem Tag machen mußte, waren leicht und machten Spaß. Das schwerste daran war, daß ich noch einmal einen schmalen Treppenabsatz zum Büro des Psychologen hinaufklettern mußte. Aber nachdem ich einmal oben war, bekam ich einen bequemen Platz und mußte nur noch einige Bilder zuordnen und herausfinden, was bei anderen Bildern fehlte. Keine große Sache.

Nach einigen Tagen kam eine Hauslehrerin jeden Tag während der Schulzeit zu uns. Mrs. Stoner hatte noch nie Kinder mit so schweren Störungen unterrichtet – unfähig zu sprechen, einen Stift zu halten oder auch nur ohne Hilfe eine Seite umzublättern. Aber ebenso hatte ich noch nie eine Lehrerin mit Büchern und Stiften und Papier gehabt. Also mußten wir beide eine Menge lernen.

Ich fühlte mich sehr glücklich und erwachsen, weil ich endlich Schulbücher besaß – so wie alle Kinder.

Mrs. Stoner war eine ältere Frau, sehr sanft und freundlich. Sie wußte nicht, was sie sagen sollte, als sie anfing, Dinge zu erklären, von denen sie dachte, ich wüßte sie nicht, und ich bereits zwei Schritte voraus war. Mom mußte unserer verblüfften Hauslehrerin erklären, daß ich mit meinen Schwestern »Schule« gespielt hatte und das Spiel offensichtlich sehr ernst genommen und die grundlegenden Dinge gelernt hatte. Mrs. Stoner schien erstaunt zu sein. Sie sagte, wenn ich so motiviert wäre, würde das ihre Aufgabe leicht und angenehm machen.

Gaga und ich verließen Anchorage und verbrachten den schlimmsten Teil des Winters in Kalifornien.

Aber statt zum Strand von Santa Cruz zurückzukehren, gingen wir nach San José, wo ich für den Rest des Schuljahres eine weitere Hauslehrerin bekommen konnte. Es war geplant, daß Gaga und ich im nächsten Sommer unsere Zelte abbrechen und für immer nach Alaska gehen würden. Gaga würde ihr Traumhäuschen auf ihrem eigenen Land bekommen, und ich würde endlich bei meiner Familie leben und die Schule der ACCA besuchen.

Obwohl ich es immer genossen hatte, bei Gaga zu leben, wollte ich doch bei meiner eigenen Familie sein. Ich wollte zusammen mit meinen Schwestern aufwachsen. Und vor allem wollte ich in die Schule gehen. Ich hatte das Gefühl, daß mich nicht so sehr die physischen Auswirkungen meiner Zerebralparese von meinen Schwestern und ihren Freundinnen trennten, als vielmehr die beunruhigende Tatsache, daß ich nicht wie alle Kinder in die Schule ging.

Es war nicht so, daß mir zu diesem Zeitpunkt meines Lebens mein Erscheinungsbild und meine Behinderung nie bewußt geworden wäre. Es wurden mir immer mehr Dinge bewußt, die andere Kinder taten und die ich nicht tun konnte. Ich war zu einer Geburtstagsparty eingeladen, und auf einmal wurde mir klar, daß die anderen Kinder keine Gagas brauchten, die bei ihnen blieben und ihnen halfen, den Schwanz an einem Esel festzumachen.

Ich bemerkte immer wieder, wie mich Leute anstarrten oder dumme Fragen stellten, ohne mich dabei selbst anzusprechen, als ob ich geistig zurückgeblieben wäre und sie womöglich nicht verstehen konnte. In solchen Zeiten fühlte ich mich *anders* und weinte. Aber immer, wenn ich dies tat, erzählte mir Mom die Geschichte vom *häßlichen Entlein*. Egal, wie oft ich die Geschichte von diesem ungeschickten Vogel, der sich in einen schönen Schwan entwickelte, auch hörte, ich fühlte mich jedesmal besser, wenn Mom sie erzählte. Es gab mir die Hoffnung, daß ich eines Tages meine eigene, besondere Identität finden würde.

Ich war fest davon überzeugt, daß Schulbildung für meine Verwandlung vom häßlichen Entlein zum Schwan grundlegend war. In die Schule zu gehen, schien mir die beste Chance dafür, meinen Platz in der Welt der Nichtbehinderten zu finden. Und selbst wenn der ACCA eine besondere Schule war, so war dies ein Anfang. Ich klammerte mich an den Traum, daß ich eines Tages in der Lage sein würde, die gleiche Schule zu besuchen wie die anderen Kinder.

Nachts in meinen Träumen stellte ich mir vor, wie ich spielte und meine Schwestern durch den Wald jagte, wie ich mit Freundinnen tanzte und mit einem Fahrrad die Straße rauf und runter raste. In meinen Träumen konnte ich stehen, gehen und sogar so schnell laufen wie Rosemary und Elizabeth. Das Gefühl war so wunderbar und frei und wirklich, daß ich manchmal enttäuscht war, wenn ich aufwachte und mich in demselben zerbrochenen Körper wiederfand.

In meinen Träumen war ich immer normal.

Kapitel 5

Alleine atmen

Nach unserer Rückkehr aus Alaska mietete Gaga ein Zimmer bei einer älteren, ungefähr gleichaltrigen Frau. Wir teilten das Bad und die Küche mit der Besitzerin, Mrs. Whaggly. Aber Gaga und ich hatten ein großes Schlafzimmer im vorderen Teil des Hauses, mit vielen Fenstern und viel Licht – eine echte Veränderung gegenüber Alaska.

Eine lange Treppe führte zur Veranda von Mrs. Whagglys altem Haus hinauf. Wenn wir ausgehen wollten, trug Gaga zuerst meinen Karren herunter. Dann kam sie die Treppe wieder herauf, um mir beim Hinuntergehen zu helfen. Wir benutzten unsere »Schritt-Warte-Methode«. Ich ging einen Schritt, hielt mich am Geländer fest und wartete dann, bis Gaga die Stufe auch genommen hatte.

In diesem Alter hatte ich bereits eine effizientere Methode entwickelt, die »Eine-Hand-nach-der-anderen-Methode«, bei der ich den Handlauf benutzte, während ich mit langsamen Seitwärtsschritten die Treppe hinauf- oder hinunterging wie eine tolpatschige Krabbe. Aber Gaga dachte, es sei für mich zu gefährlich, die Treppe allein zu bewältigen, und darum machten wir es immer auf ihre Art.

Gaga ließ mich nie so viel herumexperimentieren wie Mom. Mom tendierte dazu, mich machen zu lassen. Auf diese Weise erfuhr ich, daß ich nicht so hilflos war, wie Gaga und all die anderen immer gedacht hatten. Während unseres Aufenthaltes in Alaska, wenn Mom und Gaga beschäftigt waren, hatte ich mir eine Reihe neuer Dinge selbst beigebracht.

Zum Beispiel lernte ich, aus einer Tasse zu trinken, während ich mir selbst überlassen war. Wir hatten einen großen Wäschekorb, der nahe beim Fenster in der Küche stand. Es gelang mir, in den Korb zu klettern, so daß dessen Wände mir Sicherheit gaben. Auf der Theke neben dem Korb hatte Mom immer einen Eimer frisches Trinkwasser stehen und einen schweren blauen

Gummibecher, um Wasser zu schöpfen. Ich begann die Tasse hochzuheben und tat so, als ob ich daraus tränke – nur um zu sehen, ob es mir gelingen würde. Als es mich langweilte, nur so zu tun als ob, fragte ich mich, ob ich es wohl wirklich könnte – den Becher mit Wasser zu heben und tatsächlich ohne Hilfe daraus zu trinken. Also nahm ich den Becher fest in meine Hand, tauchte ihn ins Wasser, führte ihn langsam und zitternd an meinen Mund und würgte einen großen Schluck Wasser hinunter. Ich bekam das meiste davon auf meine Bluse und nicht in die Kehle. Aber nach diesem Anfangserfolg erlaubte ich es niemandem mehr, mir die Tasse zu halten.

Um zu verhindern, daß ich an der Flüssigkeit erstickte, hatte Mom die gute Idee, den Becher jedesmal nur zu füllen, bis gerade der Boden bedeckt war. Sie besorgte mir außerdem eine Schnabeltasse, wie sie Kleinkinder benutzen. Das funktionierte noch besser, denn der festsitzende Deckel mit dem Loch darin ließ immer nur wenige Tropfen in meinen Mund fließen. Aber selbst dann war das Trinken bei mir manchmal eine recht nasse und schmutzige Angelegenheit. Deshalb bestand Gaga darauf, daß ich meinen Becher, solange wir bei Mrs. Whaggly lebten, nicht benutzte. Schließlich teilten wir den Eßtisch mit anderen, die, wie Gaga meinte, zivilisiertere Vorstellungen hatten als wir in Alaska.

Ich war bereit, dieses kleine Zugeständnis zu machen, im Gegenzug für einen – wie ich es sah – viel größeren Sieg. Gaga erlaubte mir endlich herauszufinden, wie ich mich waschen und anziehen und mir die Zähne putzen konnte. Ich überredete sie dazu, indem ich sagte, daß ich nach unserer Rückkehr nach Alaska zur Schule gehen müßte und daß Schulmädchen wissen müßten, wie man so was macht.

So breitete Gaga ein Gummituch in der Mitte unseres Schlafzimmers auf dem Boden aus. Dann stellte sie ein Becken mit warmem Wasser auf das Tuch, gab mir die Zahnbürste und was ich sonst noch brauchte und legte meine Kleider zurecht. Sie tat, was ich sagte, und hielt sich an meine »Schau-mir-nicht-zu-Regel«. Wenn ich etwas Neues ausprobierte, konnte ich es nicht ausstehen, wenn mir jemand dabei zusah. So setzte sie sich und las die Zeitung, während ich mein »Vogelbad« nahm und mich anzog. Sie erlaubte mir nie, die Dusche oder eine richtige Badewanne zu benutzen, aus Angst, ich könne ausrutschen und stürzen.

Mein erster Versuch mit dem Waschen und Anziehen dauerte über eine Stunde. Besonders das Anziehen wurde eine echte Herausforderung: ausprobieren, scheitern und wieder von vorne anfangen. Es gelang mir schließlich, mein T-Shirt über den Kopf zu bekommen und den linken Arm in den richtigen Ärmel zu stecken. Aber hoppla, mein rechter Arm wollte da nicht mitmachen. Ich konnte ihn nicht in die richtige Position heben, um ihn durch die Öffnung zu bekommen. Also mußte ich das T-Shirt wieder auszuziehen und von vorne beginnen, wobei ich sicherstellen mußte, daß ich den rechten Arm zuerst hineinsteckte. Das funktionierte.

Ich lernte bald, daß die einzige Methode, ein Kleid erfolgreich anzuziehen, für mich darin bestand, zuerst beide Arme in die Öffnungen zu schieben und dann das Kleid über meinen Kopf zu werfen. Ich verfeinerte diese Technik und konnte mit meiner »Wurfmethode« bald fast alles anziehen, was ich wollte. Ich war erfreut über meinen anfänglichen Triumph, und in den nächsten Wochen erreichte ich sogar so viel Koordinationsfähigkeit, daß ich meine zerknitterten Söckchen zurechtziehen konnte.

Wie sehr ich mich aber auch bemühte, ich bekam den Dreh nicht raus, wie ich meine Schuhe binden oder meine Blusen zuknöpfen konnte. Ich konnte zwar beide Tätigkeiten im Kopf durchführen, aber es gelang mir einfach nicht, diese auch mit meinen Händen zu tun. Dennoch ermutigte mich der neue Erfolg außerordentlich, den ich durch das Waschen und Anziehen errungen hatte. Verbunden mit der Aussicht, nächsten Herbst in Alaska zur Schule zu gehen, schien es mir, als ob ich auf dem besten Weg sei, ein ganz gewöhnliches Kind zu werden.

Gaga fand über eine Annonce in der Zeitung von San José eine Hauslehrerin für mich. Mom hatte darauf bestanden und zusätzliches Geld geschickt, um die Kosten zu decken. Mrs. Osgood, eine pensionierte Lehrerin, brachte mir alle zwei Wochen neue Bücher zu lesen und rief jedesmal laut aus, daß es ihr kaum gelänge, mit meinem Lesen Schritt zu halten. Aber mit dem Rechnen war das schon eine ganz andere Geschichte. Wenn ich mehr als zwei Zahlen addieren oder subtrahieren sollte, war ich völlig verloren. Mrs. Osgood ging geduldig wieder und wieder meine Rechenübungen mit mir durch und lobte mich in übertriebener Weise, wenn ich endlich ein Problem gelöst hatte.

Die Zeit verging schnell. Der Sommer rückte immer näher, und es kam die Zeit für unseren großen Umzug nach Alaska. Hin und wieder erzählte Gaga Mrs. Whaggly beim Abendessen von ihren Träumen. Trotz ihres Alters war Gaga doch immer noch eine leidenschaftliche Träumerin. Man konnte ihr förmlich ansehen, wenn sie an ihr zukünftiges Heim dachte. Ihre Hütte würde viel Platz und Licht haben. Draußen würde es einen riesigen Gemüsegarten geben, der mit Maschendraht eingezäunt sein würde, um die Legehennen abzuhalten. Sie erzählte der lächelnden Mrs. Whaggly voller Aufregung, daß sie schließlich doch noch der Abenteurer sein werde, der sie immer schon hatte sein wollen. Sie sagte, sie hätte es sich wohl verdient, nachdem sie fast 60 Jahre lang Kinder gehütet hatte (erst ihre eigenen und dann die ihrer Tochter).
An einem regnerischen Frühlingstag verkündete Gaga: »Heute, Posie, werden wir anfangen, für Alaska zu packen.« Sie gab mir eine Kiste und wies mich an, die Spielsachen auszusuchen, die ich mitnehmen wollte. Ich hatte gerade begonnen, meine Sachen durchzusuchen, als ihr einfiel, daß uns die Kondensmilch ausging. Verstört darüber, daß sie das vergessen hatte, als wir tags zuvor fort waren, entschloß sie sich, zum Laden um die Ecke zu gehen, bevor dieser übers Wochenende zumachen würde. Sie hatte mich noch nie zuvor allein gelassen, aber sie sagte, sie wolle nicht riskieren, daß ich mir einen Schnupfen hole, so kurz vor unserer Abfahrt nach Alaska. Also wickelte sie einen Schal um ihren Hals, zog ihren Mantel an und sagte: »Du bleibst brav hier im Zimmer, solange ich

weg bin. Renn nicht im Haus herum, und belästige Mrs. Whaggly nicht. Ich bin gleich zurück.« Dann eilte sie zur Tür hinaus.

Als Gaga in dem Regenguß versuchte, vor unserem Haus die Straße zu überqueren, wurde sie von einem Auto erfaßt und zu Boden gerissen; der Fahrer jagte davon, ohne anzuhalten. Ein Krankenwagen kam, aber sie weigerte sich, ins Krankenhaus zu gehen, und bestand darauf, daß der Sanitäter ihr ins Haus zurück half. Sie versicherte ihm, daß es ihr bald wieder blendend gehen würde. Es müsse so sein, sagte sie, denn es gäbe sonst niemanden, der sich um mich kümmern könne. Der Sanitäter gab ihr schließlich ein Paar Krücken und ging – widerstrebend.

In den darauffolgenden Tagen humpelte Gaga auf Krücken durchs Haus und schob meine Karre vor sich her. Sie verrichtete alles in ihrer gewohnten knitterfreien und fleckenlosen Art – und lehnte alle Hilfsangebote von Mrs. Whaggly ab. Gaga schien sich vor allem über sich selbst zu ärgern, weil sie sich hatte anfahren lassen. Sie war fest entschlossen, daß diese Begebenheit nichts an unseren Vorbereitungen und unserem Terminplan für die Reise ändern sollte. Selbst wenn sie im Bett lag, um sich von ihren Schmerzen zu erholen, ermunterte sie mich, weiter zu packen.

Eines Nachmittags kam Don vorbei, um nach uns zu sehen, nachdem Gaga schon mehrere Tage nicht mehr angerufen hatte und wir auch nicht bei dem Elektrogeschäft hereingeschaut hatten, wo er arbeitete. Als er von dem Unfall erfuhr, rief er sofort einen Arzt. Zum ersten Mal in meinem Leben erlebte ich, daß meine Großmutter nicht Herr der Lage war. Ich war verängstigt zu sehen, wie sie hilflos auf dem Bett lag und den Arzt anschrie, er solle sie nicht ausziehen und untersuchen. Als der Arzt anordnete, daß sie ins Krankenhaus gebracht werden sollte, und Don sagte, er werde mich zum Haus meiner Tante und meines Onkels bringen, fing ich an zu weinen. Gaga befahl mir barsch, ich solle aufhören, ich müsse jetzt ein »braves Mädchen« sein.

Aber ich wußte nicht, wie. Ich hatte Angst.

Moms Bruder, Onkel Jim, und seine Frau, Tante Mary, erinnerten mich an nagelneue Möbel, die noch in Plastik verpackt sind. Sie erschienen mir so steif und unbenutzt; vielleicht, weil sie selbst nie eigene Kinder gehabt hatten. Es schien sogar, als könne Jim im Garten arbeiten, ohne sich dabei dreckig zu machen.

Weder Onkel Jim noch Tante Mary hatten jemals den Versuch unternommen, sich mit mir zu unterhalten. Jedesmal, wenn wir sie besucht hatten, hatten sie durch Gaga zu mir gesprochen. Daher fühlte ich mich plötzlich sehr allein und war wütend, in ihrer Obhut zu sein. Ich hatte niemanden, mit dem ich reden konnte, und niemanden, der meine Fragen, meine Bedürfnisse oder meine Ängste verstand. Aus Angst und tiefer Enttäuschung schrie ich hysterisch und unkontrolliert. Tante Mary fütterte mich mit Eis, um mich zu beruhigen. Manchmal funktionierte das. Ein andermal ließ ich mich durch das Spiel mit einer winzigen Porzellanpuppe ablenken, die Gaga an dem Morgen, als sie ins Krankenhaus kam, in einer Packung Haferflocken gefunden hatte.

Mom traf schließlich aus Alaska ein, nachdem sie durch schlechtes Wetter, das den Flughafen von Anchorage lahmgelegt hatte, aufgehalten worden war. Auch die Verbindung zu der Insel, auf der Pappy arbeitete, war unterbrochen. Daher war sie eine Zeitlang nicht in der Lage gewesen, ihn über diesen Notfall in Kenntnis zu setzen. Wie die Dinge standen, mußte sie meine Schwestern allein zu Hause lassen und einen Nachbarn bitten, nach ihnen zu sehen, bis sie oder Pappy zurückkamen.

Am Abend nach Moms Ankunft starb Gaga. Sie war ins Koma gefallen, nachdem sie das Krankenhaus erreicht hatte und hatte ihr Bewußtsein nicht zurückerlangt. Die Ärzte sagten, ein Blutgerinnsel aus ihrem verletzten Bein habe sich gelöst, sei zum Herzen gewandert und habe sie schließlich getötet.

Ich weigerte mich zu weinen. Ich hatte Angst, daß ich niemals wieder aufhören könnte, wenn ich die Tränen erst einmal kommen ließe.

Mom und Tante Mary wechselten sich während der Beerdigung dabei ab, bei mir im Wagen zu sitzen, denn ich wollte Gaga nicht in ihrem Sarg sehen. Es war schlimm genug gewesen, daß ich sie so hilflos auf dem Bett hatte liegen sehen, als sie den Arzt anschrie. Sie jetzt so kalt und still in einem Sarg liegen zu sehen, war mehr, als ich ertragen konnte. Ich fühlte mich, als würde ich über einem emotionalen Abgrund baumeln. Beim geringsten Riß würde ein Damm brechen und mich in einer Flut endloser Tränen über die Kante des Abgrunds spülen; und sicher würde ich ertrinken.

Es war merkwürdig und traurig, daß nur Familienmitglieder der Beerdigung beiwohnten. Keiner unserer Freunde aus Santa Cruz oder der neugewonnenen Freunde von San José kam zum Gottesdienst. Aber als sich Mom gegen Ende des Gottesdienstes zu mir in den Wagen setzte, versuchte sie mich zu trösten und sagte, Gaga sei umgeben von Blumen – genau so, wie sie es sich mit Sicherheit gewünscht hatte.

In den letzten ein oder zwei Jahren ihres Lebens hatte Gaga mehrmals vom Sterben gesprochen und versucht, mich auf diese Möglichkeit vorzubereiten. Aber was auch immer ich mir darunter vorgestellt hatte, nichts hätte mich auf diese schreckliche Realität vorbereiten können.

Der Himmel hinter der dunklen Silhouette der Begräbniskapelle schien in Flammen zu stehen, als der Nachmittag langsam einer blaßroten Sommerdämmerung wich. Die Welt da draußen schien ruhig und friedlich, verglichen mit dem Sturm, der in meinem Innern tobte.

Meine alte Welt lag plötzlich in Trümmern. Wir wurden immer in einem Atemzug genannt: Gaga und Posie hier. Gaga und Posie da. Nie war eine ohne die andere gewesen. Es würde nie wieder heißen: Gaga und Posie hier oder da.

Seit ich mich erinnern kann, hatte Gaga bei mir geschlafen. Sie hatte mich gefüttert. Sie hatte mich gebadet. Sie hatte mich zur Toilette gebracht. Fast zehn Jahre lang hatten wir im selben Rhythmus geatmet. Nun hatte Gaga aufgehört zu atmen.

Jetzt mußte ich alleine atmen.

Kapitel 6

Pappy

Am Tag nach der Beerdigung hörte ich Tante Mary Mom fragen, ob sie schon entschieden hätten, was nun, wo Gaga tot sei, mit mir geschehen solle. »Warum weist du sie nicht in eine Anstalt ein?« wollte sie wissen.

Mom erklärte Tante Mary wütend, daß sie so etwas nicht machen würde. Sie werde mich noch am selben Nachmittag nach Alaska mitnehmen. Im nächsten Herbst werde sie mich an der ACCA-Schule anmelden. Und die Familie werde überleben, wie sie es immer getan hatte – einen Tag nach dem anderen.

Als wir an diesem Abend nach Norden flogen, fragte ich Mom im Flugzeug, warum Tante Mary immer *über* mich redete und nie *zu* mir. Mom lächelte und schüttelte den Kopf. Sie wußte es nicht.

»Ich glaube, es stimmt was nicht mit ihr«, sagte ich.

Mom grinste, als sie schließlich verstanden hatte, was ich meinte. »Ich glaube, du hast recht, Posie. Wahrscheinlich ist wirklich etwas nicht in Ordnung mit ihr.« Dann lachten wir beide, Mom und ich.

Es tat gut zu lachen.

Als Mom und ich unser Zuhause in Alaska betraten, malten Rosemary und Elizabeth gerade friedlich in der Küche mit Wasserfarben. Ich wußte, daß Mom angerufen hatte, um zu sagen, daß Gaga gestorben war, aber sie schienen diese Situation mit Gelassenheit zu bewältigen; genau wie die kleinen Erwachsenen, die ich immer in ihnen gesehen hatte.

Mit elf und zwölf Jahren wirkten sie beide so viel weiser und erwachsener und emotional kontrollierter, als ich jemals in meinem Leben sein würde – so glaubte ich zumindest. In meinem Inneren rumorte ein Vulkan. Ich wußte nie, wann er vor hitziger Wut oder in einer Flut von Tränen ausbrechen würde. Und wieder erlebte ich, daß ich meine Schwestern beneidete, nicht wegen ihrer körperlichen Fähigkeiten – gerade sitzen zu können, mehr als nur ein paar sprachähnliche Laute zu artikulieren und essen zu können, ohne daß dabei ein Strom halbgegessener Nahrung ihr Kinn herunterlief – nein, ich beneidete sie um die Leichtigkeit, mit der sie ihre Gefühle beherrschen konnten.

Elizabeth nahm meinen Mantel und setzte mich auf einen Stuhl an den Tisch. Obwohl sie nur ein Jahr älter war als ich, war sie doch kräftig genug, mich zu heben oder zu schieben, wohin sie mich auch haben wollte.

Das erste Bild, das ich zu malen versuchte, war eine absolute Katastrophe. Dann zeigte mir Rosemary, wie ich kleinere, sanftere Striche machen konnte. Nicht lange, und es gelang mir tatsächlich, die meiste Farbe innerhalb der Linien zu verteilen. Während wir malten, erzählten Rosemary und Elizabeth Mom all die Abenteuer, die sie während ihrer Abwesenheit erlebt hatten. Das Wetter war unbarmherzig kalt geworden, und die Wasserrohre, die Pappy endlich installiert hatte, waren zugefroren. Aber unser Nachbar, Lars, hatte mit seinem Schweißbrenner die Rohre aufgetaut, bevor weiterer Schaden entstanden war.

Mom hörte den Berichten schweigend zu, während sie in der Küche herumwirbelte, um uns etwas zu essen zu machen. Es war tröstlich, den Geruch der kochenden weißen Bohnen einzuatmen, wieder eine Mahlzeit im Kreis meiner Familie zu essen und danach Mom zu beobachten, wie sie sich in ihren roten Lieblingssessel setzte, um die Zeitung zu lesen.

Zur Schlafenszeit stellte Mom für mich noch ein weiteres Feldbett zwischen die von Rosemary und Elizabeth. Ich war fest entschlossen, nicht zu weinen, aber seit ich aus meiner Wiege herausgewachsen war, hatte ich bei Gaga geschlafen. Ohne sie ins Bett zu gehen, erinnerte mich daran, wie weh es tat, ihrer gewohnten Nähe so plötzlich beraubt zu sein.

Ich schluchzte die halbe Nacht hindurch und weinte noch lauter, als meine Schwestern mir sagten, ich solle endlich still sein. Ich war wütend über mich selbst, weil ich weinte, aber ich wußte nicht, wie ich aufhören sollte. Mein Mangel an Selbstbeherrschung ängstigte mich nur noch mehr. Als die halbe Nacht vorbei war, erstarb das Feuer im Holzofen und eine schreckliche, einsame Kälte kroch mir in die Knochen. Ich konnte nicht anders, als meine neue, dunkle Umgebung mit jener hellen und frohen zu vergleichen, die Gaga und ich bei Mrs. Whaggly erlebt hatten.

Das halbfertige Schlafzimmer, das ich mir mit meinen Schwestern teilte, wurde sowohl als Lagerraum wie auch zum Schlafen benutzt. Von den Dachsparren hingen Drähte, an denen eine lange Stange befestigt war, auf der die gesamte Garderobe der Familie hing. Kisten und weitere Kleidung waren an jedem verfügbaren Ort gelagert. In einer Ecke stand die einzige Wärmequelle des ganzen Hauses, ein kleiner Holzofen, um den herum Alufolie an die Wand geheftet war, um vor einem Brand zu schützen.

Selbst bei Tageslicht erweckte dieses düstere Hinterzimmer den traurigen Eindruck von Hoffnungslosigkeit. Nachts im Dunkeln, wenn das Durcheinander noch höher aufgestapelt war, um am Boden genug Platz für die drei Feldbetten zu schaffen, bekamen die Schatten unheilvolle und manchmal markerschütternde Formen. Die Isolierung der Wand sah aus, als würden sich Bäuche grotesker Kobolde unter dem Fachwerk hervorwölben. Selbst wenn ich meine Augen vor Angst zukniff, schien mir die tröstende, wärmende Erinnerung an Gaga und Kalifornien weit, weit weg.

Wenige Wochen nachdem ich angekommen war, kehrte Pappy aus der Wildnis zurück und erklärte, er wolle zu Hause bleiben und in der Stadt Arbeit suchen. Er hatte das Leben in der Wildnis satt. Er wollte wieder zu Hause bei seiner Familie sein. Vielleicht würde er sogar anfangen, das Haus zu reparieren.

Pappy fand einen Job als ziviler Mechaniker für den Armeefuhrpark von Fort Richardson. Er nannte sich »der Armee-Irre«, weil er für all den Irrsinn der Armee arbeitete. Es schien, daß Pappy kein Wort so lassen konnte, wie es war. Er verdrehte sie ständig, wie ein Clown Luftballons verdreht.

Er behielt diese Haßliebe zu seinem Job bei. Ich glaube, er liebte seine Arbeit als solche – es machte ihm immer Freude, mit seinen Händen zu arbeiten. Aber dieser Job gab ihm einen sehr direkten Einblick, was die Geldverschwendung und Ineffizienz von Regierungsstellen angeht. Er kam oft nach Hause und klagte laut darüber, daß er dasselbe Fahrzeug in der letzten Woche schon dreimal in der Werkstatt hatte, weil es dem Offizier, der damit fuhr, egal war, ob er richtig mit der Ausrüstung umging, für die der Steuerzahler den Geldbeutel hinhalten mußte.

Mom versuchte oft, Pappy zu beruhigen, während sie ihren rituellen Abendkaffee miteinander tranken und alles mögliche diskutierten, von seinem Job bis zu den Abendnachrichten. Pappy schienen seine unumstößlichen (und oft lautstarken) Ansichten nie auszugehen. Er las gern Bücher über Politik und bildete sich seine eigene Meinung über die Vorkommnisse in der Welt. Mom mußte ihn häufig daran erinnern, daß womöglich nicht jeder, mit dem er zusammenarbeitete, seine Ansichten teilte, und er deshalb vorsichtig sein und den Leuten um ihn herum gegenüber tolerant sein sollte. Aber ich glaube nicht, daß Pappy jemals auf sie gehört hat.

An langen hellen Sommerabenden, nach seinem Kaffee und seinen Gesprächen mit Mom, arbeitete Pappy oft am Haus oder werkelte in der Garage an irgendeiner Sache herum, während er sich im Radio klassische Musik anhörte. Wenn alle Fahrzeuge der Familie gut liefen, nahm er sich Zeit für seinen Sumpfbuggy, in den er völlig vernarrt war.

Pappys Erfindung war halb Lieferwagen, halb Sandbuggy und hatte doppelt soviel Charakter wie jedes Auto, das man beim Autohändler kaufen konnte. Das überdachte Fahrgestell war auf Flugzeugreifen montiert, die es Pappys »Königin der Tundra« erlaubten, viele Kilometer wegloser Wildnis zu durchqueren. Das blaugestrichene Fahrzeug – Pappy bestand darauf, es sei grün, und ließ über diesen Punkt nicht mit sich diskutieren – hatte vorne eine riesige Winde, mit der Pappy alles mögliche tun konnte: das Fahrzeug eine Bergflanke hinaufziehen oder einen Elchbullen aus einer Schlucht befreien, in der er gefangen war.

Ich hatte immer Schwierigkeiten, eine stabile Stütze zu finden, um meinen Körper in die hochliegende Kabine zu hieven. Wenn ich mit Pappy im Buggy fuhr, kam ich mir vor wie in einem Flugzeug, das die Startbahn entlangrollt. Ich schien hoch genug zu sitzen, um kilometerweit sehen zu können. Aber das charakteristischste Merkmal des Buggys war die große alte Badewanne mit Krallenfüßen, die Pappy hinten festzurrte, sooft er zum Zelten oder auf die Jagd ging. Er bestand auf seinem Bad – komme, was da wolle. Mom war auf ewig enttäuscht, daß seine Jagdkumpels Pappy nie dabei fotografierten, wie er mitten in der Wildnis Alaskas in seiner Badewanne saß.

Es war das erste Mal, soweit ich mich erinnern konnte, daß ich mit Pappy unter einem Dach zusammenlebte. Es war für uns beide nicht leicht. All die Jahre ständiger Aufmerksamkeit von Gaga hatten einige bleibende negative Auswirkungen auf mich. Ich war es gewohnt, in einer Welt zu leben, die sich ganz um mich drehte und in der all meine Bedürfnisse schnell befriedigt wurden. Wenn etwas nicht nach meinem Willen ging, reagierte ich gewöhnlich mit Weinen oder Schreien oder indem ich total außer mir geriet.

Pappy, als Familienvorstand, war es ebenfalls gewohnt, daß die Dinge so liefen, wie *er* es wollte. Wenn nicht, so war er verärgert. An manchen Tagen kostete es mehr Selbstbeherrschung, als ich aufbringen konnte, nicht in Tränen auszubrechen, wenn er grob mit mir redete. Und die kleinste Kleinigkeit schien ihn zu kratzen. Zum Beispiel wenn er der Meinung war, ich sei zu lange im Bad. Oder wenn sich mein Rollstuhl an der Schwelle zwischen Küche und Flur in einem verrotteten Brett verfing, gerade in dem Moment, wo Pappy ins Bad mußte. Dann entzündete sich unsere Gereiztheit gegenseitig.

Pappy hatte nie genug Geduld für meine Gefühlsausbrüche. Mein Weinen ging ihm auf die Nerven. Er selbst machte es nur noch schlimmer, denn ein verärgerter Blick von ihm genügte, und ich weinte stundenlang. Dann wurde er wütend auf mich, weil ich weinte, und ich war wütend auf ihn, weil er mich aus der Fassung gebracht hatte, und auf mich selbst, weil ich so leicht außer Fassung geriet und ihn so ärgerlich machte.

Es dauerte einige Zeit, bis wir miteinander auskamen. Wir hatten nie zuvor gelernt, einander zu lieben und miteinander zu leben. Wir mußten beide daran arbeiten. Und ich erinnere mich, wie ich dachte: *Wenn ich nur normal wäre, dann würde Pappy mich mehr lieben.*

Ich glaube, der Durchbruch in Pappys Haltung mir gegenüber kam, als er mich beim Gärtnern beobachtete. Ich hatte Mom so lange bearbeitet, bis sie mir einen kahlen Fleck entlang des hinteren Zauns neben Britchys Grab als eigenen Garten zuteilte. Sie markierte die Grenzen meines Areals mit Backsteinen und sagte mir, ich solle den gesamten Boden in meinem kleinen Fleckchen Erde aufbrechen. Ich war im siebten Himmel, wenn ich draußen sein konnte in all dem Dreck und graben, pflanzen und Unkraut jäten.

Mein Garten beschäftigte mich den ganzen Sommer über mehrere Stunden in der Woche. Mom hatte nur einen einzigen Fehler gemacht. Sie hatte mir ein Beet nahe am hinteren Zaun gegeben, wo unsere kinderlosen Nachbarn, Lars und Jean, mich über den Zaun heben konnten, um mir ihr sorgfältig manikürtes Hinterhofparadies zu zeigen – ein echtes Ausstellungsstück. Sie gaben mir früh in der Saison winzige Gemüsepflanzen, die bis zum Herbst zu wahren Riesen herangewachsen waren.

Pappy fand meinen Garten großartig. Er staunte über die Größe meiner Pflanzen, neckte mich und sagte, er glaube, ich müsse wohl Erde im Blut haben. Er machte mich stolz, und das war einer der Höhepunkte in unserer manchmal schwierigen Beziehung.

Vielleicht bestand eine der Barrieren zwischen uns in der Tatsache, daß Pappy nie den Dreh herausbekam, meine Sprache zu verstehen, egal wie sehr er sich auch bemühte. Das wenige, das er verstand, ermunterte ihn dazu, mich nachzuahmen. Er war bald so gut darin, daß er Mom oft täuschen konnte und mich so in Schwierigkeiten brachte, weil sie meinte, ich spräche aus viel zu großer Entfernung mit ihr.

Es war nie leicht, mich zu verstehen, und so hatte Mom eine Regel aufgestellt. Wenn ich ihr etwas zu sagen hatte, sollte ich dorthin kommen, wo sie sich befand, ihre Aufmerksamkeit erregen und erst dann mit ihr reden. Die Verständigung von Angesicht zu Angesicht war immer etwas klarer, und so war es eine vernünftige Regel. Mom wurde ärgerlich auf mich, wenn ich sie vergaß.

Eines Tages kam Mom ins hintere Zimmer gestürmt, um herauszufinden, warum ich nach ihr geschrien hatte. Ich war drauf und dran, sie zu beschuldigen, sie höre schon Gespenster. Plötzlich hörten wir beide aus einem anderen Zimmer etwas, das wirklich nach meiner Stimme klang: »Mutti, wo sind meine Hausschuhe? Ich habe kalte Füße!« Mom eilte den Flur hinunter, um herauszufinden, was los war. Einige Momente später hörte ich Pappys Gelächter. Er hatte den hohen Ton meiner Stimme, mein Y statt J und sogar mein S so meisterlich ausgesprochen, als hätte ich selbst geredet. Er hatte sogar meine Gestik heraus und kippte seinen Kopf nach rechts, genau wie ich, und tänzelte seitwärts genau wie ich, wenn ich ging, ohne darüber nachzudenken, was ich tat.

Mom konnte an Pappys Possen nichts Komisches finden. Sie rügte mich, weil ich ihn durch ein paar Tips ermuntert hatte. Aber uns beiden machte es Spaß, Mom an der Nase herumzuführen, und wir drohten sogar ihre Rache heraufzubeschwören, als wir erwogen, auch Gäste mit unserer gemeinsamen Darbietung zu unterhalten.

Mom fand unsere Vorstellung gar nicht geeignet für »feine« Gäste. Ich lachte und sagte ihr, unsere Gäste seien wohl kaum »fein« zu nennen und die meisten von ihnen würden ohnehin keinen Spaß verstehen.

Mom sagte, das sei keine besonders respektvolle Art, von unseren erwachsenen Freunden zu sprechen. Aber Pappy grinste noch immer, als er zur Tür hinauseilte.

An den wenigen Sommertagen, an denen das Thermometer

drohte, die 20°-Marke zu überschreiten, lud Pappy uns Mädchen und alle unsere Freundinnen, die mitkommen wollten, hinten in seinen Lieferwagen und fuhr zum See. Dort verbrachten wir den Nachmittag mit Schwimmen oder Bootfahren. Ich liebte diese Ausflüge, aber Mom haßte das Wasser und blieb immer auf dem Trockenen, um die Köpfe zu zählen.

Während dieser Ausflüge begann ich, mich an Pappy zu gewöhnen, und er sich an mich. Ich fing an zu verstehen, warum es so schwer war zu lernen, miteinander auszukommen. Mein ganzes Leben hatten sich Gaga und Mom um mich gekümmert und alle Entscheidungen über meine Pflege getroffen. Obwohl er ihnen vertraut und geglaubt hatte, daß sie wußten, was für mich das beste sei, hatte er ihnen auf diese Weise doch auch erlaubt, ihn aus den ersten zehn Jahren meines Lebens auszuschließen.

Ich war seine Tochter. Er war mein Vater. Aber wir kannten uns eigentlich nicht. Daher brauchte es Zeit zu entdecken, daß wir einander tatsächlich liebhatten – selbst wenn diese Liebe unter den ungünstigen und ungewöhnlichen Umständen begraben lag.

Kapitel 7

Gefangen

Die hohen Birken, die unser Küchenfenster beschatteten, färbten sich gelb. Die Morgenluft hatte schon eine gewisse Frische. Bei unseren fünf zusammengewürfelten Hunden und den fünfzehn Katzen wuchs das Fell. Cocoa, Elizabeths Pferd, begann sich seinen Winterpelz zuzulegen. Labor Day kam, und am nächsten Tag fing die Schule an.

Rosemary und Elizabeth zogen sich an, beendeten ihr Frühstück und gingen zur Tür hinaus. Dann kletterten sie über den hinteren Zaun, kürzten durch den Nachbargarten ab zur nächsten Straße und liefen zur Schule, die einige Blocks entfernt lag.

Ich blieb in meinem Stuhl am Küchentisch, während Mom sorgfältig mein Haar flocht und dann die Zöpfe mit Bändern aus Schottenkaro zusammenband. Dies sollte mein erster Tag in einer »echten« Schule sein. Ich war so aufgeregt, daß ich kaum stillsitzen konnte. Ich hatte mir diesen Tag vorgestellt, seit ich mit meinen Tagträumen angefangen hatte.

Ich war kein bißchen am Frühstück interessiert. Als Mom es schließlich müde war zu versuchen, ein bewegliches Ziel mit Löffeln voller Haferflocken zu treffen, gab sie es auf, mich zu füttern, und begann mit ihrer Checkliste. »Schultasche. Taschentuch. Pullover. Letzter Check für die Toilette. Sauberes Gesicht. Saubere Hände.« Dann führte sie mich nach draußen zum Lieferwagen.

Das Klassenzimmer sah noch genauso aus wie vor fast einem Jahr, als Gaga, Mom und ich die ACCA besucht hatten. Wie zeitlich nah dieser Besuch schien, und doch war so viel geschehen. Ein Lebensabschnitt war zu Ende gegangen.

Mom ging, nachdem sie mich zu einem Tisch begleitet hatte, an dem bereits andere Schüler saßen. Die überraschend schöne Miss Paul mit ihren russischen Zügen und ihrem rosigen Aussehen stellte mich der Klasse vor.

Unsere allererste Aufgabe war, den großen Filzkalender mit den Tagen des Monats zu füllen, die bereits vergangen waren. Dann gab Miss Paul die kopierte Zeichnung eines Kalenders mit einem Bild zum Ausmalen aus. Jeden Tag konnten wir versuchen, eine neue Zahl zu schreiben.

Die meisten anderen Kinder konnten mit dem Stift schreiben. Ich hatte größere Schwierigkeiten, meinen zu fassen, meine Hand ruhig zu halten, das Papier glatt zu pressen und dann so klein zu schreiben, daß die Zahlen noch in den vorgesehenen Platz paßten. Um es noch schlimmer zu machen, schrieb ich meine Zahlen stets rückwärts.

Miss Paul muß ein Genie gewesen sein, daß sie meine Handschrift so gut entziffern und alle meine umgedrehten Zahlen verstehen konnte. Obwohl sie manchmal nachfragen mußte, bevor sie meine Arbeit beurteilen konnte. Ich habe nie verstanden, warum ich solche Mühe mit den umgedrehten Zahlen hatte; Buchstaben waren nie ein Problem für mich. Aber ich blieb optimistisch, weil ich so aufgeregt und stolz war, endlich in einer echten Schule zu sein.

Miss Paul versuchte mir zu helfen, damit ich leserlicher schreiben könnte. Sie befestigte ein kleines Bleigewicht an meinem Handgelenk, um meine Hand daran zu hindern, in dem Moment davonzuzucken, wo ich versuchte, eine kleine, genau kontrollierte Schreibbewegung zu machen. Außerdem verdickte sie meinen Stift mit Ton, damit ich ihn besser greifen konnte. Selbst danach war meine Handschrift nur am Morgen lesbar. Am Nachmittag sah meine Schreibarbeit so aus, als hätten Ameisen mit Tinte an den Füßen darauf Volkstänze aufgeführt.

Obwohl ich mit jeder Aufgabe, die Koordinationsvermögen verlangte, zu kämpfen hatte, war das eigentliche Lernen das leichteste an der Schule. Es würde noch lange dauern, bis ich Zahlen und Buchstaben schreiben konnte, die klein genug für meine Arbeitshefte und -blätter waren. Aber wenn es ums Lesen ging, hatte ich keine Probleme, weil dies keine Geschicklichkeit verlangte – außer beim Umblättern der Seiten, was oft mühsam und frustrierend war.

Meine größte Enttäuschung beim Lesen kam daher, daß ich so schnell im Lernen war. Ich erwartete, daß ich alle paar Wochen eine höhere Schwierigkeitsstufe mit Material für fortgeschrittene Schüler erreichen würde, wie es bei den Hauslehrerinnen gewesen war. Aber nun spürte ich die harte Wirklichkeit der Anfangsjahre der Sonderschule für behinderte Kinder. Geld für Lehrmittel und angemessene Schulbücher gab es nicht. Ich mußte dieselben Lesetexte immer und immer wieder durchgehen.

Sehr zu meinem Verdruß waren Teile meines Stundenplans mit Sprach- und Physiotherapie besetzt. Meiner Meinung nach sollte diese Art von Therapie zweitrangig sein; der Lernstoff interessierte mich viel mehr. Ich war vom Kindergarten in Kalifornien enttäuscht gewesen, wo man viel Wert auf Bewegungstherapie gelegt hatte und niemand mir Lesen und Schreiben beibringen wollte. All die Erwachsenen in meinem Leben hatten bisher den Schwerpunkt darauf gelegt, daß ich Gehen und Sprechen lerne. Es schien, daß sie Gehen und Sprechen als Selbstzweck ansahen.

Erst als ich die ACCA-Schule besuchte, fand ich den nötigen Anreiz, so daß ich um den Erfolg bei der Sprach- und Bewegungstherapie zu kämpfen begann. Ich erkannte endlich, daß ich im Bereich von Kommunikation und Bewegung noch viel mehr lernen mußte, falls ich je meinen Traum wahrmachen wollte, mit gesunden Kindern auf eine gewöhnliche Schule zu gehen. Nun verstand ich, wie die Therapie mit meinen eigenen Plänen zusammenpaßte. Meine Haltung änderte sich umgehend, und ich fing an, größere Fortschritte zu erzielen.

Die Sprachtherapie schien mir am ehesten sinnvoll. Ich wünschte sehr, daß ich wie jeder andere sprechen könnte, denn es gab so viel, das ich sagen wollte. Der erste Punkt auf der Tagesordnung beim Sprachtraining war zu lernen, mit einem Strohhalm zu trinken. Das war nicht nur eine weitere blöde Übung – mein Therapeut erklärte mir, daß die Fähigkeit zu saugen grundlegend sei, um die Lippen für die Erzeugung bestimmter Laute korrekt zu formen.

Pappy half mir, indem er aus einer Spule ein spezielles Mundstück schnitzte und es an einem Plastikstrohhalm festklebte. Das größere, hölzerne Mundstück konnte ich leichter zwischen meinen Lippen halten als den schmalen kleinen Strohhalm. Nachdem ich einmal gelernt hatte, mit dem Strohhalm zu trinken, benutzte ich ihn häufiger als meine Schnabeltasse. Ich konnte das mit dem Strohhalm Angesaugte besser schlucken als das tröpfelnde Wasser aus der Tasse.

Ich hatte mit den gleichen Problemen zu tun, wie ich sie schon immer bei der Sprachtherapie gehabt hatte. Das ununterbrochene Pauken von Wörtern und Lauten langweilte mich. Und da ich schnell zum wandelnden Wörterbuch der Synonyme wurde, hatte ich wenig Geduld, wenn der Therapeut von mir verlangte, das gleiche schwierige Wort wieder und wieder zu üben. *Warum mit einem umständlichen Wort kämpfen, wenn ich ein Dutzend andere Möglichkeiten kannte, um den gleichen Gedanken auszudrücken?*

Wie alle Sprachtherapeuten, bei denen ich zuvor gewesen war, bestand auch dieser darauf, daß ich jeden Laut so klar wie möglich auszusprechen lernte. Obwohl ich nie den Dreh herausfand, um »Sammy, die Schlange« oder eine Reihe anderer Ausdrücke richtig auszusprechen. Ich glaube, dieser Therapeut hat mir millionenfach gesagt: »Mach langsam. Überlege dir jeden Laut, bevor du ihn aussprichst.« Aber mindestens in einer Hinsicht war ich wie fast jedes andere elfjährige Kind auf der Welt: Ich haßte es, irgend etwas, egal was, langsam zu tun; besonders beim Reden.

An der ACCA-Schule hatte ich zum ersten Mal ein durchgängiges, langfristiges bewegungstherapeutisches Programm. Jedesmal, wenn ich in Kalifornien mit einer Bewegungstherapie angefangen hatte, zog ich um, oder etwas anderes unterbrach oder beendete das Lernprogramm. Daher überraschte mich mein stetiger Fortschritt.

Innerhalb weniger Monate konnte ich schon eine gewisse Strecke an Krücken gehen, die aussahen wie Sägeböcke. Pappy machte die Krücken aus den Resten eines Rohres, das er feuerrot angestrichen hatte. Meine Krücken wurden das Gesprächsthema Nummer eins in der Schule. Die acht stabilen Beine gaben mir ein Gefühl der Sicherheit.

Die Physiotherapeuten sagten meinen Eltern, diese Krücken seien »der erste Schritt zum selbständigen Gehen«. Sie glaubten, daß ich mit Hilfe des Lernprogrammes, das sie vorgesehen hatten, innerhalb einiger Jahre alleine gehen könnte.

Als zweite Maßnahme verschrieb mir ein Arzt eine genau für mich zugeschnittene Stütze aus Stahl und Leder, die eine spezielle Korsage für meinen Brustkorb besaß, um meine stoffpuppenartige Haltung zu korrigieren. Diese Stütze war ein Elend – in mehr als einer Hinsicht. Hätte ich jeden Morgen drei Stunden Zeit gehabt, sie anzuziehen, wäre ich vielleicht mit all den Gurten und Schnüren selbst klar gekommen. Aber so mußten mir Mom oder eine meiner Schwestern in diesen komplizierten und unbequemen Apparat hineinhelfen.

Allein die Wartung und routinemäßige Anpassung der Stütze waren teuer und frustrierend. Die Therapeuten entfernten schließlich die Korsage, weil sie mich beim Atmen behinderte. Als wir das nächste Mal zum Arzt gingen, machte dieser Mom wütend, weil er sie beschuldigte, mir die Stütze nur abgenommen zu haben, weil sie sich nicht damit herumärgern wollte.

Es schien, daß niemand eine Ahnung davon hatte, wie wacklig und labil mein Körper war. Saß ich beim ersten Besuch nach links verkrümmt, verordnete der Arzt aufwendige Änderungen an meiner Stütze. Beim nächsten Termin war mein Körper in die andere Richtung verkrümmt, und meine Stütze mußte wieder angepaßt werden. Einige Wochen lang schien es, als würden Mom und ich mehr Zeit in der Werkstatt wegen meiner Stütze verbringen als ich in der Schule.

Mit der Zeit machte ich so weit Fortschritte, daß ich mit normalen Stützen gehen konnte – der Sorte, die sich genau um den Unterarm schmiegt. Aber sie gaben mir das Gefühl, eine Marionette zu sein, die mühsam versucht, auf Streichhölzern mit Gummispitze zu gehen. Jedesmal, wenn mich etwas erschreckte, zuckten meine Arme, und meine Stützen schlingerten davon. Der einzige Ort, an dem ich mich mit ihnen sicher genug fühlte, war zu Hause in unserem Hinterzimmer. Dort waren die Fliesen so zersplittert und zerbrochen, daß sie eine große rutschsichere Fläche boten.

Obwohl ich die neuen Stützen nie leiden konnte, benutzte ich sie, weil sie ein Zeichen des Fortschritts waren. Je eher ich sie beherrschen würde, um so eher würde ich in der Lage sein, selbständig zu gehen. Außerdem kam ich mir ganz »cool« vor, denn jetzt benutzte ich die gleichen Stützen wie die meisten meiner Klassenkameraden.

Ich trieb mich zu schnell vorwärts. Nachdem ich einmal angefangen hatte, die Stützen zu benutzen, gab ich die vertrauten Sägebockkrücken auf, die mir genug Balance und Sicherheit für meine Gehübungen gegeben hatten. Aber ich fand schlußendlich nie das nötige Vertrauen in die Stützen. Diese Unsicherheit nahm mir schließlich den Mut zu gehen.

Ich fühlte mich immer sehr viel behinderter, wenn ich auf Stützen ging, statt auf meinem Hintern herumzusausen oder den Rollstuhl zu benutzen, den ich von dem Geld bekommen hatte, das meine große Schwester Maxine aus Chicago geschickt hatte. Die Stützen hatten es mir vielleicht möglich gemacht zu gehen, aber das Gehen mit Stützen erschien mir immer als zu einschränkend – zu begrenzend.

Ich konnte zum Beispiel mit meinen Stützen zur Küchenspüle gehen, aber ich konnte nichts nehmen und zum Tisch tragen. Mit meinem Rollstuhl konnte ich zur Theke herumwirbeln, nehmen, was ich gerade wollte, es in meinen Schoß legen und wieder dorthin rollen, wohin ich wollte. Keiner der Erwachsenen um mich herum verstand meine Gefühle oder begriff die Logik, aus der heraus ich den Rollstuhl bevorzugte. Für sie schien es schrecklich wichtig zu sein, daß ich laufen konnte.

Morgens halfen mir meist Shirley oder Elizabeth beim Anziehen und schnallten mich in meine einengende Korsage. Shirley hatte besonders viel Geduld – sie legte meine Korsage und meine Anziehsachen sogar einige Minuten auf den Ofen, damit sie warm wurden. Oh, das war angenehm! Ich spürte, daß Shirley mir gerne half, und so nahm ich ihre Hilfe dankbar an und half, so gut ich konnte.

Aber manchmal war ich ärgerlich – besonders wenn Pappy mir gerade vorgeworfen hatte, ich sei faul und wolle nicht gehen. Dann wand ich mich und trat nach jedem, der versuchte, mich in meine Stütze zu zwängen. Danach fühlte ich mich schuldig und war ärgerlich auf mich selbst, weil ich kein braveres Kind war. Wenn ich mich nur mehr anstrengen würde und braver wäre, vielleicht würden dann Pappy und Mom nicht soviel wegen meiner Bewegungstherapie streiten.

Warum waren Pappy, Mom, meine Lehrer und meine Therapeuten nur so besorgt, daß ich beim Gehen keine größeren Fortschritte erzielte? Warum waren sie nach zwei Jahren Schulunterricht nicht genauso besorgt darüber, daß ich immer noch dasselbe Lesebuch benutzen mußte? Warum verstanden sie nicht, was das Wichtigste war?

Wenn ich ärgerlich war, besaß gerade Shirley die Gabe der Gelassenheit. Obwohl sie oft nicht wußte, was mich eigentlich störte, gelang es ihr meist, mich zu beruhigen, indem sie mich auf andere Gedanken oder Gesprächsthemen brachte. Bald lachte ich wieder, und es ging mir gut. Shirley schien meine Enttäuschungen zu verstehen. Sie und Mom sprachen oft abends, nachdem ich ins Bett gegangen war, über mich und meine Probleme.

Meine liebe Schwester Elizabeth besaß weit weniger Mitgefühl als Shirley. Egal wie oft wir Streit hatten, sie hatte das letzte Wort. Wenn ich ihr Umstände beim Anziehen bereitete, streckte sie meine Stütze zur Hintertür heraus, um sie so richtig schön abzukühlen, bevor sie sie mir umschnallte. Und wenn ich bei Mom petzte, ließ sie sie das nächste Mal doppelt so lange draußen.

Mit Elizabeth durfte man sich einfach nicht anlegen.

Wir hatten keine eigene Abteilung für Beschäftigungstherapie an der ACCA-Schule, und so erlernte ich alles aus diesem Bereich, indem ich die Physiotherapeuten um Hilfe bat oder indem ich selbst Dinge wieder und wieder versuchte.

Wir probierten eine Reihe unterschiedlicher Löffel aus, in der Hoffnung, daß ich auf diese Weise selbständig essen könnte. Ein bestimmter Löffel stellte sich als das genaue Gegenteil von dem heraus, was ich brauchte. Jemand brachte diesen drehbaren Löffel als Notbehelf, der eigentlich für Leute mit eingeschränkter Beweglichkeit gedacht war. Mein Problem bestand jedoch in zuviel Beweglichkeit. Jedesmal wenn ich versuchte, einen Bissen zu essen, drehte sich der Löffel, und das Essen fiel herunter. Diesen Löffel konnte ich also vergessen.

Mom schaffte es schließlich, den Griff eines normalen Eßlöffels so umzubauen, daß ich ihn greifen konnte. Damit aß ich aus einer großen Suppenschüssel, die auf einem nassen Waschlappen stand, damit sie nicht wegrutschen konnte, während ich versuchte, das Essen herauszuangeln.

Als es mir das erste Mal gelang, ohne fremde Hilfe zu essen, feierte meine Familie dies gebührend. Mom machte aus Alufolie eine Medaille für mich, in Anerkennung meiner Verdienste. Sie pries auch den drehbaren Löffel und sagte, er sei bestens geeignet, um ihren Kaffee damit umzurühren.

Obwohl die ACCA keine Beschäftigungstherapie hatte, gab es doch Mrs. Mac, die uns mit dem neuen Musiktherapieprogramm vertraut machte. Sie war eine süße ältere Dame, die in Tanz und Theater bestens geschult war. Ich mochte meinen normalen Unterricht, aber ganz besonders liebte ich es, zur Musiktherapie zu gehen. Dort lernte ich in der Rhythmusgruppe zu spielen. In der Sprach- und Physiotherapie hatte ich die ungeteilte Aufmerksamkeit für mich, aber in der Musiktherapie konnte ich lernen, Teil einer Gruppe zu sein.

Mrs. Mac hätte selbst einen sibirischen Sturm dazu bringen können, vor Freude zu lachen und zu tanzen. Pappy und Mom waren auch der Meinung, daß sie sehr begabt war, denn sie konnte jeden Schüler der ACCA dazu bringen, das zu tun, worum sie ihn bat. Sie nahm sich jedes unserer körperlichen Probleme vor und entwarf dafür spezielle Tänze. Patsy hatte steife Beine, also zog ihr Mrs. Mac Holzschuhe an und gab ihr eine Milchkanne! Der Tanz glich ihre Steifheit aus und ließ diese aussehen, als sei sie ein natürlicher Bestandteil des Tanzes.

Sie überredete sogar Johnny, der sehr scheu war, daß er bei der Probe für unsere Eltern einen holländischen Tanz mit Patsy tanzte.

Ich bekam ein Paar Zimbeln, die mit den Fingern gespielt wurden, so daß ich üben konnte, meine Finger einzeln zu bewegen. Mrs. Mac hielt sich nie mit meinen Gehproblemen auf. Statt dessen erfand sie Aktivitäten, bei denen ich meine Arme, Hände und Finger benutzen mußte. Vielleicht ist das einer der Gründe, warum ich sie so mochte. Sie glaubte auch, daß es für mich wichtiger sei, zu lernen, wie ich meine Hände und meinen Kopf benutzen konnte, als das Laufen zu lernen. Sie zeigte mir die Fingerbewegungen für »Lovely Hula-Hands«, so daß ich bei unserer Tanzvorstellung ein Hulamädchen sein konnte.

Die Tanzvorstellung selbst war der Höhepunkt des Schuljahres. Mom und Shirley halfen Mrs. Mac und durchwühlten den Billigladen der örtlichen Heilsarmee nach Material für unsere Kostüme. Ich trug ein Ballettröckchen aus Gras und einen Kranz aus Papierblumen. Freddy und Johnny spielten die Trommler und trugen Tamburuniformen. Jeder hatte seine Rolle. Johnnys Mutter war erstaunt. Sie sagte, sie hätte jeden einen Lügner genannt, der behauptet hätte, daß Johnny tatsächlich vor Publikum spielen und für ein Pressefoto posieren würde.

An manchen Tagen schien es, als würde ich das wenige, was ich errang, durch die schwierigen Verhältnisse in Alaska wieder verlieren. Als der Winter erst einmal eingesetzt hatte, wurde mein Transport zur Schule zur Herausforderung. Wenn das Winterwetter gemäßigt war, konnte Mom die Stufen zum Haus von Eis befreien. So konnte sie mich unter einen Arm nehmen und sich mit der anderen Hand an einem Seil festhalten, während sie sich vorsichtig die gefährlich steile Auffahrt hinunterschlepppte. Meist war es im Winter unmöglich, nahe an das Haus heranzufahren. An manchen Tagen war Mom so frustriert von den Umständen, daß sie mich mit dem Taxi in die Schule schickte, aber wenn das Winterwetter besonders übel wurde, behielt sie mich einfach zu Hause.

Nachdem wir den Winter überstanden hatten, mußten wir als nächste Herausforderung mit dem Tauwetter im Frühjahr zurechtkommen. Unter dem zauberhaft schönen, tiefblauen, arktischen Himmel und den blühenden Bäumen mit ihren angenehmen Vorboten auf den kommenden Sommer schien sich der ganze Bundesstaat Alaska in ein Meer von feuchtem, schlüpfrigem Schlamm zu verwandeln. Den ganzen Winter über trug mich Mom aus Angst, ich könne auf dem Eis ausrutschen. Den ganzen Frühling über sorgte sie sich, daß ich fallen und uns beide mit Matsch vollspritzen könnte. Ich war nie sicher genug, um draußen alleine zu gehen, und Eis wie Schlamm schränkten meine Mobilität stark ein.

An vielen Tagen war meine Enttäuschung über die Bedingungen in Alaska so groß, daß ich mich beinahe völlig in Schreikrämpfe aus Angst und Verzweiflung auflöste.

Es mußte etwas geschehen. Obwohl meine Schule und die Therapie das Beste waren, was ich je kennengelernt hatte, fühlte ich mich, als sei ich hoffnungslos in eine Tretmühle geraten. Ich wußte, daß ich meine Träume nie verwirklichen konnte, wenn ich weiter bei meinem explosiven emotionalen Verhalten blieb. Ich konnte die Fortschritte, die ich mir vorgenommen hatte, nicht erzielen, wenn mir die Lebensbedingungen in Alaska so viel körperliche und gefühlsmäßige Energie abverlangten. Selbst der Unterricht, den ich bekam, schien nicht auszureichen, um meine eingrenzenden Lebensumstände zu überwinden.

Die ACCA war nur ein Behelfsverband. Und ich brauchte einen richtigen Verband. Nicht nur für meinen Körper, sondern auch für meine Gefühle und Träume. Ich war ein sehr kleines elfjähriges Mädchen. Schwerstbehindert, fast hilflos und ohne Zweifel sehr naiv. Aber ich wußte, was ich fühlte, selbst wenn ich es nicht mit Worten sagen konnte.

Ich fühlte mich gefangen.

Kapitel 8

Elsie zeigt, wo's langgeht

Eines Tages im Frühjahr zeigte mir Mom ein Buch, das sie zufällig in der Elternabteilung der dürftigen, mittellosen Bücherei der ACCA gefunden hatte. Auf irgendeine Weise war meine kleine Schule an ein altes, nicht mehr aktuelles Jahrbuch einer Schule für behinderte Kinder geraten, der *Crippled Children's School*, einer lutherischen Schule im weit entfernten Jamestown in North Dakota.

Die Bilder in dem Buch zeigten viele behinderte Kinder und junge Leute in einer Schulumgebung und wie sie draußen miteinander spielten. Sie sahen glücklich und aktiv aus und taten Dinge, von denen ich nur träumte. Ich war besonders von solchen Bildern angetan, die zeigten, wie sie in ihren Klassenzimmern gemeinsam arbeiteten und lernten. Die ACCA-Schule war so klein, daß es bei uns fast nie Lerngruppen gab, weil jeder sich in einer anderen Lernstufe befand. Eine Schülerin versuchte gerade, das Alphabet zu lernen, während ihr Nachbar an Geometrie für die sechste Klasse arbeitete.

»Oh, ich wünschte, ich könnte so eine Schule besuchen«, sagte ich Mom. Ich fand den Ort auf den Bildern im Vergleich zu all dem, was ich bisher erlebt hatte, wundervoll. Mom war der gleichen Ansicht. Als sie mich am nächsten Morgen zur ACCA fuhr, fragte Mom: »Möchtest du wirklich diese Schule in North Dakota besuchen?«

»Ja!«

Mom versprach, alles über diese Schule herauszufinden, was sie nur in Erfahrung bringen konnte. Gleichzeitig warnte sie mich. »Das ist eine sehr wichtige Entscheidung, Posie. Es wäre das Beste, wenn du eine Weile darüber nachdenkst. North Dakota ist sehr weit weg.«

Mom sprach mit mehreren Mitarbeitern der ACCA, die meinten, es sei eine gute Chance. Meine Klassenlehrerin, Miss Paul, hieß die Idee entschieden gut. Sie sagte Mom mehrfach, daß ich mehr brauche, als die ACCA mir bieten könne – und daß ich es bald brauche.

Meine Mom warnte mich, ich würde Heimweh bekommen, wenn ich ginge, aber ich würde schließlich auch darüber hinwegkommen. Und sie schien überzeugt, daß ich mich durch die Bildungschancen, die ich an der *Crippled Children's School* bekommen würde, weniger eingeengt fühlen und glücklicher sein würde. Mom versicherte mir auch, daß sie und Pappy mich nicht zwingen würden zu gehen. Es würde ganz allein meine Entscheidung sein.

Und es war wahrhaftig eine schwere Entscheidung für ein elfjähriges Mädchen. All die Jahre hatte ich bei meiner Großmutter gelebt. So sehr ich sie auch geliebt hatte, ich sehnte mich doch danach, wie ein normales Kind bei meiner Familie zu leben. Alaska hat mir dies erlaubt, ungeachtet all seiner Schattenseiten. *Wie konnte ich daran denken, meine Familie zu verlassen, wo ich doch gerade eben erst in sie hineingefunden hatte? Warum mußte ich immer von meiner Familie getrennt sein, nur um zu bekommen, was andere für selbstverständlich hielten? Das ist nicht fair!* Aber so betrachtet war mein Leben eigentlich nie besonders fair gewesen.

Ich fühlte, daß ich an einem wichtigen Scheideweg meines Lebens stand. Ich wußte, wenn ich das Risiko nicht einginge, würde ich für immer gefangen sein. Und ich würde mich den Rest meines Lebens fragen: *Was wäre gewesen, wenn . . .*

Als ich Mom meine Entscheidung mitteilte, schrieb sie sofort eine Anfrage, ob sie mich für das Schuljahr 1958/59 anmelden könnte. Jetzt wurde es ernst.

Schon mehrfach waren in meinem Leben große Pläne für mich geschmiedet worden, und dann hatten unerwartete Ereignisse alles über den Haufen geworfen. Aber es sah so aus, daß aus diesem großen Plan etwas werden sollte. Es war schwer genug, mutig und entschlossen zu sein, wenn es um Wünsche und Träume ging. Noch beunruhigender war der Augenblick, als ich den Brief mit der Aufnahmebestätigung tatsächlich in Händen hielt. Ich mußte Mom immer wieder sagen: »Ich will gehen!« Obwohl meine Gefühle etwas ganz anderes sagten.

Dies war auch für Mom keine leichte Zeit. Doch ihre Motivation kam mindestens zum Teil von einem unausgesprochenen, vielleicht sogar unbewußten Gefühl der Vorsehung. Vor dem unerklärlichen Auftauchen dieses Jahrbuches in der Elternabteilung der ACCA-Bibliothek hatte Mom oft über die Auswahl und Brauchbarkeit der Bücher geklagt. Sie sagte sogar zu, bei der Neuordnung und dem Ausbau der Bibliothek zu helfen, wenn sie je Zeit und Geld dafür haben sollte. Nachdem sie dieses Jahrbuch tatsächlich an einem für sie so unerwarteten Ort gefunden hatte, glaubte sie wohl, daß es so hatte kommen sollen.

Meine eigenen Zweifel und Befürchtungen wuchsen, als Mom anfing, eine Liste der Dinge zu machen, die vor meiner Abreise noch erledigt werden mußten. Mom war ein Listenmensch. Ganz oben auf der Liste stand: »Mitreisende für Carolyn finden.« Ich konnte nicht alleine reisen, so viel war sicher. Der Flug nach North Dakota war teuer. Und selbst wenn Mom sich das Geld für den Flug leisten könnte, hätte sie nicht die Zeit, den neuen Kinderhort, den sie und Shirley angefangen hatten, so lange allein zu lassen.

Daher hoffte sie, jemanden zu finden, der sowieso in diese Gegend reisen wollte und mich gegen Bezahlung an meinem Bestimmungsort in Jamestown ablieferte. Doch bevor Mom dazu kam, eine Kleinanzeige in der Zeitung von Anchorage aufzugeben, geschah etwas sehr Bemerkenswertes.

An einem besonders schönen Frühlingsmorgen öffnete Mom die Türen und Fenster, um das Haus durchzulüften, und sie und Shirley saßen mit mir am Küchentisch. Mom hatte an diesem Tag nur zwei Krabbelkinder, auf die sie aufpassen mußte. Deshalb überlegte sie sich, ob sie mich nicht auf die Kinder aufpassen lassen sollte, während Mom und Shirley soviel wie möglich vom Frühjahrsputz wegschaffen könnten, bevor Pappy nach Hause käme.

Aber das warme Wetter lockte, und Mom gab der Versuchung nach. Sie und Shirley schnappten sich die Kinder und den Wagen und fuhren zum jährlichen ACCA-Picknick. Es sollte an einem See, dem Hidden Lake, stattfinden, der von unserm Haus nur ein kurzes Stück entfernt war.

Wir fanden die übrigen ACCA-Familien ohne Probleme. Dann breiteten wir unsere Decken an einem etwas vom Wasser entfernten Platz aus, so daß die Babys nicht zu nah am See waren. Wir aalten uns gerade in der Mittagssonne, als eine Frau zu uns herüberkam, die wir nie zuvor gesehen hatten, und uns fragte: »Kann ich mich mit an Ihren Picknicktisch setzen? Die anderen scheinen alle besetzt zu sein.« Wir machten für diese freundliche Fremde Platz. Etwas an ihr bestach mich schon, bevor sie sich uns vorstellte.

Ihr Name sei Miss Benson, »aber ich ziehe es vor, Elsie genannt zu werden«. Sie erzählte uns, daß sie den Sommer über bei ihrer Schwester in Anchorage zu Besuch sei und von dem Schulpicknick der ACCA in der Zeitung gelesen hatte. Da sie Hausmutter in einer Schule für körperbehinderte Kinder in North Dakota gewesen sei, habe sie beschlossen, zum Picknick zu kommen, um es sich näher anzusehen.

Mom, Shirley und ich – wir alle starrten Elsie an, als wäre sie ein Gespenst. Shirley erholte sich schließlich soweit, daß sie fragen konnte: »D ... Die Schule ... ist nicht zufällig in Jamestown?«

Ich war so aufgeregt, daß ich fast von der Bank kippte.

Elsie sah uns verwirrt an. »Ja, aber woher ...«

Mom fand ihre Stimme schnell wieder und erklärte, daß ich von der Schule angenommen worden war und diesen Herbst nach Jamestown gehen würde. Elsie schüttelte erstaunt ihren Kopf und lächelte verständnisvoll, als wir einen wahren Hagel von Fragen auf sie losließen.

War die Schule so gut, wie man behauptete? Würde man mir Dinge beibringen, die ich lernen wollte und mußte – wie Schreibmaschineschreiben und wie ich meine Kleidung zuknöpfen könnte –, würde man aber auch richtigen Unterrichtsstoff vermitteln? Konnte ich zu den Pfadfinderinnen gehen wie die Gruppe von Mädchen, die ich im Jahrbuch gesehen hatte? Würde ich in einem Schlafsaal schlafen? Wie viele Mädchen in meinem Alter gab es? Wie war das mit dem

Essen? Wie konnten sich die Schüler auf dem Schulgelände fortbewegen?

Elsie lachte und erklärte geduldig und erfreut alle unsere Fragen. Schließlich stellte Mom die letzte, entscheidende Frage: Würde Elsie Ende des Sommers wieder nach Jamestown zurückgehen? Und wenn ja, wäre sie bereit, mich mitzunehmen?

Elsie sagte, sie plane im Herbst eine Ausbildung als Krankenschwester in Minneapolis, um später als medizinisch ausgebildete Missionarin zu den Navajo-Indianern gehen zu können.

Mir rutschte das Herz in die Kniekehlen.

»Aber«, meinte Elsie, »ich werde etwas Zeit haben, bevor der Unterricht beginnt. Es wäre mir ein großes Vergnügen, Carolyn nach Jamestown zu bringen. Es wäre eine großartige Gelegenheit, meine Freunde zu besuchen.«

Als wir Elsie »Auf Wiedersehen« sagten, verließen wir wohl alle erstaunt und verwundert das Picknick und fragten uns: *Was in aller Welt wird als nächstes passieren?*

Den Rest des Sommers verbrachte ich einen Großteil meiner Zeit mit Elsie. Sie schaute oft nachmittags bei uns zu Hause vorbei, und wir unterhielten uns oder unternahmen gemeinsam etwas. Elsie wollte, daß ich Vertrauen zu ihr fand, bevor wir nach North Dakota aufbrachen.

Und das tat ich. Sie schien eine natürliche Ader für Betreuung zu haben und liebte Kinder ganz offensichtlich. Je mehr ich sie kennenlernte, um so gewisser war ich mir über meine Entscheidung. Sie bot mir den ersten sicheren Einblick in meine unsichere Zukunft. Mit Elsie besaß ich mehr als nur ein Jahrbuch voller Bilder.

Elsie beeindruckte Pappy bei ihren Besuchen so sehr, daß er zu Mom sagte: »Wenn sie das darstellt, worum es beim Christsein geht, dann könnte ich mich dafür interessieren.« Ich glaube, er spürte und schätzte ihre Ehrlichkeit und Offenheit.

Sie sagte meinen Eltern, sie halte die Schule in Jamestown für exzellent. Sie hatte einige schwerstbehinderte Kinder gesehen, die erstaunliche Fortschritte erzielt hatten, sowohl körperlich als auch in der Schule. Sie sagte uns auch, die Schule könne keine Wunder vollbringen. Die Leute dort taten nur, was sie konnten. Sie meinte, wieviel ein Schüler tatsächlich erreichen könne, hinge zu einem guten Teil davon ab, was er erreichen wolle.

Das leuchtete meinen Eltern ein. Und mir gab es Hoffnung. Ich wußte, ich wollte etwas erreichen.

Es gab so viel vorzubereiten. Eines Spätsommertages ging Mom mit mir zum Einkaufen, um in letzter Minute einige Dinge zu besorgen, die ich noch für die Schule brauchte. Wir schauten uns gerade Haarbänder an, als eine Frau auf uns zukam. Sie schaute zu mir im Rollstuhl herunter und sagte zu Mom: »Meine Schwester hatte so ein kleines Mädchen. Aber sie hatte Glück. Es ist gestorben.«

Ich sah Mom an und rollte mit den Augen. Mom drehte schnell um und schob mich von der Frau weg und aus dem Laden, bevor wir beide in Lachen ausbrachen. Wir wollten nicht unhöflich sein, egal wie unsensibel diese Frau gewesen war.

Ich war schon zuvor solchen Menschen begegnet. Sie und meine Tante hätten ein gutes Paar abgegeben. Mom schüttelte den Kopf und sagte, was sie mir schon oft gesagt hatte: »Manche Leute sind so, Posie. Du darfst dich nicht von ihnen durcheinanderbringen lassen.«

»Ich weiß«, antwortete ich. »Ich werde es nie zulassen, daß so ein Dummkopf mich deprimiert. Schon gar nicht jetzt, wo ich dabei bin, mein Zuhause zu verlassen und zum ersten Mal in meinem Leben auf eine richtige Schule zu gehen.«

Trotz meiner Aufregung wegen der Schule und trotz meines Vertrauens zu Elsie weinte ich an dem Morgen, als wir abreisen sollten. Elsie begleitete mich ruhig zum Flugzeug. Sie war sanft, aber bestimmt und sagte, sie wisse, daß es nicht einfach sein werde. Aber das wäre o.k., denn ich sei ein starkes Mädchen und würde noch große Dinge in meinem Leben erreichen.

Als wir in der Luft waren, hatte ich aufgehört zu weinen. Aber ich wagte nicht, aus dem Fenster zu sehen aus Angst, ich könne unser Haus entdecken und würde wieder von vorn anfangen zu heulen.

Bald nachdem sie es sich in ihrem Sitz bequem gemacht hatte, holte Elsie eine kleine schwarze Bibel aus ihrer Handtasche. Während sie diese aufschlug, erklärte sie, daß sie heute morgen noch nicht zu ihrer »Stillen Zeit« gekommen wäre. So las sie mir eine Geschichte über Jesus vor und fragte, ob ich wollte, daß er auch mich segnet. Sie sagte, sie wisse, daß Jesus mich und meine Erfahrungen an der neuen Schule segnen wolle, weil er mich sehr liebte.

Ich hatte natürlich von der Bibel gehört, aber eine »Stille Zeit« zu machen, war eine neue Erfahrung. Während Elsie mir an diesem Morgen vorlas und davon sprach, daß Jesus mich liebte und mich segnen wolle, dachte ich: *Weiß Jesus denn nicht, daß ich eigentlich ein schlechtes Mädchen bin, das mehr weint als lacht? War Gott denn nicht böse auf mich, weil Pappy und Mom sich meinetwegen so oft streiten mußten? Wie konnte er mich lieben? Wenn ich nicht behindert wäre, dann könnte ich brav sein. Dann würden Pappy und Mom sich lieben.* Aber ich verstand nicht, wie Gott jemanden lieben konnte, der so katastrophal war wie ich.

Aber ich sprach nichts davon laut aus.

Nach unserer Landung in Minneapolis verbrachten wir die Nacht in Elsies Zimmer im Wohnheim. Am nächsten Morgen las sie in der Bibel und betete wieder für mich. Sie sagte mir, sie glaube, daß Gott sie an jenem Tag am Hidden Lake an unseren Picknicktisch geschickt hatte, damit wir beide diese wichtige Reise gemeinsam machen konnten.

Je mehr ich darüber nachdachte, um so mehr kam ich zu der Ansicht, daß sie wahrscheinlich recht hatte. Wie sonst sollte man sich erklären, daß eine Lehrerin aus dem mittleren Westen in Alaska ihren Sommerurlaub verbringt. Daß sie in der Zeitung vom ACCA-Picknick liest, als ungeladener Gast beim gleichen Picknick erscheint, zu dem wir uns erst in letzter Minute entschieden hatten, uns fragt, ob sie sich mit an unseren Tisch setzen darf und dann das Gespräch damit eröffnet, daß sie uns erzählt, sie habe genau an der Schule, Tausende von Kilometern entfernt, gearbeitet, die ich in diesem Herbst besuchen sollte?

Wir flogen später an diesem Tag in einer kleinen Maschine von Minneapolis nach Jamestown. Ein Kleinbus holte uns ab und brachte uns zur Schule.

Ein riesiges weißes Gebäude, umgeben von hohen schattigen Bäumen und herrlichen Gärten, beherrschte das Schulgelände. Der James River, kühl und klar, floß mäandergleich um das Grundstück. Seine Ufer waren von Trauerweiden gesäumt. Die Szenerie erinnerte mich an alte Fotografien von den Südstaaten, die Gaga mir gezeigt hatte.

Als wir uns dem Schulgebäude näherten, waren ankommende Familien gerade dabei, die Schüler und ihre Habseligkeiten abzuladen. Jeder schien Elsie zu kennen. Sie umarmten sie und fragten, wen sie da im Schlepptau habe. Sie machte mich mit allen bekannt. So etwas hatte ich noch nie erlebt. So viele Menschen, die sich umarmten und küßten und glücklich waren, einander zu sehen. Ich wußte nicht, was ich davon halten sollte.

Als es Zeit war, in die Schule hineinzugehen, nahm Elsie dem Fahrer meinen Rollstuhl ab und begann, mich den Fußweg entlangzuschieben. Sie sagte mir: »Ich möchte die Ehre haben, dich zu schieben, wenn du das erste Mal durch diese Schultüren gehst. Ich glaube, daß Gott etwas Großartiges für dein Leben geplant hat. Ich möchte mich daran erinnern, dich hineingeleitet zu haben, als Gott anfing, deine Gaben in dir zum Leben zu bringen.«

Elsie weckte in mir ein gutes Gefühl. Obwohl ich keine Ahnung hatte, wie prophetisch diese Worte sein würden, spürte auch ich die Bedeutung dieses Tages. Ich hatte keine realistische Vorstellung von dem, was vor mir lag. Aber ich hatte Hoffnung. Und diese Hoffnung sagte mir: *Dies ist ein Neubeginn.*

Kapitel 9

Entdeckungen, die ein Leben verändern

Elsie brachte mich direkt zum Schlafsaal der jüngeren Mädchen – ein langer offener Raum, in dem acht Betten standen, alle mit den gleichen grün-weißen Bettdecken und dazu passenden Vorhängen. Ich war überrascht von dem sauberen, einladenden Eindruck des Raumes. All das natürliche Licht und die frische Luft schienen fast zu wunderbar zu sein, als daß man es glauben könnte.

Eine freundliche ältere Frau kam geschäftig herein, um uns zu begrüßen. Sie sagte zu mir: »Alle Mädchen nennen mich Oma Gunse.« Sie zeigte auf die noch nicht vergebenen Betten und sagte, wenn ich mir eins ausgesucht hätte, würde sie mir den dazugehörigen Kleiderspind zeigen. Ich suchte mir ein Bett in der Ecke aus und demonstrierte Oma Gunse dann, wie ich mich ohne fremde Hilfe aus dem Stuhl hineinbefördern konnte. Während sie und Elsie zuschauten, hüpfte ich auf mein neues Bett und lachte.

Bevor Elsie dazu kam, meinen Koffer aufzumachen, um mir beim Auspacken zu helfen, sagte ich ihr, ich müßte auf die Toilette. Ich war überrascht und erfreut, als ich an den Wänden neben den Toiletten Geländer entdeckte. *Was für eine tolle Idee!* Das mußte ich einfach allein ausprobieren. Elsie hielt meinen Stuhl fest, und zum ersten Mal in meinem Leben ging ich ohne fremde Hilfe auf die Toilette. Als ich fertig war, quiekte ich vor schierer Freude. Elsie lachte und erklärte Oma Gunse, daß mein Zuhause in Alaska alles andere als behindertengerecht sei und daß ich versessen darauf sei, selbst die kleinsten Heldentaten der Unabhängigkeit zu erlernen.

Nachdem wir in den Schlafsaal zurückgekehrt waren und während Elsie mir beim Auspacken half, kamen weitere Mädchen hinein. Sie alle schienen »Miss Benson« zu kennen, und Elsie half mir dabei, mich wohl zu fühlen, indem sie mich mit den anderen bekannt machte. Joan, die das Bett neben meinem erhielt, war klein und hatte wie ich lange Haare. Kathy war ein Rotschopf, Shirley ein kräftig gebautes Mädchen mit skandinavischem Aussehen. Janet hatte trotz eines gekrümmten Lächelns immer einen Ausdruck von Schmerz im Gesicht. Sharon mit ihren dunklen Haaren und ihrer Brille war stolz auf ihre Familie und sorgte dafür, daß es jeder erfuhr. Und dann war da noch Diane, eine kanadische Schülerin, die sich in Gott verliebt hatte, obwohl ihre Eltern sich ausgebeten hatten, daß sie nicht an Gottesdiensten teilnehmen solle.

Als die Zeit fürs Abendessen kam, gingen Elsie und ich mit meinen neuen Freundinnen zum Speisesaal. Es waren ungefähr 80 Internatskinder zum Schulbeginn im Herbst eingeschrieben worden. Ich hatte noch nie so viele verschiedene Rollstühle, Laufgestelle und Tragen gesehen. Fröhliches Lärmen und Lachen erfüllten den Raum. Alle unter uns, die ein Lätzchen brauchten, bekamen es mit einer freundlichen Umarmung oder einem wohlgemeinten Klaps auf den Kopf umgebunden. Dies war ohne Frage der Ort mit den meisten Umarmungen, den ich je erlebt hatte.

Den älteren Schülern war ein gesonderter Bereich vorbehalten, während wir Kleinen in einen Raum mit niedrigeren Tischen umzogen. Nachdem man uns unsere Plätze gezeigt hatte, ging eine Frau mit Klebeband herum, schrieb unsere Namen darauf und befestigte es an dem Platz, wo wir saßen.

Nach dem Essen zeigte mir Elsie das gesamte Schulgelände. Viele Lehrer waren in ihren Zimmern, um sich auf den Schulbeginn am nächsten Morgen vorzubereiten. Wir schauten in das Klassenzimmer der Dritt- und Viertkläßler, wo mich Elsie Miss Austin vorstellte. Sie begrüßte mich, schaute auf ihrer Klassenliste nach und bestätigte, daß ich zu ihrer Klasse gehörte. Und sie sagte mir, wir würden pünktlich um 8.30 Uhr am nächsten Morgen beginnen.

Höflich ignorierte sie mein plötzliches und ungewolltes Quieken der Erregung und begann, sich mit Elsie über deren Ausbildung zur Krankenschwester zu unterhalten. So gab sie mir Zeit, meine Haltung wiederzufinden und mir den Raum in Ruhe anzuschauen. Dieses gut ausgestattete Klassenzimmer sah genauso aus wie auf den Bildern im Jahrbuch – traditionelle Schulbänke für diejenigen, die daran sitzen konnten, besondere Tische für die Rollstuhlfahrer, Schreibmaschinen, ein riesenhoher Schrank für Material und Regale voll mit Büchern. Dies war der Ort, an dem ich etwas lernen konnte.

Als um halb acht die kleineren Mädchen bereits in ihrem Schlafsaal sein sollten, hatte der Himmel schon seine Helligkeit verloren. Elsie brachte mich zurück zum Schlafsaal. Da sie gleich nach Minneapolis zurückkehrte, sagten wir Lebewohl. Ich behielt meine tapfere Fassade bei, bis sie aus der Tür des Schlafsaales ging, und ich begriff, daß sie meine letzte Verbindung zu meinem Zuhause und meiner Familie gewesen war. Von nun an würde niemand in Jamestown, North Dakota, eine Ahnung davon haben, wie es in der ACCA-Schule gewesen war. Niemand wußte, wie meine Familie, mein Zuhause, mein Leben dort gewesen ist. Niemand kannte mich selbst.

Plötzlich fühlte ich mich sehr einsam.

Aber allein war ich nicht. Kaum hatte ich angefangen zu weinen, da rauschte Oma Gunse ins Zimmer und wollte wissen, welchen Schlafanzug ich für meine erste Nacht anziehen wolle. Dann half sie mir, meine zerfetzte Puppe »Honey« ebenfalls in ihren Schlafanzug zu stecken. Als sie mich ins Bett steckte, sah ich in ihr warmes, faltiges, schönes Gesicht und weinte mir das Herz aus dem Leib.

Selbst darin war ich nicht allein. Bald weinten alle Mädchen in unserem Zimmer. Und das wiederum setzte die acht Kindergartenkinder im Nachbarzimmer in Gang. Aber Oma Gunse und ihre Helfer hatten Mitleid. Sie schimpften nie mit uns, weil wir weinten.

Am nächsten Morgen lernte ich Sarah kennen, eine weitere Heimmutter, die mir geduldig die Haare flocht und sich nach dem Frühstück darum kümmerte, daß meine Hände und mein Gesicht sauber waren. Nachdem sie und ihre Mitarbeiter mit unserem Äußeren zufrieden waren, geleiteten sie jeden von uns zu unseren vorgesehenen Klassenzimmern. Shirley, Sharon, Janet und ich gingen in Miss Austins Klasse für Dritt- und Viertkläßler. Die übrigen aus unserem Schlafsaal wurden zum benachbarten Zimmer für Fünft- und Sechstkläßler geführt.

Miss Austin sorgte dafür, daß jeder die anderen Kinder im Raum kannte. Es gab außer mir und meinen Kameradinnen aus dem Schlafsaal noch zwei Tagesschüler und vier Jungen aus dem Internat. Dann begann sie den Unterricht für diesen Tag, indem sie aus der Bibel las und betete.

Nachdem die ersten Schulbücher und Aufgabenblätter ausgegeben worden waren, konzentrierte Miss Austin sich auf mich. Innerhalb weniger Tage entschied sie, daß ich für den Stoff der dritten Klasse noch nicht gut genug vorbereitet war, und ließ mich eine ganze Batterie von Tests über die Grundkenntnisse machen. Ich erwies mich in den Tests als überdurchschnittlicher Erstkläßler in Mathe und unterdurchschnittlicher Zweitkläßler in Lesen und Rechtschreibung.

Wegen meines Alters durfte ich bei meinen Freundinnen in der dritten/vierten Klasse bleiben, obwohl dies für meine Lehrerin zusätzliche Zeit und Arbeit bedeutete. Aber Miss Austin ließ alle meine Bücher für die dritte Klasse in meinem Pult liegen. So suchte ich in meiner freien Zeit darin nach Wörtern, die ich kannte, und versuchte, genügend Wissen aus meinen Geschichts- und Geographiebüchern zusammenzubasteln, um an den Diskussionen der Klasse teilzunehmen.

Miss Austin entschied sehr bald, daß mein unberechenbares Schreibvermögen ein wesentliches Hindernis für meine Schulbildung darstellte. Wie immer schien meine Fähigkeit, mit einem Stift umzugehen, am Morgen größer als am Nachmittag, aber sie war auch dann nur eben lesbar. Sie entschied, daß Maschineschreiben als erstes auf der Tagesordnung meiner Beschäftigungstherapie stehen sollte. Mom hatte schon lange davon gesprochen, für mich eine Schreibmaschine anzuschaffen. Nun war die Zeit endlich gekommen.

An jenem ersten Tag meiner Beschäftigungstherapie hatte ich Angst, die Schreibmaschine zu benutzen. *Was wäre, wenn meine zuckenden Handbewegungen die Maschine irgendwie beschädigen würden?* Aber die Therapeutin versicherte mir, daß die Maschine mein Hacken und Hämmern aushalten würde. Sie zeigte mir, daß die Maschine ein spezielles Blech über den Tasten besaß, das verhindern sollte, daß ich mehr als eine Taste auf einmal drückte.

In wenigen Tagen hatte ich die Tastatur im Kopf und bekam eine eigene Schreibmaschine. Es war ein stabiles, schwarzes Modell aus Eisen, das sehr widerstandsfähig aussah. Innerhalb weniger Wochen verlor ich alle Angst, sie aus Versehen zu beschädigen, und hämmerte all meine Lektionen auf dieser wunderbaren Maschine.

Das Maschineschreiben versetzte der Hoffnung auf Besserung meiner Handschrift einen tödlichen Schlag! Es ermunterte mich zugleich aber mehr als alles andere zuvor, zu lernen. Ich fühlte mich jedesmal wie ein Zauberer, wenn ich meine maschinengeschriebene Arbeit anschaute. Das waren meine Worte, die da lesbar auf dem Papier standen! Endlich hatte ich einen Weg gefunden, wie ich mich jedermann verständlich machen konnte.

Ich lernte schnell, ohne Stocken mit der Maschine zu schreiben und meine Antworten bei Rechtschreib- und Geschichtsaufgaben in das richtige Feld zu tippen. Aber ich hatte große Probleme, Mathematikaufgaben auf meiner Schreibmaschine zu bearbeiten. Einige meiner Klassenkameraden waren echte Profis darin, Zahlen sauber in Spalten aneinanderzureihen. Meine Bemühungen in Mathe endeten meist in einem solchen Durcheinander, daß es Miss Austin verwirrte.

Es schien, daß ich überhaupt keinen Sinn für Zahlen besaß. Meine Fortschritte waren unerträglich klein. Miss Austin versuchte sogar, mir beizubringen, wie ich den Abakus benutzen konnte. Aber ich glaube, sie war nahe daran, die Hoffnung aufzugeben, daß ich jemals die Grundrechenarten lernen würde.

Ich weinte viel über meine fortlaufenden Enttäuschungen und mein Versagen in Mathe. *Wie konnte es sein, daß ich so gute Fortschritte bei Dingen wie Maschineschreiben und Lesen machte und mich mit allem, was mit Zahlen zu tun hatte, so schwer tat?* Ich kam mir dumm vor. Ich kam zu dem Schluß, daß jedes Mädchen dumm wie Stroh sein müsse, das in meinem Alter nicht besser rechnen konnte.

Ich konnte noch nicht verstehen, daß meine Entscheidung, meine Familie zu verlassen und auf diese Schule in North Dakota zu gehen, eine tapfere und kluge Tat war, die mein Alter weit überstieg. Ich verstand nicht, daß mein verzweifeltes Verlangen, zu lernen und zu wachsen, ein sehr hoffnungsvolles Zeichen war. Ich wußte nicht, daß meine Lehrer oder die Mitarbeiter mir womöglich geholfen hätten, wenn ich mit ihnen gesprochen hätte. Ich sprach nie mit irgend jemandem über meine Gefühle. Ich kam aus einer Familie, in der nie über Emotionen geredet wurde. Deshalb sagte ich niemandem, wie wütend ich auf mich war. Aber oft saß ich am Fluß und weinte.

Eines Tages im Oktober dämmerte mir, daß mein Weinen und meine fortwährenden Anfälle von Heimweh mich nicht weiterbrachten. Ich beschloß augenblicklich, damit aufzuhören. Meine plötzliche Kehrtwendung muß Oma Gunse nachdenklich gemacht haben. Eben noch hatte ich geweint und gefragt, ob ich nach Hause geschickt würde, wenn ich mich weigerte zu essen. Worauf sie gemeint hatte, sie wüßte es nicht, aber sie würde die Krankenschwester fragen. Im nächsten Moment, als die beiden zurückkamen, spielte ich schon glücklich mit meinen Kameradinnen vom Schlafsaal.

Ich kann es nicht erklären. Irgend etwas klickte, und ich beschloß, wenn Elsie (und ich glaube sogar Mom) schon dachte, daß es Gottes Wille gewesen sei, daß ich auf diese Schule ging, so wollte ich es auch glauben. Und wenn es so sein sollte, daß ich nun hier war, dann wollte ich so viel lernen, wie ich konnte.

Meine Beschäftigungstherapeutin sagte mir, wenn ich erst einmal Maschineschreiben gelernt hätte, würde sie mich selbst entscheiden lassen, was ich als nächstes in Angriff nehmen wollte. Ich sagte ihr, ich wolle lernen, immer selbständig zu essen, ohne danach auszusehen, als sei ich einem Horrorfilm entsprungen.

Um dies zu erreichen, mußte ich ein grundlegendes und ärgerliches physikalisches Gesetz überwinden. Die meisten Menschen sind sich dessen nicht bewußt, aber Nahrung unterliegt der Schwerkraft, und deshalb hatte ich solche Schwierigkeiten, einen Löffel in den Mund zu bekommen, auf dem sich noch das Essen befand.

Der erste Schritt der Therapeutin war, meine linke Hand an einem Apparat zu befestigen, einer Art Seilzug mit einem Gewicht, der es mir erlaubte, sicherere, kontrolliertere Bewegungen mit Hand und Arm zu machen. Dann packte ich einen Löffel mit dickem Griff, dessen Spitze in einem steilen Winkel auf den Mund hin gebogen war. Mit dem Gewicht als Gegenkraft – damit mein Arm nicht davonzuckte – übte ich die Löffelbewegung vom Teller zu meinem Mund, wieder und wieder und wieder. Schließlich, nachdem ich das Muskelspiel genügend eingeübt hatte, ließ ich den Apparat ganz sein. Alles, was ich brauchte, war mein zuverlässiger Löffel, eine schwere Schüssel, die nicht vom Tisch fallen konnte, und ein saugfähiges Lätzchen (niemand ist perfekt).

Die nächste Tat, die ich in der Beschäftigungstherapie vollbrachte, war nur eine Sache von Minuten. Mein unerwartet schneller Erfolg begeisterte mich und machte mich zugleich wütend. Mein Leben lang hatte ich beim Anziehen mit Knöpfen gekämpft. Egal wie lange ich es auch versucht hatte, ich hatte schließlich aufgegeben und jemanden um Hilfe bitten müssen. Knöpfe waren unmöglich.

Die Therapeutin gab mir einen Knopfhaken und zeigte mir, wie er funktionierte. Innerhalb von Sekunden konnte ich so ziemlich alles auf- und zuknöpfen. *Warum hatte mir bisher niemand einen Knopfhaken gezeigt?* Wenn ich an all die Stunden, all die Enttäuschungen, all die Tränen dachte, die ich wegen Knöpfen geweint hatte, wurde ich sehr wütend.

Das brachte mich ins Grübeln darüber, wie viele simple Geräte es wohl gab, die das Leben vereinfachen und mir mehr Unabhängigkeit geben könnten. *Warum sollte ich Zeit verschwenden, um Dinge so zu tun, wie es andere Leute machten, wenn es einfachere Wege gab? Ich werde versuchen müssen, sie selbst herauszufinden.*

Ich erzielte auch in der Physiotherapie Erfolge. Meine neuen Therapeuten entschieden bald, daß meine Ganzkörperstütze völlig ungeeignet für mich war. Sie nahmen sie ab und bestellten einfachere Stützen, die nur meine Knöchel stärkten. Dann ließen sie mich sehr viel mehr laufen, damit ich Kräfte aufbauen konnte, so daß ich schließlich tatsächlich einige Schritte allein gehen konnte. Ich besaß ohne meine umständliche alte Stütze mehr Selbstvertrauen und Stabilität.

Diese lebensverändernden Entdeckungen waren Grund genug, mit meiner neuen Schule zufrieden zu sein. Die Entscheidung, hierher zu kommen, war richtig gewesen. Und dann machte ich eine kleine, scheinbar nebensächliche Erfahrung, die mein Leben tiefgreifend veränderte. Es dauerte Jahre, bis ich die bleibende Bedeutung dieser Begebenheit verstand. Aber selbst zum damaligen Zeitpunkt begriff ich, daß ich einen Meilenstein erreicht hatte.

Es geschah eines Tages nach der Schule. Auf dem Weg nach draußen – ich wollte mit meinen Freunden spielen – sah ich Dr. Anne Carlsen, die Verwaltungsleiterin und Direktorin der Schule, wie sie die lange Treppe zu ihrer Wohnung hinaufstieg.

Dr. Carlsen hatte bei ihrer Geburt zwei Armstümpfe (ohne Hände) und ein sehr kurzes, stummelhaftes Bein. Ihr anderes Bein war bis zur Unbrauchbarkeit verdreht und wurde schließlich amputiert, damit künstliche Beine und Füße angepaßt werden konnten. Trotz ihrer körperlichen Einschränkungen schloß Dr. Anne das Studium mit zwanzig ab, wurde Lehrerin im Heim der *Crippled Children's School* und promovierte.

Ich stand da und beobachtete, wie sie mühsam diese Treppe hinaufstieg. Ich begriff, daß sie sich ihren Weg durchs Leben genauso würdevoll erkämpft hatte, wie sie jetzt diese Steigung erklomm. Mit ihren Armstümpfen setzte sie ihre Krücken sorgfältig auf die Stufen und gebot dann ihren fremden Beinen, den Schritt zu tun. Langsam, langsam stieg sie höher und höher – einen Schritt nach dem anderen.

Sie muß gewußt haben, daß ich sie beobachtete, denn als Dr. Anne Carlsen oben angekommen war, drehte sie sich um und lächelte zu mir herunter. Ohne auch nur ein Wort zu sagen, gab sie mir zu verstehen: *Du kannst es auch. Es wird nie leicht sein. Aber du kannst es.*

In diesem Augenblick öffnete etwas mein Herz und meine Seele und füllte mich mit der befreienden Hoffnung und Entschlossenheit, daß auch ich eines Tages eine bedeutende Frau wie Dr. Anne Carlsen sein würde.

Ich werde dieses Erlebnis nie vergessen. Es brannte sich für immer in meine Seele ein. Auch ich würde es bis ganz nach oben schaffen.

Kapitel 10

Ein neuer Geist

Ich beschloß, den neuen Geist, der mich ergriffen hatte, in die Tat umzusetzen. Am nächsten Tag begann ich, Schulbücher mit in den Schlafsaal zu nehmen, um nachts zusätzlich zu lernen. Miss Austin bemerkte meine veränderte Haltung und fragte: »Was hat denn dich gepackt, Carolyn?«

Ich wußte nicht, wie ich es mit Worten erklären sollte. Ich verstand es ja selbst nicht. Ich wußte nur, daß ich mich verändert hatte. Bald begann ich, selbst meine Briefe nach Hause zu schreiben. Bisher hatte ich meine Korrespondenz Miss Austin diktiert, weil ich nur so wenige Wörter richtig schreiben konnte, aber mit meiner neugefundenen Entschlossenheit wollte ich unabhängiger sein. Wenn ich ein neues Wort gelernt hatte, konnte ich es kaum erwarten, mich an meine Schreibmaschine zu setzen und es in einem Brief oder einer Aufgabe zu benutzen.

Meine beiden besten Fächer waren Englisch und Rechtschreibung, weil sie das Lesen einschlossen. Ich liebte es besonders, die richtigen Wörter in die Felder meiner Rechtschreibfibel einzutragen. Und ich liebte in meinem Englischbuch die Übungen, bei denen es hieß: »Schreibe die folgende Geschichte zu Ende.« Nachdem es mich bald langweilte, nur Geschichten zu Ende zu schreiben, wollte ich meine eigenen erdichten. Ich schrieb über meine Schwestern Rosemary und Elizabeth und einige ihrer Eskapaden, die ihnen wohlverdiente Schläge eingebracht hatten. Dann schrieb ich über meine Katze Muffin.

In jedem Schulhalbjahr schickte Miss Austin den Eltern Berichte über die Fortschritte des Kindes, die auch Beispiele aus der Schularbeit enthielten. Als Mom sah, wie gut ich in diesem ersten Jahr vorankam, schickte sie mir zur Belohnung Kinderbücher mit Großdruckschrift. Je mehr ich las, um so mehr wollte ich schreiben.

Mein neuer Eifer, höhere Ziele zu erreichen, wirkte sich auch auf die Physiotherapie aus. Obwohl ich kaum erpicht war auf meine Stützen, war ich entschlossen, sie zu beherrschen. Eines Tages wollte ich wie Dr. Carlsen die Treppe hinaufgehen.

Obwohl die Schularbeit und die Therapie unsere meiste Zeit und Energie beanspruchten, ging es doch nach der Schule immer lustig zu. Viele Erwachsene rissen sich darum, mit uns zu spielen. Ich liebte die grüne Uniform, die ich bekam, als ich mich den Pfadfinderinnen unserer Schule anschloß. Ich gewann eine Ehrenmedaille, als ich mir das Spiel »Aschenputtel« ausdachte, bei dem jeder seine Rolle vorlesen mußte. Aber viel mehr war ich daran interessiert, Streifzüge durch die Natur zu unternehmen und die verschiedenen Bäume und Pflanzen um das Schulgelände herum kennenzulernen.

Die Mitarbeiter der Schule und eine kleine Mannschaft von Freiwilligen sahen, daß unsere Spiele konstruktiv waren. Samstagnachmittags, wenn nichts anderes los war, vergnügten wir uns in dem großen, schuleigenen Edelstahl-Whirlpool, gingen zu Spaziergängen in die Stadt, oder fuhren hinaus, um den »größten Betonbüffel der Welt« zu sehen, der der Gemeinde als »Touristenattraktion« diente. Einmal im Jahr fuhren die Dritt- und Viertkläßler zu einem ganztägigen Picknick auf die Farm der Eltern von Miss Austin.

Jedesmal, wenn wir das Schulgelände verließen, fragte ich mich, wie weit wir wohl fahren müßten, um Berge oder Bäume zu sehen. Nachdem ich in Kalifornien und Alaska aufgewachsen war, schien es mir merkwürdig, nicht von Gebirgszügen umgeben zu sein.

Manchmal sorgten wir jüngeren Mädchen für unsere eigene Unterhaltung. Selbst wenn wir damit begannen, »Gottesdienst« zu spielen, endete es oft mit einem wilden Wettbewerb im Haareausreißen, mit dem wir uns den sanften Zorn von Oma Gunse einhandelten. Unsere liebevolle Heimmutter mußte sich alles anhören – Tratsch, Streit, Kämpfe. Und immer, wenn ihre Geduld am Ende war, setzte sie uns alle auf unsere Betten. Dann sollten wir still sein und über unsere Sünden nachdenken.

Es muß funktioniert haben. Denn jeden Abend, nachdem wir gebadet und in den Betten waren, sagte sie, wir sähen aus wie ein Zimmer voller Engel in Pyjamas.

Die Schule in Jamestown brachte mich zum ersten Mal wirklich mit der Kirche in Berührung. Ich war einmal mit Gaga in die Kirche gegangen, als einige ihrer Freunde uns eingeladen hatten, aber Gaga fand den Gottesdienst zu schlicht. »Da waren ja nicht einmal Blumen auf dem Altar«, nörgelte sie. Verärgert verließ sie die Kirche und nahm mich mit. Wir gingen nie wieder hin.

Die Kirche war auch nicht gerade die besondere Vorliebe von Mom und Pappy gewesen. Aber sie waren beeindruckt von Elsies stillem und sanftem Glauben. Sie versuchte nie, ihnen eine Predigt zu halten; ihr Glaube schimmerte nur durch ihre liebevolle Art hindurch. Da Elsie Lutheranerin war, füllten meine Eltern auf dem Anmeldebogen aus, daß ich zur örtlichen lutherischen Gemeinde gehen dürfte.

Ein älteres Ehepaar kam jeden Sonntag herausgefahren, um mich zum Gottesdienst abzuholen. Obwohl ich nie ein echtes Zugehörigkeitsgefühl zu dieser Gemeinde erlebte, war ich überrascht von einem Gefühl von Heiligkeit und Geheimnisvollem; was zu einem ersten Funken Interesse führte, mehr über Gott zu erfahren. Die Worte der Liturgie bestachen mich und sprachen mein Herz an:

> *Der Herr sei mit dir.*
> *Und auch mit dir.*
> *Wir erheben unsere Herzen zum Herrn ...*
> *Wir erheben sie zum Herrn, unserem Gott.*
> *Laßt uns ihm Dank und Lob bringen ...*

Das neue und ungewohnte Ritual weckte Fragen, die zu stellen ich nie zuvor gewagt hatte. *Warum war Gott »in seinem heiligen Tempel«? Sollte er nicht überall bei uns sein? Warum waren wir alle Sünder? Und konnte Gott uns alle wirklich trotzdem lieben? Warum mußte Jesus am Kreuz sterben? Und warum waren Kinder nicht so wichtig wie Erwachsene? Ich stellte mir diese letzte Frage, weil Kinder nicht mal in die Nähe des Abendmahlstisches durften. Wenn Jesus wirklich gesagt hatte: »Lasset die Kinder zu mir kommen«, und wenn Brot und Wein sein Leib und sein Blut waren, warum konnten wir dann nicht mit dazukommen?*

Ich war fasziniert vom schwarzen Talar des Pfarrers und dem weißen Umhang darüber. Ich fragte mich, ob es wohl das gleiche Material war, das Gaga benutzt hatte, um Vorhänge zu nähen.

Sonntags vor dem Gottesdienst trafen sich die Kinder in unseren Klassenzimmern zum Kindergottesdienst. Ich fühlte mich etwas wohler, wenn ich einer Krankenschwester, die die dritte und vierte Klasse unterrichtete, Fragen stellen konnte, als in der Stadt, wenn ich mit all den Erwachsenen in diesem Heiligtum saß. Die Erwachsenen in der Schule benahmen sich nie so steif und streng wie die in der Gemeinde. Ich hatte auch viel Freude an unseren Veranstaltungen in der Kapelle unter der Woche – besonders an den Liedern und den biblischen Geschichten.

Einige der älteren Schüler schienen eine geistliche Reife zu besitzen, die ihr Alter überstieg.

Harriet war so ein Teenager. Ich erfuhr nie etwas über ihren Hintergrund, aber ich mußte sie nur anschauen, um zu wissen, daß ihre Liebe zu Gott sehr konkret war. Ihr Motto im damaligen Jahrbuch war einfach: *Leben für Christus.* Mehr brauchte sie nicht zu sagen. Wenn ich nur auch so ein gutes Mädchen sein könnte wie sie.

Was mich noch mehr beeindruckte war der offensichtliche Glaube und das Engagement der Lehrer. Sie unterschieden sich so sehr von allen Erwachsenen, die ich bisher kennengelernt hatte. Wenn es Mißverständnisse oder Meinungsverschiedenheiten unter ihnen gab, regelten sie ihre Probleme, ohne wütend zu werden oder einander zu beschimpfen. Wenn sie Fehler machten, entschuldigten sie sich, selbst gegenüber Schülern, und versuchten nicht, etwas unter den Teppich zu kehren oder so zu tun, als wäre nichts gewesen.

So kam es, daß meine Erfahrungen im Heim der *Crippled Children's School* mein Verständnis, meinen Maßstab und meine Erwartungen anderen und mir selbst gegenüber erweiterte.

Bis zum Ende meines ersten Schuljahres war ich zwei ganze Schulklassen weitergekommen und machte meine Aufgaben auf dem gleichen Niveau wie meine Klassenkameraden. Ich verbrachte den Sommer zu Hause und war in der Lage, selbständig zu essen und auf die Toilette zu gehen. Als Mom instinktiv zu helfen versuchte, sagte ich ihr: »Geh weg. Laß mich das machen.«

In diesem Herbst brachte mich Mom selbst nach Jamestown. Sie wollte die Schule sehen, die so viel für mich getan hatte. Und in diesem zweiten Jahr machte ich sogar noch größere Fortschritte – ich beeindruckte sowohl meine Eltern als auch meine Lehrer.

Aber nachdem meine Eltern zwei Jahre lang die Schule und meinen teuren Transport von und nach Alaska bezahlt hatten, beschlossen sie, daß ich genug gelernt hatte. Nun sollte ich an einem Sonderschulprogramm einer öffentlichen Schule in Alaska teilnehmen. Im Hinblick auf meine schnellen Fortschritte in Jamestown befürworteten meine Lehrer die Entscheidung. Jeder, ich selbst eingeschlossen, hatte hohe Erwartungen, daß ich weiterhin Erfolg haben würde. Und ich konnte wieder zu Hause leben und bei meiner Familie sein.

Ich sollte jedoch eine tödliche Falle aus trügerischen Hoffnungen und leeren Versprechungen erleben. In den Jahren, die ich in dieser Falle gefangen sein sollte, gab es allerdings etwas, was mich durchdrang: die Erinnerung an Dr. Carlsen, wie sie diese Treppe hinaufging. Sie und die *Crippled Children's School* – die schließlich in *Anne-Carlsen-Schule* umbenannt wurde – halfen mir, einen Traum zu bewahren, dem ich nachstreben konnte, und einen Maßstab, an dem ich mich messen konnte. Und so weigerte ich mich aufzugeben.

Kapitel 11

Der tote Punkt

Im Unterschied zu der Wärme und Zugehörigkeit, die ich in der Schule in North Dakota erfahren hatte, fühlte ich mich in meiner neuen Schule in Alaska fehl am Platz. Einige meiner Klassenkameraden im Sonderschulprogramm, die verhaltensgestört waren, zeigten sich von meinem Rollstuhl so fasziniert, daß sie kaum die Augen von mir lassen konnten. Damit sie nicht abgelenkt wurden, mußte unsere Lehrerin, Miss Trent, eine tragbare Stellwand um meine Bank stellen. Ich verstand das Problem zwar und war mit ihrer Lösung einverstanden, aber ich fühlte mich dadurch um so einsamer.

Ich haßte diese Wand. Da sie auch zur Verwahrung und als Strafe benutzt wurde, fragte ich mich, was wohl andere denken würden, wenn sie an der offenen Tür unseres Klassenzimmers vorbeigingen und sahen, daß diese Wand immer um meine Schulbank herum stand. Wenn Miss Trent vergaß, die Wand um mich zu schließen, machte ich keine Anstalten, sie daran zu erinnern, und mit der Zeit achteten die anderen immer weniger auf mich.

Aber ich fühlte mich immer noch auffällig, weil ich als Vierzehnjährige die Schularbeiten der fünften Klasse machte. Um das Ganze noch schlimmer zu machen, besaß ich keine Schreibmaschine und war wieder auf meine beschwerliche Handschrift angewiesen. Ich sagte Miss Trent, daß ich nur dann sichtbare Fortschritte machen könnte, wenn ich eine Schreibmaschine mit Tastenschutz hätte, wie ich sie in den letzten zwei Jahren benutzt hatte. Miss Trent schien Mitgefühl für meine häufigen, tränenreichen Ausbrüche zu haben. Sie versprach mir, meine Finger durchzutrainieren und die verlorene Zeit aufzuholen, sobald ich eine Schreibmaschine hätte. In der Zwischenzeit bot sie mir an, meine Antworten für mich in die kleinen Felder einzutragen, die im Arbeitsbuch freigelassen worden waren.

Aber natürlich hatte Miss Trent nur begrenzt Zeit. Sie hatte dreizehn weitere Schüler im Alter von neun bis siebzehn. Vier von uns waren in den oberen Grundschulklassen, aber da die anderen drei körperlich gesund waren und nur an diesem Sonderschulunterricht teilnahmen, weil sie mit Verhaltensstörungen zu tun hatten, machten sie gute Fortschritte und wurden bis zum Schuljahresende aus unserer Klasse entlassen – was mir nicht fair erschien. Ich hatte die gleiche Arbeit geleistet, aber ich kam nicht weiter.

Ich wollte mich bei irgend jemandem beschweren, wußte aber nicht, bei wem. Wenn ich mit Mom über meine Enttäuschung sprach, weinte ich immer, und das regte sie auf, so daß ich aufhörte zu erzählen und das Unrecht wütend und schweigend erduldete.

Ich hatte auch andere Beschwerden. Während die meisten meiner Klassenkameraden sich anständig benahmen und selbständig lernen konnten, benötigte ein bestimmter Junge ständige Aufsicht. Peter schien sich von Knallerbsen zu ernähren. Gut, daß ich die Arreststellwand nun nicht mehr brauchte, denn Miss Trent stellte sie fast jeden Tag um Peters Bank herum. Trotzdem konnte er nicht still sein. Er redete und schrie ständig. Wenn er nicht umherlief und andere ärgerte, stellte er sich auf seine Schulbank und tat so, als wäre er ein Flugzeug.

Seine häufigen und lauten Ausbrüche lösten in meinen Reflexen das reine Chaos aus. Erschreckt sprang ich auf und brachte alles durcheinander, woran ich gerade arbeitete. Ständig störte er den Unterricht, und es war für uns alle ziemlich peinlich. Sein schlechter Ruf färbte auf alle im Sonderschulunterricht ab. Wir waren ohnehin schon anders genug; er baute eine weitere Barriere zwischen uns und den »normalen« Kindern auf.

Da ich zu Hause lebte, nahm ich an keinen organisierten Aktivitäten nach Schulschluß teil. Keine Pfadfinderinnen. Keine Ausflüge. Keine Pyjamapartys. Ich vermißte diese Geselligkeiten, die die Schule anbot, sehr. Miss Trent versuchte mir zu helfen, indem sie mich eines Tages mit drei Mädchen aus einer Sonderschulklasse im Zimmer neben uns bekannt machte – ein freundliches Mädchen namens Corrine und ihre zwei Freundinnen, Carla und Cindy. Eine Polio-Erkrankung hatte bei Corrine eine so schwere Beinlähmung hinterlassen, daß sie mehrmals am Tag hinfiel. Sehr bald fanden wir heraus, daß sie sicherer ging, wenn sie meinen Rollstuhl schob. So nahm ich ihre Hilfe an, wohl wissend, daß es auch ihr half. Ich erlaubte ihr sogar, die ermüdenden kleinen Aufgaben für mich zu tun, die mir soviel Geschicklichkeit abverlangten – z. B. schnell die Jacke zuzuknöpfen, bevor ich am Nachmittag die Schule verließ.

Ich mochte und bewunderte Corrine vom ersten Augenblick an. Sie war in meinem Alter, aber sie wirkte schon so viel erwachsener. Sie kontrollierte ihre Gefühle und ließ sich nie so sehr erregen wie ich. Und sie schien viel eher in der Lage zu sein, sich selbst und ihre Begrenzungen anzunehmen. Bald erlebten wir eine wunderbare Freundschaft und verbrachten sogar am Wochenende die Zeit miteinander. Ihre Freundinnen Carla und Cindy akzeptierten mich nie und hielten sich abseits, wenn ich in der Nähe war. Aber Corrine hielt wie eine richtige Freundin zu mir. Wir verbrachten so viel Zeit miteinander, daß die Leute uns den Spitznamen »Die Bobbsey-Zwillinge« gaben.

Nachdem ich Corrine getroffen hatte, fühlte ich mich nicht mehr ganz so isoliert. Zumindest hatte ich eine Freundin. Aber die Schule entmutigte mich. Wie sollte ich jemals meinen Traum verwirklichen, einmal Schriftstellerin zu werden? Ohne Schreibmaschine konnte ich nicht einmal mit der fünften Klasse mithalten.

Ich bedrängte Mom, mir eine Schreibmaschine zu besorgen, aber irgend etwas kam immer dazwischen, und so hatte sie nie das Geld dafür. Ich fing an zu glauben, daß ein weiteres großes Wunder nötig war – so groß wie jenes, das Elsie Benson an dem Tag des ACCA-Picknicks in mein Leben gebracht hatte –, wenn ich jemals wieder eine besitzen sollte. Mom meinte es gut, aber es war für sie eine sehr umständliche Angelegenheit, ihre guten Absichten in die Tat umzusetzen. Alles, was über unseren täglichen Bedarf hinausging, war so gut wie unmöglich.

Dann, eines Morgens in meinem ersten Winter, seit ich wieder in Alaska war, schob mich Mom ins Klassenzimmer. Dort auf meiner Schulbank stand eine Schreibmaschine – es war eine elektrische Maschine, ein Standardmodell mit einem soliden Plastikschutz für die Tasten. Ein Schild vom »Yukon Bürobedarf« klebte darauf, aber ansonsten gab es kein Schreiben, das ihr Auftauchen erklärt hätte.

Mom hätte Miss Trent gerne tausend Fragen gestellt, aber die zuckte nur mit den Achseln und meinte, das beste wäre, möglichst wenig Worte darüber zu verlieren. Ich sagte Mom, mir wäre es egal, wo sie hergekommen sei. Dann drehte ich meinen Rollstuhl vor Freude im Kreis herum. Ich war ganz außer mir bei dem Gedanken, daß ich jemandem so wichtig war, daß er oder sie mir eine Schreibmaschine spendete. Und ich wunderte mich: »Wer in aller Welt tut so etwas? Und warum?«

Für mich *war* das ein Wunder. Gefangen wie ich war und ohne Ausweg, spürte ich plötzlich, daß mir jemand einen Schlüssel gegeben hatte, der meine ganze Zukunft öffnen würde.

Diese alte Schreibmaschine ging oft kaputt, aber Mom nahm es auf sich, sie reparieren zu lassen. Sie meinte, das wäre das Wenigste, was sie tun könne, nachdem jemand solche Mühe und Kosten aufgewandt hatte, um sie für mich zu besorgen. Ich denke, auch sie begann zu merken, wie wichtig es für mich war, auch nur ein Körnchen Hoffnung zu haben, daß ich in der Schule weiterkommen könnte. Ich war jetzt bei meinen schriftlichen Aufgaben genauso unabhängig, wie ich es in North Dakota gewesen war. Ich hatte ein paar Zentimeter meiner Freiheit wiedergewonnen.

Ihrem Versprechen getreu überhäufte mich Miss Trent mit Aufgaben in Englisch und Schreiben. Aber ich liebte es. Ich hatte viele Ideen, die nur darauf warteten, zu Papier gebracht zu werden. Und die Wörter, die aus meiner Maschine kamen, waren nicht langsam oder verdreht.

Trotz meines gesteigerten Fortschritts hatte jeder Tag nur eine begrenzte Anzahl von Stunden. Manchmal, glaube ich, war

Miss Trent genauso enttäuscht wie ich. In den Jahren, in denen ich in ihrer Klasse war, begann ich zu verstehen, daß wir beide in einem System gefangen waren, das viel zuviel versprochen und viel zuwenig erfüllt hatte.

Mom hatte mir bei meiner Rückkehr aus North Dakota versichert, daß das öffentliche Schulprogramm mich so gut auf dem laufenden halten würde, daß ich nach der High-School direkt aufs College gehen könnte. Ich brauchte nicht lange, um herauszufinden, daß das einfach nicht stimmte. Das Sonderschulprogramm begnügte sich mit dem Ziel, den Schülern einen Abschluß zu verschaffen, der gerade gut genug war für die einfachsten Hilfsjobs – Tellerwäscher, Hausmeister, vielleicht noch Kellner.

Ich stellte ein schwerwiegendes Problem für das System dar. Erstens, weil ich wirklich die High-School absolvieren und aufs College gehen wollte. Zweitens, weil sie nicht auf jemanden eingerichtet waren, der körperlich nicht in der Lage war, die Arbeiten zu tun, für die sie ihre Schüler ausbildeten.

Meine Ziele deckten sich niemals mit den ihren. Ein System, das nicht so eingerichtet war, daß es etwas für mich tun konnte, arbeitete eigentlich gegen mich. Als ich die Mittelstufe erreicht hatte, schien es dem öffentlichen Schulsystem zu genügen, die zusätzlichen staatlichen Mittel in Empfang zu nehmen, die sie aufgrund von Pappys staatlicher Anstellung für mich bekamen. Es gab keine sonderlichen Bemühungen, meinen Bedürfnissen entgegenzukommen oder mir bei der Erfüllung meiner Ziele zu helfen. Mein Ärger über den Stoff der siebten Klasse stellte ein gutes Beispiel für die Unzulänglichkeit des Systems dar.

Der Unterricht der siebten Klasse lehrte so grundlegende Überlebenstechniken wie das Lesen von Straßenschildern und Hausmeistertätigkeiten. Sarkastisch informierte ich meinen Schulberater, daß ich bereits seit Jahren Straßenschilder gelesen hätte und meine Zeit nicht mit solchem Unsinn zu vergeuden bräuchte. Hausmeisterliche Fähigkeiten könnten vielleicht von einem gewissen Wert sein, falls ich beabsichtigen sollte, Hausmädchen zu werden. Aber ich sei fest entschlossen, Schriftstellerin zu werden. Wenn sie mir keinen akademischen Unterricht anbieten könnten, sähe ich keinen Sinn darin, weiter zur Schule zu gehen.

Der Schulberater erinnerte mich daran, daß ich nach dem Gesetz zur Schule gehen müßte. Sollte ich auf einem akademischen Unterricht bestehen, so könnten sie mir nur einen naturwissenschaftlichen Laborkurs anbieten; der wäre das einzige, was in meinen Stundenplan passen würde. Also meldete ich mich an. Der Kurs erwies sich als völlig ungeeignet, da er viele Experimente zum Anfassen erforderte und kaum Aufgaben zum Lesen oder Schreiben. Ich konnte nicht einmal die Objektträger richtig unter dem Mikroskop befestigen. Auch konnte ich mit Proben nicht umgehen, ohne daß ich sie zerdrückte und zerstörte. Der Lehrer hatte nie genug Zeit oder Geduld, um mir Alternativaufgaben zu stellen, die den gleichen Stoff abgedeckt hätten.

Ich wurde noch weiter entmutigt, als ich merkte, daß meine Unterstufenklasse der reinste Zoo war und es dem Lehrer genügte, den Tierpfleger zu spielen. Drei mächtige Jungen kneteten große Tonklumpen und bewarfen sich doch tatsächlich damit über das ganze Zimmer hinweg, während der Lehrer sie ignorierte und seinen Unterricht fortsetzte. Wie konnte ich in diesem Chaos irgend etwas lernen? Wie konnte hier überhaupt irgend jemand etwas lernen?

Zu Hause bei meiner Familie sah es nicht besser aus. Die Lebensbedingungen waren schon zuvor schlimm genug gewesen. Nun, nachdem ich im Internat einen ganz anderen Standard kennengelernt hatte, fand ich das Leben bei den Martins fast unerträglich.

In der Schule wurde ich an den Luxus gewöhnt, jeden Tag saubere Kleider anzuziehen. Zu Hause bat ich Mom vergeblich, meine Unterwäsche oft genug zu waschen, damit ich jeden Tag eine frische Unterhose anziehen konnte. Wir besaßen keine Waschmaschine und keinen Trockner, so trug Mom alles zum Waschsalon – eine Tätigkeit, die sie so ungern erledigte, daß sie sich nur etwa einmal im Monat dazu aufraffte. Statt die Wäsche zu waschen, machte Mom oft einen weiteren Abstecher zu dem Laden, wo die Heilsarmee ihre Restbestände verkaufte, und kaufte mir etwas Sauberes zum Anziehen.

Ich erkannte, daß unser feuchtes, dunkles, baufälliges und zusammengestückeltes Haus sich in puncto Sauberkeit niemals mit den Maßstäben messen konnte, die ich damals im hellen, frischen und luftigen Schlafsaal von Jamestown kennengelernt hatte. Schließlich gab meine Mutter die Hoffnung auf. Es schien, daß sie den Haushalt nicht einmal mehr zu schaffen versuchte.

Dreck und Unordnung häuften sich überall. Stapel von alter Kleidung und Plunder reichten im Hinterzimmer, wo ich schlief, bis zur Decke. Unzählige Haustiere gingen ein und aus, wie es ihnen paßte. Einige der Katzen benutzten statt der Katzenbox regelmäßig den Boden meines Kleiderschranks als Toilette. Da in dem Schrank kein Licht war, sah ich den Schlamassel erst, wenn ich bereits darauf ausgerutscht war. Das machte mich dann jedesmal so wütend, daß ich Mom anschrie, die doch gefälligst hinter ihren Tieren her räumen sollte.

Es gab auch noch andere Enttäuschungen. Die Unabhängigkeit, die ich an Dr. Carlsens Schule gewonnen hatte, hatte viele wundervolle Türen geöffnet – Türen, die nun wieder zuschlugen. Ich bat Pappy, in der Toilette Handgriffe anzubringen, damit ich mir selbst helfen konnte, aber er fand nie die Zeit dazu. Ich sagte ihm, wenn er ein Geländer an der Treppe vorm Haus anbringen würde, könnte ich selbständig hinein- und hinausgehen. Aber auch das erledigte er nie.

Er stritt nicht mehr so oft mit mir über die Notwendigkeit, gehen zu lernen. Nur hin und wieder fluchte er und nannte mich einen Faulpelz. Er schien meiner müde zu sein. Aber ich fühlte mich auch ziemlich ausgebrannt.

In North Dakota hatte ich mich nie behindert gefühlt. Ich ging jeden Morgen zur Therapie und zum Unterricht. Alles schien im Gleichgewicht. Selbst meine Träume paßten zu meiner alltäglichen Wirklichkeit. Obwohl ich am Anfang hinter meinen Klassenkameraden zurückhinkte, machte ich doch ermutigende Fortschritte, nachdem sich meine Einstellung erst einmal geändert hatte. Ich hatte mich als Verlierer gefühlt, weil ich so langsam in die Gänge kam, aber Leute wie Miss Austin und Dr. Carlsen änderten dies, indem sie mir – wie ich fest glaubte – realisierbare Hoffnungen und Träume vermittelten.

Nun kamen mir meine zwei Jahre im weit entfernten North Dakota wie ein schlechter Scherz vor. Ich fühlte mich furchtbar behindert und häßlich. Ich wurde über die kleinsten Kleinigkeiten derart wütend – z. B. wenn ich Milch vergoß, wenn ich mit meinem Rollstuhl gegen den altersschwachen Fuß des Spülbeckens fuhr, oder wenn ich beim Essen absolutes Durcheinander fabrizierte –, daß ich trat und schrie und mich in stundenlangen Weinkrämpfen ausließ. Wenn ich mich dann endlich müde gemacht hatte, war ich wütend, weil ich wütend geworden war, und fühlte mich um so mehr allein und gefangen.

Zu dieser Zeit begutachtete ein Schulpsychologe meine Zeugnisse und bat Mom, mich zu einem Gespräch mitzubringen. Er kam zu dem Schluß, daß wir (und das Schulsystem) alles falsch gemacht hatten. Er sagte, er sei sich nicht ganz sicher, ob der Versuch, mir eine Schulbildung zu verschaffen, überhaupt das Geld wert sei.

Zuerst war ich wütend. *Wer gab ihm das Recht, so ein Urteil über mich zu fällen? Worauf begründete er überhaupt seine Entscheidung? Er kannte mich doch gar nicht.*

Aber *ich* kannte mich. Ich wußte auch, daß seine Kritik am Schulsystem richtig war. Alles was sie taten, war ein teures Experiment auf meine Kosten. Die Unterstufe war eine Farce. Wie sollte die High-School besser sein? Und was das College anging, das konnte ich sowieso vergessen. Ich war so frustriert, daß ich anfing, Tabletten gegen Depressionen zu nehmen. Jeden Tag verschlief ich so viel Zeit wie möglich.

Pappy hatte immer einen Spruch parat, wenn er am Ende war: »Ich hab' den toten Punkt erreicht.« Jedesmal, wenn ich diesen Spruch hörte, stellte ich mir ein Auto vor, das auf einem Hügel feststeckte. Es konnte nicht vorwärts und nicht rückwärts, weil alle Räder in der Luft hingen. Es gab keine Kraftübertragung, es hatte seinen toten Punkt erreicht.

Ich war vierzehn Jahre alt, als ich von North Dakota nach Hause kam, dazu bereit, meinen Träumen nachzujagen. Doch nach drei Jahren Schule hing ich nun in der Luft. Als ich meine Unfähigkeit sah, meine fehlenden Ausbildungsmöglichkeiten und meine familiäre Situation, konnte ich mir nicht vorstellen, meine Ziele je zu erreichen. Ich hatte den toten Punkt erreicht.

27. März 1964, Karfreitag.

Ich hatte mich an diesem Morgen nicht wohl gefühlt. Mom behielt mich fast den ganzen Tag zu Hause im Bett. Ich schaute mir irgendeine Puppensendung im Fernsehen an, während Mom und Pappy am Küchentisch saßen und sich unterhielten. Mom stand auf, um hinauszugehen, als ich sie rief, damit sie das Fernsehbild scharf stellte. Als sie sich gerade vor dem Fernseher bückte, begann die Erde zu wackeln. Bevor wir überhaupt an »Erdbeben« denken konnten, hatte es schon wieder aufgehört. Für einen Augenblick. Pappy rannte hinaus, um zu sehen, ob er was entdecken konnte. Verängstigt versuchte ich, aus meinem Rollstuhl herauszukommen; ich rief: »Mom.«

Plötzlich gab es ein schreckliches, knackendes Geräusch. Die ganze Welt fing an, sich zu heben und zu senken. Mom hatte einen Arm um einen Raumteiler, den anderen um mich gelegt und hielt mich fest, während ich schrie. Es ist ein furchterregendes Gefühl, wenn sich das eigene Haus bewegt, während man drin ist. Ich hörte, wie im ganzen Haus Fensterscheiben zerbrachen. Mom flüsterte mir ins Ohr: »Hab keine Angst, Posie. Gleich ist es vorbei.« Doch die Erde bebte und bebte.

Schließlich hörte es auf. Wir hatten das große Erdbeben von Alaska überstanden. Große Teile des Zentrums von Anchorage waren zerstört worden. Ganze Straßenzüge in der Innenstadt waren zusammengebrochen. Häuser stürzten ein.

In den darauffolgenden Wochen versuchten wir und jeder in diesem Teil des Staates, mit den Nachwirkungen der schrecklichen Naturkatastrophe zurechtzukommen. Ich war erfreut, daß mein Schulbesuch nun nicht mehr die Priorität hatte.

Mom war zu erschöpft davon, mit den Kleinigkeiten des Lebens in einem Katastrophengebiet klarzukommen, als daß sie sich bemüht hätte, mich jeden Morgen zur Schule zu bringen. Eine echte Entscheidung hatten wir nie gefällt.

Ich gab die Schule nach dem Erdbeben einfach auf, weil ich nie dazu kam, wieder hinzugehen.

Während meine Familie und unser Haus das Erdbeben mit relativ geringen Schäden überstanden hatte, war mein eigenes Leben ein Trümmerfeld. Meine Träume hatten sich zerschlagen. Und ich hatte bis jetzt noch nicht einmal damit begonnen, der Zerstörung meiner Gefühle ins Auge zu sehen, deren Ursache eine anhaltende persönliche Verletzung war, die sonst niemand bei mir je vermutet hätte.

Kapitel 12

Die tiefen Furchen des Schmerzes

In den Jahren, als ich die Sonderschule in Anchorage besuchte, ging ich auch mit meiner Freundin Corrine in die Kirche. Zunächst lud sie mich zur Jugendgruppe ein und versprach, daß es dort viele lustige Aktivitäten gäbe. Ich wurde ein regelmäßiger Fahrgast im Kleinbus der Gemeinde, der bei uns zu Hause vorbeikam, um mich abzuholen. Mein wackliger Rollstuhl war kein Problem. Der Pfarrer beruhigte Mom und meinte, er werde für meinen Stuhl und mich die Verantwortung übernehmen.

Selbst als ich durch die Anfrage der Schule entmutigt wurde und Zweifel hatte, ob ich überhaupt den Bildungsaufwand wert sei, fühlte ich mich in der Gemeinde angenommen, und dies gab mir echtes Selbstwertgefühl. Egal, was die Jugendgruppe auch unternahm, ich durfte mitmachen. Es gab Pyjamaparties und Picknicks. Wir gingen gemeinsam zu Jugendrallyes, übten Theaterstücke ein und sangen. Oh, wie sehr liebte ich das Singen!

Aber das Hauptaugenmerk des Jugendkreises lag auf dem Studium des Wortes Gottes. Es machte mir wirklich Spaß, mich mit anderen Kindern im Bibelquiz zu messen. Wenn die Gruppen für den Bibel-Supercup-Wettbewerb eingeteilt wurden, wurde ich oft als erste ausgewählt, weil ich viel lernte und die Antworten kannte. Jedesmal, wenn ich mit der Aussprache biblischer Namen Schwierigkeiten hatte, gab mir die Frau des Pfarrers drei Auswahlmöglichkeiten, und ich wählte die korrekte Antwort aus.

Die Liebe und Annahme durch die anderen in dieser Jugendgruppe spielten eine wichtige positive Rolle in meinem Leben. Dennoch hatte ich einige Vorbehalte gegen die Gemeinde als solche. Irgend etwas stimmte daran nicht. Zuerst dachte ich, mein Unbehagen habe mit dem Gebäude selbst zu tun. In den Räumen eines früheren Ladens untergebracht, symbolisierte dieses baufällige Heiligtum für mich die »ländlich-behelfsmäßigen« Zustände, die so grundlegend für die Lebensweise Alaskas waren. So viel Häßlichkeit von Menschenhand in einem Land, das so reich war an ehrfurchtgebietender Schönheit.

Im Winter, wenn das Gebäude mit Schnee bedeckt war, sah es tatsächlich aus wie auf einer idyllischen Weihnachtskarte. Aber das Tauwetter im Frühjahr offenbarte die Wahrheit. Das schäbige Gebäude benötigte viel Farbe und viele Reparaturarbeiten. Im Innern erschien mir die Kirche immer düster und deprimierend. Die Wärmedämmung ließ ihren braunen Inhalt unter den Wänden hervorbrechen. In einer dunklen Ecke keuchte und klapperte ein alter Heizofen. Obwohl ich immer in seiner Nähe saß, war mir nie so richtig warm – ich keuchte und klapperte fast genauso schlimm wie der Ofen.

Wasserflecken zeichneten beunruhigende Bilder an die Decke, die diesem Ort der Anbetung ein äußerst hoffnungsloses Dekor verliehen. Wacklige, farblich nicht zusammenpassende Klappstühle standen in leeren, ungleichmäßigen Reihen – ein Beweis dafür, daß hier jemand unrealistische Erwartungen hegte.

Trotz dieses schäbigen Gebäudes beunruhigte das, was ich nicht sah, noch viel mehr. Kein Altartuch. Keine Kerzen. Nichts von dem kirchlichen Schmuck, den ich von jener kleinen Kirche in Jamestown her gewohnt war. Auch machte der Pfarrer hier nicht das Kreuzeszeichen, wenn er der Gemeinde die Vergebung zusprach.

Alles was der Pfarrer tat, war Beten, Singen und dann Predigen – sehr laut. Nach der Predigt lud er uns ein, zum »Altar« (nicht mehr als ein nacktes Geländer vor der Kanzel) zu kommen, um Jesus als Erlöser anzunehmen.

Dies war ganz bestimmt kein lutherischer Gottesdienst. Ich glaube, das war der Grund meines Unbehagens. Ein Teil von mir sehnte sich nach der gewohnten Atmosphäre von Heiligkeit und Mysterium, das ich früher in North Dakota im Gottesdienst gespürt hatte. Aber ich sagte mir, daß eben ein Teil meines Lebens jetzt vorbei war. Ich würde in dieser Gemeinde bleiben, weil meine neuen Freunde mir das Gefühl gaben, geliebt und angenommen zu sein.

Doch dieses Gefühl des Unbehagens verschwand nie gänzlich. In meinen Augenblicken der Stille, kurz bevor ich abends ins Bett ging, hatte ich dieses wiederkehrende Gefühl, *daß dies nicht das ist, was Gott geplant hat. Es wartet noch etwas Größeres und Besseres auf mich – etwas, das sanft und tief und wunderbar ist.*

Ärgerlich verwarf ich solche Gedanken, indem ich mir sagte, daß ich schon immer edle Träume gehabt und viel zu lange geglaubt hatte, sie würden sich tatsächlich erfüllen. Ich träumte davon, eine gute Ausbildung zu bekommen und Schriftstellerin zu werden. Ich träumte von der Freiheit und davon, die Fesseln, die mich einschränkten und mein Leben bestimmten, zu brechen. Und was vielleicht das Dümmste war, ich träumte davon, daß ich eines Tages die Kontrolle über meine Gefühle gewinnen und zu einer gütigen und sanften Frau heranwachsen würde.

Und was brachten mir diese großen Träume ein!? Sie schienen eher weh zu tun, als daß sie mir halfen; denn ich fühlte mich gefangener als je zuvor. Jeder zerschlagene Traum wurde ein weiterer Schlag, der meine Falle tiefer und tiefer in den harten und unnachgiebigen Boden grub.

Diese tiefsten und geheimen Gefühle kamen nur in der Dunkelheit und Stille der Nacht an die Oberfläche. Ich wagte nicht, sie irgend jemandem mitzuteilen. Nicht einmal Gott. Denn was mir über ihn gesagt wurde, überzeugte mich davon, daß Gott böse auf mich sein würde, wenn ich jemals solchen Zorn und Zweifel ausdrücken sollte.

Die fundamentalistische Theologie, die ich in meiner neuen Gemeinde aufschnappte, besagte, für eine Person, die erst einmal »wiedergeboren« ist, sollten alle Sorgen um unser weltliches Leben belanglos sein. Wir sollten mit unserem Los in diesem Leben auf ewig glücklich sein und alle praktischen, alltäglichen Belange für die allerwichtigste Aufgabe, die Mission an den verlorenen Seelen, zurückstellen. Um Gott zu gefallen, mußte man ein »Seelenfischer für Christus« sein.

Das war eine verwirrende Last für mich. Ich fühlte mich schon von anderen abgelehnt, die mich oder meine Sprache nicht verstehen konnten. Den Leuten zu predigen, würde mir nicht gerade größere Anerkennung verschaffen. Und die Tatsache, daß ich kein »Seelenfischer« sein wollte, gab mir das Gefühl, ich gehöre nicht zu der Art von Leuten, die Gott annehmbar finden würde.

Aber ich machte mit und spielte die Rolle des andächtigen Teenagers, der – in der Terminologie meiner Gemeinde – ein »brennendes Herz für den Herrn« hat. Äußerlich etwas vorzugeben, nur um zu überdecken, was in meinem Inneren geschah, brachte mir das Lob meiner Freunde in der Gemeinde ein. Es schwächte jedoch mein Selbstbild nur noch mehr. Meine Heuchelei unterstrich jene Gefühle, die mir sagten, ich sei ein schlechtes Mädchen. Und ich hatte immer weniger Hoffnung, mich in die reife Person zu verwandeln, die ich so verzweifelt sein wollte.

Ich konnte Mom einige Male dazu überreden, in die Kirche mitzukommen. Es machte ihr nichts aus, bei verschiedenen Projekten mitzuhelfen. Sie überredete sogar Pappy dazu, den Kleinbus der Gemeinde zu reparieren. Aber ich wußte, daß sie sich in diesen Gottesdiensten nie wohl fühlte, und so gab ich es nach einiger Zeit auf, ihr damit auf der Pelle zu liegen. Sie schien auf schweigsamen Mitternachtsspaziergängen im Garten, gefolgt von ihrer Schar streunender Hauskatzen, ihren eigenen geistlichen Pulsschlag zu finden.

Ich bekam eine unserer Nachbarinnen dazu, zur Kirche zu gehen; eine Frau, die für ihren hohen Alkoholkonsum bekannt war. Die Frau des Pfarrers drückte ihre Verwunderung aus, als die Frau meine Einladung annahm; sie hatte schon seit Monaten versucht, meine Nachbarin zum Kommen zu bewegen.

Ich war stolz und ermutigt, als der Pfarrer und seine Frau meine Bemühungen lobten. Sie überzeugten mich davon, daß ich tatsächlich von Gott dazu »erwählt« war, behindert zu sein, um Menschen in das Reich Gottes zu führen. Ich glaubte ihnen, wenn sie sagten, es sei »Gottes Wille«, daß ich behindert sei, weil sie soviel über Gott und die Bibel zu wissen schienen. Ich schätzte ihre Annahme und wagte nie, ihnen meine Gefühle von Zorn und Zweifel zu beichten.

Ich war enttäuscht, als ich erfuhr, daß es keinen besonderen Ritus für die Konfirmation der Jugendlichen gab. Die Leute in dieser Gemeinde glaubten, daß eine Person, die erst einmal »wiedergeboren« war, getauft werden und der Gemeinde beitreten konnte. Das war alles.
Als ich mich zu diesen Schritten entschloß, machte Mom nicht mehr mit. Sie wollte, daß ich meine Entscheidung aufschob, bis ich fähig wäre, meinen Glauben von meinem Bedürfnis nach Annahme und meiner wachsenden Freundschaft zum Pfarrer und seiner Frau zu trennen. Ich fand Mom schrecklich ungerecht, aber sie behauptete sich und sagte, wenn ich erst einmal meinen High-School-Abschluß hätte, könnte ich meine eigene Entscheidung fällen und mich jeder Kirche anschließen, zu der ich gehören wollte.

Schließlich fühlte ich mich in meiner winzigen, neuen Gemeinde so wohl, daß ich genügend Freiheit besaß, um meinen Traum von der Schriftstellerei der Frau des Pfarrers mitzuteilen. Sie bestätigte diese Ziele, sagte aber, es würde viel Arbeit bedeuten und es sei sicher nötig, woandershin zu gehen, um die nötige Bildung zu erhalten, die ich brauchte und verdiente. Aber wie Mom drückte auch sie den Glauben aus, daß ich die schreckliche Wartezeit, in der ich festzustecken schien, schnell wettmachen würde, wenn ich erst einmal den richtigen Kurs fand.
Ihre Ermutigungen, wie auch die meiner Familie, halfen mir, mich durch die drei langen Jahre der Sonderschule zu schleppen. Der Pfarrer und seine Frau nahmen sich immer Zeit für mich. Deshalb liebte ich sie und vertraute ihnen.

Im Winter war es immer schon dunkel, wenn der Pfarrer den Kleinbus voller Kinder von den Jugendgruppen oder dem Gottesdienst nach Hause fuhr. Oft richtete er es so ein, daß er mich als letzte absetzte, weil ich das Lachen und die Gemeinschaft der anderen so liebte. Doch der Pfarrer versuchte nie, sich mit mir direkt zu unterhalten. Er verließ sich immer auf andere, die ihm erzählten, was ich gesagt hatte.

Nachdem er mich einige Monate regelmäßig nach Hause gebracht hatte, fing er an, seine Hand auf mein Knie zu legen, während ich neben ihm auf dem Sitz saß. Ich dachte mir nichts bei dieser Geste, denn er war mein »Hirte« und auch mein Freund, der regelmäßig bei uns ein und aus ging, meine Eltern besuchte und mit Pappy an Autos herumbastelte. Und ich war sowieso schon immer eine Person »zum Anfassen« gewesen – irgend jemand war immer dabei, mich zu bewegen, zu positionieren oder sogar meine Knie herumzuschieben, um meine Sitzhaltung zurechtzurücken.

Dann kam der Abend, an dem er einen besonders langen Heimweg benutzte, auf einer dunklen zugewachsenen Straße, weit entfernt von jeglicher Straßenbeleuchtung. Als er den Wagen anhielt, fand er noch einen anderen Platz für seine Hand. Und in diesem Moment wurde ich mir meiner Sexualität bewußt.

Ich hatte zu denselben Informationen Zugang wie jedes Mädchen im Teenageralter damals, aber niemand hatte mir gesagt, daß die Gefühle, die bei einer so intimen Berührung entstehen, so überwältigend und verwirrend sein konnten.

Ich begann zu weinen, zum Teil, weil mir das, was er tat, körperliche Schmerzen bereitete, aber auch weil ich das Gefühl hatte, als hätte er das Innerste dessen durchbohrt, was mich ausmachte, und die Wunde, die zurückblieb, infizierte sich augenblicklich mit Scham.

Er wartete, bis ich zu weinen aufgehört hatte. Dann zog er meine Jacke herunter und öffnete meine Kleidung, damit er leichter an mich heran konnte. Ich schrie ihn an, weil ich mir so machtlos vorkam, und ich schrie vor Wut über mich selbst, weil diese neuen, fremden Gefühle mich überwältigten. Ich schrie weiter, bis er aufhörte, und dann weinte ich, weil ich mir so dreckig vorkam.

Er sagte mir, die Schmerzen würden bald verschwinden. Er sagte, ich würde mich gut fühlen, wenn er es wieder täte. Er sagte auch, ich sei ein gutes Mädchen und eine gute Freundin und ich würde ihm helfen, wenn ich ihn dies tun ließe. Denn seine Frau könne im Moment keinen Geschlechtsverkehr mit ihm haben. Er sagte, es sei in Ordnung, denn Gott wollte, daß er mir dies täte. Dies würde ja schließlich sowieso passieren, und da sei es besser, wenn er als Pfarrer mir diese Dinge beibringen würde; denn wenn ich dabei irgendwelche Schuld verspüren sollte, könne er für mich um Vergebung beten. Er sagte, es sei besser, wenn er mich mit dem Sex vertraut machen würde statt irgendein anderer, dem ich egal wäre und der mich tief verletzen oder mir ein Baby machen würde.

Er sagte mir, es müsse ja kein anderer jemals davon erfahren.

Wenn seine Frau es je herausfände, wäre sie auf uns beide sehr böse.

Mom und meine Familie würden es auch nicht verstehen.

Dann drohte er mir und sagte, daß er mir alle Schamhaare ausreißen würde, falls ich jemals auf den Gedanken käme, es zu verraten. Er packte sie und zog daran, nur um mir zu zeigen, was er meinte. Ich hatte verstanden.

Ich glaube, ich wußte immer, daß es falsch war. Aber ich erzählte niemandem, was in jener Nacht geschehen war. Auch nicht beim nächsten Mal, als er mich nach Hause brachte. Oder beim übernächsten Mal.

Mit der Zeit haßte ich mich dafür, daß ich seine Berührung genoß. Ich haßte mich noch mehr dafür, daß ich so schwach war, daß ich ihn berührte und es zuließ, daß er mich berührte, und dafür, daß ich so eine verzweifelte Sehnsucht nach Liebe und Annahme hatte, daß ich es zuließ, daß er mich derart benutzte. Ich verstand nicht alle Gefühle, die ich spürte, aber ich gab mir die Schuld dafür, daß ich sie spürte.

Egal, wie oft er mir auch sagte, ich sei ein gutes Mädchen, weil ich ihm »half«, ich wußte doch, daß ich es nicht war. Ich hatte mich mein ganzes Leben wie ein schlechtes Mädchen gefühlt. Was für Zweifel ich in dieser Hinsicht auch immer gehabt hatte, jetzt waren sie mit Sicherheit verschwunden.

Ich versuchte dieses schreckliche neue Gefühl des Zerbrochenseins tief in der intimsten, verstecktesten Ecke meiner Seele zu vergraben. Ich war überzeugt, daß mich keiner mehr lieben konnte, wenn sie herausfänden, was ich getan hatte. Aber ich erinnerte mich daran. Und in der Dunkelheit meiner Nächte hatte ich einen weiteren Grund, mich selbst zu verabscheuen.

Kapitel 13

Die Schneeschmelze

Ich sank tiefer als je zuvor in mein sich wiederholendes Muster von Depressionen. Ich weinte ohne Grund – zumindest ohne einen Grund, den meine Familie hätte verstehen können. Ich schlief, so oft und so lange ich nur konnte. Der Schlaf bot sich als die einfachste Ausflucht an.

Wenn ich wach war, mußte ich mit zwei verheerenden Enttäuschungen leben.

Die erste war meine Desillusionierung bezüglich der Schule. Ob nun ich an der Schule oder die Schule an mir scheiterte, die entmutigenden Resultate waren dieselben. Das, was ich immer als den Schlüssel zu meiner Flucht gesehen hatte, die größte Hoffnung auf ein sinnvolles Leben, war Teil meiner Falle geworden.

Meine zweite große Enttäuschung war ich selbst. Was war aus meinen Träumen geworden? Warum machte ich nichts aus meinem Leben? Wo war die Hoffnung geblieben, daß eines Tages alles anders sein würde? Wann würde ich anders sein? Stärker? Emotional stabiler? Klüger? Reifer? Eine großartige Frau wie Dr. Carlsen?

All diese Träume wurden einer nach dem anderen in einem Kleinbus der Gemeinde auf verlassenen Seitenstraßen zerschlagen. Ich war nun ohne jegliche Hoffnung. Ich war eine Schande, weil ich einen Pfarrer dazu brachte zu sündigen. Selbst nachdem der Mann mit seiner Familie aus Alaska schließlich fortzog und ich wußte, ich mußte ihn nie wieder sehen, konnte ich das Grauen der Erinnerung, die schreckliche Wahrheit nicht leugnen: Ich war ein schlechter Mensch.

Ich hatte niemanden, mit dem ich über meine Gefühle reden konnte. Und hätte es jemanden gegeben, so hätte ich es trotzdem nicht tun können. Ich wußte nicht, wie ich über meine Gefühle reden sollte. Aber ich spürte sie. Sie waren ständig da. Jeden Tag. Und besonders jede Nacht. Sie nagten in jedem

Winkel meiner Seele. Ihre bleibende Schwere zog mich tiefer und tiefer in mein eigenes schwarzes Loch der Verzweiflung.

Von Zeit zu Zeit konnte ich mich aus meiner Depression herausreißen. Manchmal, wenn mir das gelang, träumte ich phantastische Tagträume und setzte dann all meine Energie daran, sie zu verwirklichen. So hatte ich zum Beispiel einen großartigen Plan, jetzt, wo ich das letzte Kind zu Hause war und das große Hinterzimmer ganz für mich hatte, nachdem meine Schwestern ausgezogen waren. Ich überredete meine Mutter, den Raum in einem hellen Sonnenscheingelb zu streichen, so daß das wenige Licht, das durch das eine winzige Fenster kam, aufgefangen und reflektiert wurde. Nachdem Mom die Wände gestrichen hatte, gingen wir einkaufen und fanden gelbe Kerzenhalter sowie dazu passende Deckchen und Vorhänge. Als wir fertig waren, fand ich den Raum wunderschön.

An einer Wand stand ein langes Bücherregal. Ich las immer noch sehr viel. Auf der anderen Seite des Raumes stand ein Tisch, der monatelang im Hof Wind und Wetter ausgesetzt war, bevor ich jemand dazu bringen konnte, ihn hereinzutragen. Nach stundenlangem mühsamen Schrubben gab er einen brauchbaren Schreibtisch und einen guten Platz für die Schreibmaschine ab, die ich meiner Lehrerin abgeschwatzt hatte, bevor ich die Schule verließ.

Mein Schlafzimmer wurde meine Zuflucht. Hier konnte ich eines Tages vielleicht doch noch meinen alten Traum wiederbeleben, Schriftstellerin zu werden.

Ich nehme an, Mom tat das alles für mein Zimmer, weil sie versuchte, mich aufzumuntern. Sie wußte nicht, was sie sonst versuchen sollte. Ich glaube, Pappy war völlig hilflos und wußte nicht, wie er auf meine Depression reagieren sollte. Die häufigen Geräusche der Schreibmaschine, die aus meinem Zimmer drangen, waren für sie vielleicht die einzige Versicherung, daß ich noch am Leben war.

Der einzige, der ausdrückte, daß er etwas gegen mein Tippen hatte, war Sam, unser riesiger weißer Kater. Er haßte die

Schreibmaschine. Sobald ich sie anstellte, griff er sie an, dann lief er über die Tastatur und legte sich schließlich quer über die Maschine und schnurrte. Vielleicht war er nur eifersüchtig.

Jedesmal, wenn ich ihn verjagte, rannte er miauend zu Mom, bis sie mich lachend ausschimpfte. »Posie, hast du den armen Sam schon wieder mißhandelt?« Dann kam Sam, der sich nun gerechtfertigt sah, zurück in mein Zimmer und rieb seinen Schwanz an mir. Mom fütterte ihn auch, um seine verletzten Gefühle zu besänftigen. So wurde Sam ein ungeheuer fetter und verwöhnter Kater.

Trotz Sams Einmischung verbrachte ich viel Zeit mit meiner Schreibmaschine. Ich hämmerte vor allem religiöse Traktate, im scharfkantigen Stil meiner strengen, fundamentalistischen Gemeinde. »Gott ist gut. Die Menschen sind alle wertlose Sünder. Wenn wir Christen werden, sterben wir unserem Ich ab und geben unser Leben für die Eroberung der Welt durch Christus. Alles andere ist bedeutungslos.«

Ich denke, der Glaube, daß das »Selbst« keine Bedeutung besaß, sprach mich an. Er gab mir die Berechtigung, mich selbst für meine Sünden zu strafen. Ich konnte Sündern gegenüber besonders hart sein, weil ich selbst einer war. Ich legte für meine Freunde in der Gemeinde meine religiöse Rüstung und meine lächelnde christliche Maske an, aber meine schroffe, selbstverurteilende Haltung färbte fast alles, was ich über das hieb- und stichfeste Evangelium schrieb, an das ich glaubte.

Mein fundamentalistischer Glaube wurde, ebenso wie mein Zimmer, zu einem Versteck. Ich hätte den Gedanken, eines von beiden aufgeben zu müssen, nicht ertragen. Einfache Antworten und vertraute Wände schirmten mich von der harten, schwierigen Wahrheit der realen Welt ab.

Ich begann, mich in meiner Falle wohl zu fühlen.

Meine Schwester Elizabeth hatte sich mit Mom zerstritten; sie lief von zu Hause weg und heiratete. Sie achtete darauf, daß sie nur dann bei uns vorbeischaute, wenn sie wußte, daß Mom nicht da war. Auf diese Weise konnten wir beide uns unterhalten. Wir sprachen oft über meine Zukunft. Ich wußte, daß sie recht hatte, wenn sie mir ins Gesicht sagte, ich könne nicht so weiterleben wie jetzt. Ich könne nicht jeden Tag in meinem Zimmer bleiben und lesen und schreiben. Ohne Schulbildung könne ich nicht einmal erwarten, über meine eigene Türschwelle hinauszukommen.

Wir waren uns über das Problem einig. Wir konnten nur keine sinnvolle Lösung finden. Das örtliche Bildungssystem hatte versagt. Elizabeth prüfte die Möglichkeiten, irgendeine Art finanzieller Unterstützung vom Staat zu bekommen, aber da gab es immer viel zu viele Barrieren der Bürokratie. Jedesmal, wenn wir glaubten, wir hätten etwas gefunden, kam jemand oder etwas dazwischen und zog uns den Teppich unter den Füßen weg, so daß ich nur noch deprimierter wurde.

Was wir brauchten, war ein Wunder. Aber ich bemühte mich gar nicht erst, Gott darum zu bitten. Ich wußte, daß ich es nicht verdiente.

Doch das Wunder erreichte uns trotzdem, in Form meiner ältesten Schwester Maxine. Sie war von Chicago hergeflogen, um, wie sie dachte, ein verlängertes Wochenende bei uns zu verbringen. Ich hatte sie Jahre nicht gesehen, aber sie war immer noch so groß und schön, wie ich sie in Erinnerung gehabt hatte.

Als sie ins Schlafzimmer kam, um mich zu umarmen und mir zu sagen, was für ein hübsches Mädchen ich sei mit meinem langen geflochtenen Haar, da war mir, als würde ich eine Brieffreundin zum ersten Mal treffen. Wir hatten einander, seit ich Maschineschreiben konnte, regelmäßig geschrieben. Wenige Stunden nach unserem Wiedersehen redeten wir schon miteinander, als hätten wir unser Leben lang nichts anderes getan. Sie verstand überraschend viel von dem, was ich sagte. Wenn sie etwas nicht verstehen konnte, buchstabierte ich das Wort. Wenn ich das, was ich sagen wollte, nicht buchstabieren konnte, spielte sie einfach Fragestunde, bis sie mich verstand. Und sie lachte jedesmal gutgelaunt, wenn sie versuchte zu raten und völlig am Ziel vorbeischoß.

Maxine kam an einem Samstagmorgen an, gerade in dem

Moment, als Mom, Pappy und ich uns fertig machten, um übers Wochenende hinaus zu unserem Stück Land zu fahren, das uns der Staat überlassen hatte. Wir hatten einen alten Wohnwagen mit Vordach, den Pappy auf dem Grundstück gebaut hatte, und verbrachten jedes Wochenende einen Teil unserer Zeit dort, um die Vorschrift der Regierung zu erfüllen, daß wir dort ansässig sein müßten, um das Land zu behalten. Aber meine Schwester war nicht sicher, ob ihr die Idee gefiel, sich so kurz nach ihrer Ankunft aus dem »zivilisierten« Chicago mit ihren Siebensachen in die Wildnis zu verziehen.

Pappy versicherte ihr, es bestehe keine Gefahr. Er sagte, Shirley lebe mit ihren zwei Kindern die ganze Woche über allein auf einsamem Regierungsland, während ihr Mann in der Stadt blieb, um zu arbeiten. Unser Stück Land war karg und einfach, aber es ließ sich dort leben. Trotzdem: Als Pappy den Wagen belud, fand Maxine sein Gewehr und schlug vor, es mitzunehmen. Er redete es ihr aus, indem er erklärte, daß das Großwild tief in den Wäldern bliebe und nicht auf die Lichtung in die Nähe des Wohnwagens käme.

Ich warnte jedoch Maxine, daß sie immer schauen sollte, wo Pappy war, wenn sie etwas hörte, egal ob es eine Maus oder ein Bär war. Er hatte eine unheimliche Fähigkeit, tierische Laute nachzuahmen, und wartete gerne, bis jemand hilflos auf dem Plumpsklo saß, um seine Galavorstellung zu geben. Maxine dankte mir für die Warnung, während Pappy nur grinste.

Auch ich versicherte ihr, daß sich nur kleine Tiere in die Nähe des Wohnwagens wagten. »Und Pappy hat sich immer mit ihnen angefreundet.« Sein Liebling war Willie, ein Wiesel, das sogar mit ihm auf dem Traktor fuhr.

Was wir Maxine nicht erzählten, weil wir es nicht wußten, war, daß Willie offensichtlich in unserer Abwesenheit ein Loch in den Boden unseres Wohnwagens gefressen hatte. Und in jener Nacht, nachdem wir alle schlafen gegangen waren, wieselte sich Willie seinen Weg in den Wohnwagen und sprang auf Pappys und Moms Bett.

Mom war nie gut gelaunt, wenn sie sich im Halbschlaf befand, also war sie nicht allzu begeistert, von Pappy geweckt zu werden, der flüsternd bat: »Hilf mir, Ma! Ein Wiesel sitzt auf meiner Brust. Ich glaube, es ist Willie!«

Mom antwortete schläfrig: »Bist du sicher? Na, ich denke, man muß ein altes Wiesel sein, um ein altes Wiesel zu erkennen!« Mit diesen Worten stieg sie aus dem Bett, drehte das Licht an, ging mit einem Besen auf das Wiesel los und scheuchte ihn (Willie, nicht Pappy) zur Tür heraus. Dann nagelte sie das Loch zu und ging wieder ins Bett.

Ich fand die ganze Sache zum Schreien lustig. Maxine war überhaupt nicht erfreut.

Trotz einer so unsanften Einführung in das Leben in Alaska während ihrer ersten Nacht entschloß sich Maxine, ihren Aufenthalt zu verlängern. In Chicago arbeitete sie als Model und in Restaurants. Nun erkannte sie, daß sie diese Eintönigkeit satt hatte und etwas Produktiveres machen wollte. Nachdem sie sich also einmal entschlossen hatte, in Anchorage zu bleiben, verlor sie keine Zeit, schrieb sich an einem örtlichen College ein und suchte sich einen Job. Trotz eines hektischen Tagesplans, bestehend aus Studium, Arbeit und ihrem Engagement in einer örtlichen Theatergruppe, fand Maxine die Zeit, mit für mich zu sorgen.

Ob es darum ging, mir ein Schaumbad zu machen oder mich auf eine Spritztour zur Bibliothek oder zum Theater mitzunehmen, sie tat, was ihr einfiel, um mich aus meinen häufigen schwarzen Löchern herauszuholen. Pappy lobte sie oft und sagte, ich käme ihm so viel glücklicher vor, seit sie nach Hause gekommen sei. Und ich weiß, daß Mom froh war, jemanden zu haben, der ihre Last erleichterte und mich wieder motivierte.

Eines schien sich Maxine in den Kopf gesetzt zu haben: meine Frisur zu ändern. So lang und schwer, wie mein Haar war, brauchte es zwei Tage, bis es nach dem Waschen wieder trocken war. Es sah schön aus, wenn Mom es in einem Kranz um meinen Kopf flocht, aber es blieb ohne ständige Pflege nicht lange so.

Eine kürzere Frisur wäre einfacher. Aber einige der Frauen in der Gemeinde nannten mein Haar »die Krone meiner Gerechtigkeit«. So viele Leute machten Bemerkungen darüber, daß es schien, als sei mein Haar das einzig Gute an mir. Es schien auf eine barmherzige Weise die groteske Person zu verstecken, die ich zu sein glaubte. Vielleicht würde mich niemand mehr mögen, wenn ich mein Haar abschnitt.

Ich sagte mir, solche Ängste wären irrational. Aber ich quälte mich trotzdem mit der Entscheidung herum, Maxine sie abschneiden zu lassen. Zweimal gab ich ihr mein O. K., nur um dann in letzter Minute abzuspringen. Als ich mich schließlich ihrer Schere ergab, bejubelte der Rest der Familie meinen Mut.

Zwei Stunden später hatte ich schulterlanges Haar mit einer leichten Dauerwelle. Maxine ließ sich erschöpft in den nächsten Stuhl fallen. Einem beweglichen Ziel die Haare zu schneiden und mit einer Dauerwelle zu versehen, war harte Arbeit. Aber ich war mit dem Ergebnis mehr als zufrieden. Ich umarmte Maxine und zeigte jedem eine lange Nase, der den Verlust meiner zum Markenzeichen gewordenen Zöpfe betrauerte.

Dieser Haarschnitt markierte den Beginn einer neuen Entschlossenheit, mich aus meiner Falle loszureißen und meine alten Ziele zu verfolgen. Ich würde mich den stürmischen Anfällen der Depression stellen müssen, die mich zu versklaven drohten. Und ich fürchtete sie noch immer. Aber noch mehr fürchtete ich, für immer in meinem Zimmer zu Hause in Anchorage in Alaska isoliert zu sein und langsam, aber sicher weiter und weiter von jeglicher Verheißung oder Hoffnung wegzudriften, die mir möglicherweise ein sinnvolles und produktives Leben bieten könnte.

Maxine bekam einen Job bei einer neuen örtlichen Agentur, die mit behinderten Kindern arbeitete – dort wurden gründliche Tests mit den Kindern veranstaltet und diese dann in einem Heim oder Eingliederungsprogramm untergebracht, das den speziellen Bedürfnissen zugeschnitten war. Sie sammelte bald neue und interessante Informationen bezüglich finanzieller Unterstützung, medizinischer Versorgung, Bildungs-, Unterbringungs- und Beschäftigungschancen für körperlich oder geistig benachteiligte junge Erwachsene. Als Maxine mir von einem neugegründeten staatlichen Büro zur beruflichen Eingliederung erzählte, bat ich sie, anzurufen und zu sehen, was dieses Büro mir zu bieten hatte. Nachdem wir ein dickes Paket von Formularen eingereicht hatten, bekamen Maxine und ich einen Termin.

Der Berater sah sich meine Vorgeschichte an und gab zu, daß er nicht glaube, es gäbe in Alaska irgendeinen Ort, der meinen Bedürfnissen gerecht werden konnte. Er schlug vor, daß wir beim *United Cerebral Palsy Center* (UCP) – einer Organisation, die sich um Menschen mit Zerebralparese kümmerte – vorbeischauen sollten, sowie im Pflegeheim von Sea Ridge in Seattle, im Staat Washington. Er sagte uns, daß sich niemand vom staatlichen Eingliederungsbüro jemals eine der beiden Einrichtungen angesehen habe, daß aber die Sektion der UCP in Seattle breite Anerkennung gefunden habe und vermutlich über die besten Mittel an der gesamten Westküste verfüge. Und da kein adäquates Programm im eigenen Bundesstaat zur Verfügung stünde, würde das Ministerium für berufliche Eingliederung für meine Unterbringung und Ausbildung in Seattle bezahlen.

Tatsächlich schienen die Einrichtungen des UCP-Zentrums alles zu bieten, was ich wollte – ein Bildungsprogramm, Physiotherapie, Ausbildungswerkstätten und sogar gemeinsame Aktivitäten. Wer dazu in der Lage war, konnte den High-School-Abschluß machen und ein offizielles Diplom bekommen. Der Berater hatte kaum Informationen über das Pflegeheim, wußte aber, daß mehrere junge Erwachsene, die zur UCP gehörten, dort lebten.

Ich hatte gemischte Gefühle gegenüber dieser Idee mit Seattle. Sie bot neue Hoffnung auf einen Ausweg aus meinen einschränkenden Lebensumständen. Vielleicht waren meine Träume noch nicht tot. Seattle war nicht Alaska, und das war ein weiteres Plus.

Aber ich hatte schon zu oft gesehen, wie sich Träume zerschlugen, nur um meine Hoffnungen unkontrolliert davonsegeln zu lassen. *Was, wenn nichts daraus wurde? Was, wenn dies wieder nur so ein spezielles Programm war, das nicht halten konnte, was es versprach?* Es gab so viele Unbekannte. Und es würde eine weitere schmerzhafte Trennung von meiner Familie bedeuten. Ich wäre weit weg von zu Hause und wieder allein.

Während ich mit dieser Entscheidung rang, organisierte der Eingliederungsberater einen Privatlehrer, der jeden Nachmittag in der ACCA mit mir arbeiten konnte, um meine Schulkenntnisse auf den Stand eines High-School-Anfängers zu bringen. Morgens hatte ich Sprach- und Physiotherapie und arbeitete dann dort im Klassenzimmer an meinen Hausaufgaben.

Obwohl ich nun die älteste Schülerin der ACCA war und mich in fast der gleichen Umgebung befand wie vor zehn Jahren, sagte ich mir, es wäre nur für eine begrenzte Zeit. Und es machte mir Spaß, im Klassenzimmer zu sein, weil die jüngeren Schüler mich zu mögen schienen. Ein kleiner Junge sagte seiner Pflegemutter, er wolle genauso sein wie ich, wenn er groß würde. Wenn er nicht neben mir sitzen konnte, schmollte er.

Es verging fast ein Jahr, bis ich an den Punkt kam, wo ich meine endgültige Entscheidung fällen mußte. In der Zwischenzeit schickte die UCP in Seattle Seiten um Seiten von Anmelde- und Zulassungsformularen – die meisten davon enthielten sehr persönliche Fragen zu meinem Charakter und Hintergrund. Ihre anscheinend hohen Anforderungen machten mir viel Mut. Ich malte mir etwas aus, das in Qualität und Art der *Crippled Children's School* in North Dakota gleichkam. Und da das Pflegeheim von Sea Ridge nie selbst zusätzliche Formulare schickte, nahmen wir alle einfach an, daß es der UCP ebenbürtig war.

Die tatsächliche Entscheidung war nicht einfach. Aber all meinen Zweifeln und Ängsten zum Trotz, besiegte ich meine Gefühle und entschied mich, den einzig sinnvollen Kurs einzuschlagen. Ich mußte nach Seattle gehen. Es war an der Zeit – nach einem langen Jahrzehnt der Enttäuschung und des Schmerzes –, meine Familie und mein Zuhause zu verlassen, in dem meine Träume schneller dahingeschmolzen waren als selbst das Eis in der Schneeschmelze Alaskas.

Kapitel 14

Willkommen in Sea Ridge

Ich flog mit Barbara, einer Freundin von Maxine, hinunter nach Seattle. Sie hatte sich bereit erklärt, mir zu helfen, im Pflegeheim Fuß zu fassen und mich zum UCP-Zentrum zu bringen. Wir kamen an einem hellen Frühlingsmorgen an, was ich als ein mutmachendes Omen ansah. Das Amt für berufliche Eingliederung in Alaska hatte einen Repräsentanten geschickt, der uns am Flughafen abholte. Bruce hatte kürzlich das College beendet und sagte mir, er werde wahrscheinlich einige Fehler machen, da ich seine erste Patientin sei, die körperlich behindert sei, ohne zugleich geistig behindert zu sein.

Bruce lud uns in seinen Wagen, um uns wie ein Wirbelwind durch das Zentrum zu führen. Es gab keinen Fremdenführer. Also schnüffelten wir selbst auf dem Gelände herum. Wir fanden Klassenzimmer, Therapieräume, ein Kunst- und Handarbeitszentrum, sogar eine technische Werkstatt.

Die meisten Aktivitäten schienen in einer Arbeitsstätte im Keller des Hauptgebäudes stattzufinden. Nie hatte ich so viele Menschen mit unterschiedlich schweren Behinderungen an einem Ort gesehen. Am meisten überraschten mich die Altersunterschiede zwischen ihnen.

Zum ersten Mal in meinem Leben wurde ich damit konfrontiert, daß es auch behinderte Erwachsene gab. Es schockierte und ängstigte mich. Jahrelang hatte ich mir eingeredet, daß es besser mit mir werden würde, sobald ich die Hilfe bekäme, die ich brauchte. Nun sah ich hier, an dem Ort, wo ich meine Träume verfolgen wollte, Menschen, die aufgehört hatten zu träumen. Diese Menschen hatten schon ein ganzes Leben hinter sich, ohne daß es besser geworden wäre. Ich konnte nicht anders als zu denken: *Werde ich auch eines Tages so sein?* Aber dann antwortete ich mir mit einem entschlossenen: »Nein! Ich werde niemals so wie sie. Ich werde erleben, daß es besser wird.«

Von der Arbeitsstätte führte eine Rampe zwei Treppenabsätze hinauf zur Zahnarztpraxis des Zentrums. Ich benötigte schon seit langem eine zahnärztliche Behandlung und nahm regelmäßig Aspirin, um die Schmerzen zu dämpfen. Die ungewollten und unkontrollierbaren Bewegungen, die für meine Art von Zerebralparese typisch waren, machten die Zahnpflege zu einem unmöglichen Unterfangen. Hier jedoch, so erklärte die Zahnarzthelferin, hatten sie eine eigene anästhetische Abteilung, so daß sie die Patienten betäuben konnten, während sie ihre Zähne behandelten. Ich sagte ihr, das klänge ja wundervoll. Ich hatte das Gefühl, meine Zähne hätten schon eine Ewigkeit wehgetan. Sie nickte und lächelte, während sie sagte, daß viele Leute mit Zerebralparese ähnliche Probleme hätten. Und da dies die erste solche Zahnklinik an der Westküste sei, wären die Zahnärzte auch immer beschäftigt.

Inzwischen war es später Nachmittag geworden. Wir mußten quer durch die Stadt, um zum Pflegeheim zu kommen. Wir setzten Barbara unterwegs in einem Hotel in der Innenstadt ab. Sie versprach mir, sie würde am Morgen ein Taxi zum Heim nehmen, um mir beim Auspacken und Einrichten zu helfen. Ich dachte, Bruce und ich müßten mit der ersten Anmeldung klarkommen, da Sea Ridge mich ja erwartete. Wie auch immer, ich war von der Reise und den Aufregungen des Tages erschöpft. Ich wollte nur noch essen und sofort ins Bett.

Bruce und ich fuhren langsam im Berufsverkehr zum Heim. Obwohl es mich freute, an meinem ersten Tag gleich so viel von meiner neuen Stadt zu sehen, fragte ich mich doch, wie ich wohl jeden Tag von Sea Ridge zum Zentrum und wieder zurück kommen würde. Wie würde ich mit einer so langen Fahrt klarkommen?

Als wir im Pflegeheim von Sea Ridge angekommen waren, machte ich mich mit meinem Laufgestell daran, den Parkplatz zu überqueren. Aber ich war so müde, daß mir die Entfernung unüberwindlich schien.

Bruce ging hinein, kam kurz darauf mit einem Rollstuhl zurück und schob mich den Rest des Weges.

Sea Ridge sah aus wie ein gutgeführtes Motel mit schönen, sauberen Gehwegen, einem sorgfältig gepflegten Garten und einer großen Terrasse, wo eine Reihe Bewohner saß und die frühe Abendluft genoß. Einige junge Leute, manche davon im Rollstuhl, schienen sich zu unterhalten und das Miteinander zu genießen. Ich stellte mir vor, wie ich in einigen Wochen unter ihnen sein würde, und das hob meine Stimmung. Ich war begierig darauf, Freunde zu finden und mein neues Leben hier zu beginnen.

Wir fanden die Schwesternstation um die Ecke, hinter der wohlbeleuchteten Eingangshalle.

Eine Frau in einer frisch gestärkten Uniform begrüßte uns mit einem Clipboard voller Formulare in der Hand, die ausgefüllt werden mußten. Ich fragte die Schwester, ob ich meinen eigenen Rollstuhl bekommen könnte, den ich am Tag zuvor zusammen mit meinen anderen Habseligkeiten in einer großen Kiste verschickt hatte. Sie warf mir einen kühlen Blick zu und sagte streng: »Nach den medizinischen Berichten, die wir von UCP über Sie bekommen haben, ist es nicht vorgesehen, daß Sie hier einen Rollstuhl benutzen. Das gehört nicht zu Ihrem Therapieplan.«

»Was?« entrüstete ich mich. »Da stimmt etwas nicht!«

Als Bruce meine wachsende Verzweiflung sah, übernahm er für mich das Reden. Er sagte der Schwester, er sei der meinem Fall zugeteilte Sozialarbeiter und er wisse von keiner medizinischen Beurteilung. Er erwarte, daß in den nächsten Monaten einige Tests durchgeführt würden.

Während er redete, wuchs in mir die Beunruhigung darüber, daß jemand medizinische Empfehlungen für mich geschrieben hatte, obwohl er nur einige Berichte durchgelesen und mich nie gesehen oder gesprochen hatte. Glücklicherweise hatte Bruces Beharren darauf, daß er für meinen Fall verantwortlich sei, gegenüber der Krankenschwester einiges Gewicht. So erlaubte sie ihm, nach meinen Sachen zu sehen und meinen Rollstuhl zu bringen.

Nachdem diese Schlacht geschlagen war, sagte ich der Schwester, daß ich Hunger hätte. Sie sagte, die Mitarbeiter hätten das Abendessen schon serviert und willigte dann ungnädig ein, mir etwas aufs Zimmer schicken zu lassen. Sie schien meinetwegen aus der Fassung geraten zu sein, weil ich ihren Zeitplan gestört hatte, und zeigte ihre Ungeduld, um wieder zurück an ihre normale Arbeit zu gehen. Dann gab sie mir noch mehr das Gefühl, nicht willkommen zu sein, als sie sagte: »Ich weiß gar nicht, warum Sie soviel Zeugs mitgebracht haben, wo sie doch nur einen Monat bei uns in Sea Ridge bleiben.«

Bruce meldete sich überrascht zu Wort, als er das hörte: »Da muß es ein Mißverständnis geben. Carolyn plant, hier zu wohnen, solange sie zum UCP-Zentrum und in die High-School geht.« Wir hatten angenommen, daß alles arrangiert worden sei, nachdem ich sowohl vom Zentrum als auch von Sea Ridge Zulassungsschreiben erhalten hatte. Als die Schwester dies hörte, antwortete sie reichlich eingeschnappt: »Na, das hätte man mir ja alles gleich richtig sagen können!«

Da das Heim im »Südflügel«, wo die anderen behinderten jungen Leute wohnten, voll belegt war, wurde ich übergangsweise auf einer anderen Station untergebracht.

Ich teilte das Zimmer mit einer angenehmen alten Dame, die sich von einem Hüftbruch erholte und in Kürze nach Hause gehen würde. Ich lächelte und begrüßte meine Zimmergenossin, aber sie verstand ab dem »Hallo« nichts mehr von dem, was ich sagte.

Das Zimmer sah für meinen Geschmack zu sehr nach Krankenhaus aus. Aber es war hell. Und gleich gegenüber des Flurs gab es eine Terrasse, die auch für Rollstuhlfahrer zugänglich war.

Bruce ging, nachdem ein Pfleger mit einem Abendessen ankam, bestehend aus zerlaufenem, lauwarmem Sahne-Thunfisch und einem Glas Milch. Einige Minuten später kam eine grauhaarige Schwester namens Fern herein, um nach mir zu sehen. Sie lächelte warmherzig, als sie fragte, ob ich genug zu essen bekommen hätte. Als ich sagte, das hätte ich, besorgte sie mir einen Waschlappen und gab ihn mir mit der launigen Bemerkung: »Sie sehen auf jeden Fall so aus, als hätte es Ihnen geschmeckt.«

Während sie half, das Chaos zu beseitigen, sagte sie, in wenigen Minuten beginne ein Gottesdienst. »Das wäre eine gute Gelegenheit, um ein paar Leute kennenzulernen, wenn Sie gerne hingehen möchten.« Ich sagte ihr, das würde ich sehr gerne, und so schob sie meinen Rollstuhl hinunter in eine Bastelwerkstatt, wo Freiwillige einer örtlichen Gemeinde regelmäßig einen Gottesdienst und eine Bibelstunde abhielten. Jeden schien zu interessieren, daß ich gerade aus Alaska angekommen war. Die meisten Bewohner schienen nett zu sein und taten ihr Bestes, damit ich mich willkommen fühlte.

Am nächsten Morgen fühlte ich mich beim Aufwachen wie ein einsamer Außerirdischer in einer fremdartigen neuen Welt. Um sieben Uhr morgens war die tägliche Routine in vollem Gang, und ich war irgendein neuer Patient wie jeder andere.

Als eine Pflegehelferin mir im Bett – zum Essen für mich der unmöglichste aller Orte – eine Schüssel schlabberige, dünne Haferflocken servierte, begann ich zu weinen. Ich fühlte mich so isoliert. Nie zuvor war ich allein unter Fremden gewesen, die mich behandelten, als wäre ich völlig hilflos.

Nach dem Frühstück kam eine weitere Pflegehelferin herein, um mich im Bett zu waschen. Sie versuchte erst gar nicht, mich zu verstehen, und unterbrach ihre Arbeit nicht einmal, als ich protestierte und sagte, ich würde mich lieber selber waschen. Ich haßte es, an intimen Stellen berührt zu werden, und dieser Teil des Waschens wurde einfach achtlos abgehandelt. Sie benutzte noch nicht einmal viel Seife.

Ich kämpfte und schrie vor Enttäuschung. Ich wollte mich ja nur in Ruhe allein waschen, und ich konnte die Helferin nicht dazu bringen, mir zuzuhören.

Ich wollte bequeme Freizeitkleidung anziehen. Aber als die Helferin damit fertig war, mich zu waschen, war sie so ungeduldig mit mir, daß sie sich die am nächsten liegenden Kleider schnappte und mir so mein bestes Kostüm anzog. Es dauerte über eine Stunde, bis ich aufhörte zu schluchzen. In der Zwischenzeit war ich zu dem Schluß gekommen, daß ich diesen Ort nicht ausstehen konnte, und wenn Barbara wiederkäme, würde ich mit ihr gehen und nach Alaska zurückkehren.

Mein zweiter Morgen war jedoch besser. Eine ältere Helferin namens Ann brachte mir das Frühstück. Sie stellte sich vor und sprach mit mir, während sie das Kopfteil meines Bettes hochstellte und das Tablett vor mich hinstellte. Ich wagte sie zu fragen, ob sie nicht das Gitter an der Bettseite herunterlassen könnte, damit ich mich in den Stuhl setzen und selbständig essen könnte. Sie verstand mich nicht nur, sie tat sogar, worum ich gebeten hatte. Also bat ich sie, meinen Toast in meine Müslischüssel zu bröckeln, damit die wäßrigen Haferflocken aufgesaugt würden und das Essen so leichter auf meinem Löffel bliebe. Sie tat auch das mit Freude. Ich hatte den Eindruck, daß wir für einen Tag schon ein gutes Stück vorwärts gekommen waren.

Als Ann nach dem Frühstück zurückkam, bat ich um Handtuch und Waschlappen. Ich nahm bequeme Kleidung zum Wechseln mit ins Bad und labte mich an einem Bad mit Schwamm und viel Seife. Dann zog ich mich an. Ich fühlte mich wunderbar und war gerade dabei, mein Bett zu machen, als ich hörte, wie Ann draußen auf dem Flur der Helferin, die nicht hatte zuhören wollen, sagte, daß ich in der Lage wäre, mich anzuziehen und für mich selbst zu sorgen.

Später am selben Morgen bat ich um die Sachen, die ich an das Heim geschickt hatte, damit ich an meine Schreibmaschine herankäme.

Die Oberschwester behauptete, es sei zuviel Mühe, da ich ja nur für einige Untersuchungen bleiben würde. Ich fragte, warum jeder das Gefühl zu haben schien, ich bliebe nur einen Monat. Ich dächte, ich sei hier, um zum UCP-Zentrum zu gehen und mit der High-School zu beginnen. Das sei das, was ich wollte.

Die Schwester entschuldigte sich für das Mißverständnis. Aber sie fügte an: »Ich wünschte, die UCP hätte uns das gleich gesagt. Sobald ein Pfleger frei ist, bringen wir sie unter.«

Eines Abends, nur einige Tage später, saß ich auf meinem Bett und las, als zwei Pflegehelferinnen hereinkamen und mir sagten, sie müßten mich verlegen. Meine Zimmergenossin ginge nach Hause und zwei ältere Patientinnen würden einziehen. Sie bräuchten meinen Platz innerhalb einer Stunde. Also luden die Pflegehelferinnen all meine Habseligkeiten in mein Bett und schlugen vor, daß ich einfach darin bleiben solle, während sie das Bett und den Tisch mit meiner Schreibmaschine den Gang entlang zum Südflügel brächten. Wir lachten alle über die Reaktionen der übrigen Bewohner, als ich mit der größten Gelassenheit den Gang entlangrollte.

Als wir in mein neues Zimmer kamen, war niemand dort. Fern, eine der Pflegehelferinnen, lachte und meinte: »Ich wette, Ila Mae wird überrascht sein, wenn sie zurückkommt und eine neue Zimmernachbarin vorfindet.«

Ich fühlte mich, als würde ich in ein fremdes Haus eindringen. Warum hatte ihr niemand gesagt, daß ich einziehen würde? Ich war noch nicht einmal sicher, ob ich mit Ila Mae zusammenleben wollte. Ich hatte sie am ersten Abend nur kurz getroffen, und sie schien sich nicht sehr leicht in eine Gruppe hineinzufinden. Als ich meine Unsicherheit ausdrückte, versicherte mir Fern, Ila Mae sei eine nette Person, die auch Spaß am Schreiben habe. »Ich bin sicher, du magst sie, wenn du sie erst einmal kennenlernst«, sagte sie.

Also stieg ich aus meinem Bett und begann auszupacken. Ich war nicht sicher, wie ich all mein Zeug an meinem neuen Platz unterbringen konnte. Ich fühlte mich in einen Raum gezwängt, der schon voll war mit den Sachen einer anderen. Ich war besonders besorgt, als eine der Pflegehelferinnen meine Schreibmaschine in den Flur schob. Mir stand als Schreckgespenst vor Augen, daß eine der älteren, verwirrten Patientinnen sie zu Boden wirft. Aber eine der Pflegehelferinnen deckte sie mit einem Tuch ab und versicherte mir, daß Ann mir am nächsten Morgen helfen würde, alles an seinen Platz zu bekommen.

Ich war immer noch damit beschäftigt, meine Kleider zu verstauen, als Ila Mae hereingerollt wurde. Sie schaute erst überrascht und dann verwirrt. Sie war eindeutig verärgert darüber, daß ihr niemand gesagt hatte, was passieren würde. Aber sie seufzte, als sie zu mir sagte: »So machen sie's hier immer.«

Ich war erleichtert, daß sie nicht auf mich böse war. Ich glaube, wir spürten beide die gleiche Enttäuschung, weil wir merkten, daß jemand anders entscheiden konnte, daß wir automatisch miteinander auskommen und das Leben miteinander teilen sollten, nur weil wir beide Zerebralparese hatten. Aber wir wußten überhaupt nichts voneinander. Alles was wir gemeinsam hatten, war unsere Behinderung und der Glaube, daß dies eine doch recht merkwürdige Art sei, eine Freundschaft zu beginnen.

Kapitel 15

Ich kann vor mir selbst nicht davonlaufen

Sea Ridge war ganz sicher nicht die Anne-Carlsen-Schule.
Eine Woche nach meiner Ankunft sollte ich mit dem täglichen Besuch des UCP-Zentrums beginnen. Es war geplant, daß ich in die Aktivitäten des Zentrums eingebunden würde und mich einige Wochen in meinen neuen Rhythmus eingewöhnen könnte. Dann sollte ich zum Anfang des neuen Schuljahres im Herbst mit der High-School beginnen. Ich brauchte höchstwahrscheinlich Zeit, um mich an die neuen Leute, die neue Umgebung und den neuen Rhythmus zu gewöhnen. Ich freute mich sogar schon etwas auf die Aussicht, in der Arbeitsstätte des Zentrums meinen ersten echten Job zu haben.

Ich beschloß, an meinem ersten Tag bei der UCP das Laufgestell zu benutzen. Nach dem Durcheinander über meine Berichte bei meiner Ankunft im Pflegeheim wollte ich nicht in Schwierigkeiten kommen, weil ich in meinem »nicht-genehmigten« Rollstuhl erschien.

Ich wartete auf der Veranda des Pflegeheims mit einigen meiner neuen Freundinnen auf den Bus der UCP. Er sah aus wie eine riesige gelbe Kiste mit einer Tür auf der Seite, die sich rauf und runter bewegte. Zwei Helfer sprangen heraus und brachten die Rampe in Position, während die Fahrerin herüberkam, um die Rollstühle zum Bus zu schieben. »Hallo, ich heiße Carol«, begrüßte sie mich, »du mußt Carolyn sein.«

Ich lächelte und sagte Hallo, während ich zusah, wie einer der Helfer anfing, die Rollstühle die Rampe hinaufzuschieben, während der andere im Bus damit beschäftigt war, die Stühle mit Frachtgurten am Boden zu befestigen, wie man es in Flugzeugen tut.

Carol hatte einen zusätzlichen Rollstuhl dabei, den sie zu mir herüberrollte: »Warum setzt du dich nicht hier hinein und läßt mich dein Laufgestell übernehmen? Auf die Weise mußt du nicht die Stufen hochklettern.«

Im Bus wechselte ich auf einen regulären Sitz, und Carol schnallte mich an. Sie warnte mich, auf meine Füße achtzugeben, denn die Helfer »werden direkt vor dir einen Rollstuhl parken, und sie sind nicht immer sehr umsichtig«.

Nachdem wir nach einer langen Fahrt im Zentrum angekommen waren, half mir Carol aus dem Bus und begleitete mich den ganzen Weg hinunter zur Arbeitswerkstätte im Keller, einem langen engen und schmuddeligen Raum, in dem bereits dreißig Leute arbeiteten. Nachdem jeder aus unserer Gruppe vom Pflegeheim untergebracht war, brachte mir eine Leiterin namens Mrs. Kippin einen alten hölzernen Stuhl auf Rollen. »Das ist nicht gerade der sicherste Ort für jemanden, der unsicher auf den Beinen ist«, sagte sie zu mir. Ich gewann den Eindruck, daß ich keinen Ärger bekommen würde, wenn ich von nun an meinen Rollstuhl mitbrachte.

Mrs. Kippin setzte mich allein an einen kleinen Tisch und brachte dann einen Stapel steifer Plastikumschläge herüber. Sie instruierte mich, alle Reste von Klebeband und Aufklebern sowie alle Heftklammern zu entfernen und dann meine Hand in die Umschläge zu stecken, um sie auf Löcher zu untersuchen. Wenn ich ein Loch fände, das groß genug sei, um drei Finger hindurchzustecken, sollte ich den Umschlag wegwerfen. »Irgendwelche Fragen?« Bevor ich antworten konnte, sagte sie: »Gut«, und ging weg.

Das soll alles sein? Ich schaute mich ungläubig in dem überfüllten Kellerraum um. Jeder schien voller Langeweile in die Tätigkeit vertieft, die mir die Leiterin soeben erklärt hatte – unbeholfen riß jeder Klebebänder herunter, entfernte Heftklammern und untersuchte die Kunststoffumschläge auf Löcher.

Das soll ein Job sein? Nein, das ist alles ein Mißverständnis! Ich bin den ganzen Weg nach Seattle gekommen, um so etwas zu tun? Um klebrige Bänder von schmutzigen, feuchten Umschlägen abzulösen, die stanken wie die Pest? Welcher Teufel hat mich nur geritten, daß ich dafür Alaska verlassen habe?

Meine Enttäuschung verwandelte sich schnell in Zorn und erweckte das Gefühl, betrogen worden zu sein. Ich rief die Leiterin herüber und sagte ihr, daß es sich hier um ein Mißverständnis handle und daß ich mit dem Sozialarbeiter des Zentrums reden wolle. Aber der weigerte sich, mich zu empfangen, und sagte, er würde mir frühestens in einem Monat einen Termin geben.

Also konnte ich nur in dieser Werkstätte sitzen und mit einem Job kämpfen, der zu nichts führte. Es gab niemanden, bei dem ich mich beschweren konnte. Niemanden, dem ich etwas erklären konnte.

In der Pause bemerkte Ila Mae meinen Kummer und versuchte mir zu erklären, worum es bei diesem Job in der Werkstätte ging. Die Umschläge kamen in riesigen Körben von den verschiedenen Boeing-Werken in Seattle. Sie wurden in allen Abteilungen der Boeing-Werke benutzt, um Instruktionen und Kleinteile an diversen Gegenständen zu befestigen, die bei der Produktion vonnöten waren. Wenn sich außen an den Umschlägen zuviel Klebeband und zu viele Aufkleber angesammelt hatten, wurden sie zu uns zum Reinigen geschickt und gingen dann zur Wiederverwertung zurück an Boeing.

Ila Mae gab zu, daß dies eine schmutzige, langweilige und unangenehme Arbeit war. Aber die Umschläge stellten das größte Arbeitsprojekt dar, das das Zentrum abwickelte. Dieser ständige Auftrag hielt die Werkstätte am Laufen. Sie ermunterte mich, mich zu beruhigen und dem Zentrum eine Chance zu geben. Ila Mae warnte mich, wenn ich jetzt nach Hause Richtung Alaska laufen würde, wäre es später, wenn meine Eltern einmal gestorben wären, um so schwerer, ein eigenes Leben zu beginnen.

Ich erkannte wohl, daß sie recht hatte, aber ich schwänzte doch am nächsten Tag und ging nicht ins Zentrum. Mein erster Tag war einfach eine zu schreckliche Erfahrung gewesen. Ich sagte mir, daß ich nicht so behindert war, daß ich mich auf eine so unangenehme, niedrige Arbeit einlassen mußte. Ich erfuhr, daß es im Zentrum auch ein paar andere Jobs gab, aber daß wir vom Pflegeheim von Carols unregelmäßigem Busfahrplan abhängig waren und den Umschlagjob bekamen, weil dieser Job getan werden konnte, zu welcher Zeit auch immer wir ankamen.

Ich saß an diesem zweiten Tag allein in meinem Zimmer im Pflegeheim und versuchte zu entscheiden, was ich tun sollte. Es gab in Alaska nichts mehr für mich. Aber vielleicht würde Seattle nicht besser sein. Ich war schrecklich deprimiert, als ein kurzer, rundlicher, lächelnder Mann zur Zimmertür hereinschaute. Sein Grinsen war ansteckend, und seine Augen tanzten vor Freude.

»Mein Name ist Mr. Goleeke«, sagte er mir, »aber jeder nennt mich Mr. G.« Er war der Direktor des UCP-Zentrums, und er kam mich besuchen, weil er gehört hatte, daß ich am Tag zuvor einen schweren Start gehabt hatte. Ich mußte lachen, als er bereitwillig zugab, daß die Werkstätte wahrhaftig für einen jungen Menschen ein befremdender Aufenthaltsort war. Er schien meine Gefühle zu verstehen – als ich die anderen Leute im Zentrum gesehen hatte, hatte ich begriffen, was es heißen könnte, mein Leben lang behindert zu sein, und daß ich älter werden würde.

Er sagte mir, er hätte nicht auf alle meine Fragen eine Antwort und auch nicht das Gegenmittel für all meine Unruhe, aber er drängte mich, zurückzukommen und es noch einmal zu versuchen. Er versprach mir nicht, daß es mir gefallen werde, aber die Achtung, die er zeigte, und die Ermutigung, die er mir zusprach, halfen mir, mich besser zu fühlen. Seine hoffnungsvolle Art schien ansteckend zu sein. Am nächsten Morgen ging ich wieder hin.

Zurück in der Werkstätte beschloß ich, die Umschläge auf Risse zu untersuchen, bevor ich alles Band und alle Aufkleber entfernt hatte. Auf diese Weise konnte ich mir die mühsame Arbeit ersparen, wenn ich dann doch herausfand, daß der Umschlag sowieso unbrauchbar war. Ich zeigte die zeitsparende Idee denen, die in meiner Nähe arbeiteten, aber sie schimpften nur und machten in ihrer alten Monotonie weiter. Jetzt verstand ich, warum einige der Arbeiter schon seit was-weiß-ich-wieviel Jahren den gleichen Job machten.

Während unserer fünfzehnminütigen Pause schnupperte ich herum und fand den phantastischen Kunst- und Handarbeitsraum des Zentrums.

Die zwei Frauen, die für den Raum verantwortlich waren, fragten, ob ich eine Handarbeit beginnen wolle. Meine erste Arbeit war eine Stickerei auf Sackleinen. Ich zeichnete ein Blumenmuster auf und benutzte dann dickes Garn, um die Linien nachzusticken. Als ich damit fertig war, half mir die Frau, den Saum abzustecken und die Nähmaschine zu benutzen. Innerhalb weniger Wochen besaß ich meine eigene Designertasche, die an meinem Rollstuhl hing. Dann begann ich meine zweite Arbeit – ein Schmetterlingsmosaik.

Ich entwickelte bald eine besondere Beziehung zu den Handarbeitslehrerinnen. Sie neckten mich immer wieder, weil ich die Dinge auf meine eigene Art anging statt auf konventionelle Weise. Und sie ermunterten mich zur Kreativität. Aber sie hatten zwei Regeln, die sie strikt durchsetzten: »Komm nicht zu uns gerannt, wenn du Probleme in der Arbeitsstätte hast« und »Weinen im Handarbeitsraum verboten – dies ist ein Ort, wo man Spaß haben soll«. Als ich diese Regeln beachtete, fand ich bei diesen beiden neuen Freundinnen Verständnis und Trost.

Die Pause war die ideale Gelegenheit, um die UCP zu erkunden. Ich bemerkte, daß niemand freiwillig Informationen weitergab. Also kümmerte ich mich selbst darum, daß ich alles vom UCP-Programm mitbekam, was mir wichtig war. Wenn mir niemand die Winkel und Ecken des Zentrums zeigen wollte, mußte ich sie eben auf eigene Faust erkunden. Auf diese Weise entdeckte ich den Raum für Physiotherapie und ließ den Therapeuten wissen, daß ich bei seinem Programm mitmachen wollte.

Die veraltete Ausrüstung im Zentrum gab dem Therapieraum einen freundlichen, altmodischen Charme. Der Therapeut erlaubte uns, daß jeder nach seinem eigenen Rhythmus übte und sich auf das konzentrierte, was ihn interessierte.

Ich begann wieder, mit den Krücken zu experimentieren. Zwei Jahre lang übte ich schließlich, mit den Krücken zu gehen, obwohl ich mich mit dem Laufgestell immer viel sicherer fühlte. Das große Problem dabei war mein erbarmungsloser

Reflex, der bei jedem lauten oder unerwarteten Krach ausgelöst wurde.

So wurden der Therapeut und ich uns schließlich einig, daß ich die Krücken ein für allemal aufgab. Wir beschlossen, daß der Rollstuhl für mich im Zentrum wie auch im Pflegeheim das sinnvollste und effektivste Fortbewegungsmittel war.

Einige Wochen nachdem ich die Physiotherapie entdeckt hatte, nahm ich auch noch die Sprachtherapie in die Liste meiner regelmäßigen Aktivitäten auf.

Der Sprachtherapeut hatte selbst Zerebralparese, aber er konnte gehen und hatte kaum Probleme mit seinen Händen. Jim war jung, gutaussehend und benahm sich, als sei er für jede Frau eine Gabe Gottes.

Glücklicherweise war er verheiratet. Ich sagte ihm öfter, er hätte den Kopf voller Flausen, aber er machte die Sprachtherapie zu einem wahren Vergnügen. Ich redete ihm aus, mit mir den üblichen Drill zu versuchen. Weil mein Sprechvermögen so unberechenbar war, fand ich Wiederholungsübungen frustrierend und uneffektiv. Ich kann ein Wort in der einen Minute perfekt aussprechen, und im nächsten Moment ist das gleiche Wort womöglich unverständlich.

Also verbrachten wir die meisten Therapiestunden einfach mit Gesprächen. Jim schien sich für alles zu interessieren. Er bat mich, ihm etwas aus der Bibel beizubringen, also fing ich an, mit ihm das Johannesevangelium in der King-James-Übersetzung durchzugehen.

Im Handumdrehen hatte ich meinen ersten Monat im Zentrum hinter mich gebracht. Es war Zeit für mein Einstiegsgespräch mit dem dort angestellten Sozialarbeiter. Ich hatte den Mann zuvor noch nie getroffen, aber er eröffnete das Gespräch mit der mürrischen Bemerkung: »Ich habe schon oft solche wie dich erlebt, und du kannst mir nichts vormachen!« Seiner Meinung nach dachte ich, die Welt drehe sich nur um mich. Ich war verwöhnt, arbeitete nur träge im Zentrum mit und tat nur wenig, um mich an das Leben im Pflegeheim anzupassen. Er sagte mir, wenn ich mich nicht bald, und zwar sehr bald, zusammennehmen würde, werde er dafür sorgen, daß ich im Herbst nicht mit der Schule beginnen könnte.

Seine voreilige und derbe Kritik saß tief. Ich konnte diesen Mann kein bißchen leiden. Er benahm sich, als habe er die Schlüssel zu Himmel und Hölle in der Hand.

Ins Pflegeheim zurückgekehrt, berichtete ich Ila Mae von dem Gesprächstermin. Ich weinte, als ich von seiner Drohung erzählte, mich nicht zur Schule gehen zu lassen. Ich sagte ihr, wenn ich nicht zur Schule gehen dürfte, wollte ich ganz sicher nach Alaska zurück.

Ila Mae hatte die Art, wie der Sozialarbeiter mit mir geredet hatte, nicht sonderlich gefallen. Sie gab zu, daß ich nicht gerade ein Vorbild an Reife wäre, weil ich jedesmal gleich weinte, wenn mich etwas aufregte, und weil ich drohte, nach Hause zu gehen, sobald mich etwas entmutigte. »Aber du bist noch nicht einmal zwei Monate hier. Was erwartet er denn?«

Ila Mae war so entrüstet, daß sie zu Mr. G. ging, um sich zu beschweren.

Mr. G. kam schon bald an meinem Arbeitstisch vorbei und sagte, daß ich natürlich im Herbst zur Schule gehen könnte. Er versprach, sich darum zu kümmern. Dann winkte er Ila Mae und sagte ihr, daß das »Kind«, wie er mich nannte, ohne Zweifel zu einer famosen Frau heranwachsen würde. Darauf sagte er meiner Zimmerkameradin: »Ich gebe dir die Aufgabe, dafür zu sorgen.« Ila Mae rollte die Augen und schüttelte den Kopf. Ich mußte über die beiden grinsen.

In den folgenden Jahren half mir Mr. G. oft, mit mir selbst zufrieden zu sein. Während dieser Zeit veranstalteten die Patienten der UCP meist eine monatliche Party in einer nahegelegenen Sporthalle. Mr. G. achtete bei diesen Gelegenheiten darauf, mich aus meinem Rollstuhl herauszubekommen und mit mir quer durch die Turnhalle zu tanzen. Er vermittelte mir immer das Gefühl, daß er an mich glaubte. Die Tatsache, daß er der Direktor des UCP-Zentrums war, das mir oft so frustrierend schien, half mir zu begreifen, daß die Dinge nie nur gut oder nur schlecht sind.

In jenem Herbst begann ich tatsächlich mit der Schule. Und ich war darüber erfreut, daß die UCP einen gleich hohen Maßstab hatte wie die Anne-Carlsen-Schule. Ich bekam die Aufgabe, Ila Mae bei der Monatszeitung des Zentrums zu helfen. Diese nannte sich *The Spastic Scholastic*. Als ich sie, halb im Scherz, in »Das UCP-Skandalblatt« umbenennen wollte, war das eine abgemachte Sache. Wir hatten Berichte aus allen Bereichen der UCP, und unsere regelmäßigen Nachrichten umfaßten alles, von den monatlichen Partys bis hin zum Treiben in unserem Pflegeheim.

Die Lehrerin im Fach »Kreatives Schreiben« gab mir die Aufgabe, meine Autobiographie zu schreiben.

Ich fing im September damit an und wurde vor Dezember nicht fertig. Ich sagte darin nur Positives über meine Familie und mein bisheriges Leben. Ich lobte sogar den Pfarrer aus Alaska und seine Frau dafür, daß sie mich so freundlich und großzügig behandelt hatten.

Mein größtes Problem in der Schule war, zu lernen, mit der konstruktiven Kritik meiner Lehrerin an meinem Geschriebenen richtig umzugehen.

Bis dahin war Mom mein einziger Kritiker gewesen. Sie schickte mich oft zurück an meine Schreibmaschine mit einem völlig rotgefärbten ersten Entwurf und riet mir gutgelaunt: »Posie, wenn du Schriftstellerin werden willst, dann sei wenigstens eine gute!«

Irgendwie erschien mir die Kritik meiner Lehrerin härter. Ich verließ oft in Tränen das Klassenzimmer.

Ich konnte anscheinend mit der Mehrfachbelastung von Unterricht, Arbeit im Zentrum und dem ständigen alltäglichen Chaos meines Lebens im Pflegeheim nicht zurechtkommen.

Eines Tages riet die Lehrerin mit Nachdruck, daß ich die Schule aufgeben solle. »Bis du dein Leben in Ordnung gebracht hast!« Sie sagte, wenn ich das erreicht hätte, würde sie mich gerne wieder in den Unterricht aufnehmen. Sie hatte den Eindruck, daß ich emotional nicht reif genug für die Anforderungen der High-School war.

Ich kam an diesem Tag ins Pflegeheim zurück, trat die Tür zu meinem Zimmer auf, warf meine Stofftiere vom Bett und weinte drei geschlagene Stunden. Ich war nicht auf die Lehrerin böse. Wie immer, war ich ärgerlich auf mich selbst. Wieder einmal schaffte ich es nicht, mich über meine Gefühle hinwegzusetzen.

Ich hatte den weiten Weg nach Seattle gemacht, um den Begrenzungen Alaskas zu entrinnen. Nun war ich wieder in der gleichen verrücktmachenden Falle gefangen. Ich konnte nicht vor mir selbst davonlaufen.

Kapitel 16

Wie im Irrenhaus

Es war harte Realität, der ich mich stellen mußte, daß das institutionelle System, in dem ich lebte, mir wenig Kontrolle über mein eigenes Leben ließ. Es war schon schwer, dies zu verstehen, aber zu lernen, dies auch zu akzeptieren, würde noch viel länger dauern.

In den späten 60er und frühen 70er Jahren richteten die bundesstaatlichen Regierungen und die der USA in ihrer Bürokratenweisheit spezielle Fonds für Pflegeheime ein, die geistig zurückgebliebene Patienten aufnahmen. Solche Einrichtungen wurden als Institutionen für geistig Behinderte eingestuft (sogenannte IMR-Heime). Das Ziel war, einer Überfüllung staatlicher Einrichtungen entgegenzuwirken, die staatlichen Kosten zu senken und private Träger zu fördern. Pflegeheime wie das von Sea Ridge kamen in den Genuß einer umgehenden Geldspritze aus öffentlicher Hand für die Anstellung und Fortbildung neuer Mitarbeiter. Aber der IMR-Status bedeutete auch, daß ältere Patienten nicht mehr zugelassen wurden. Sea Ridge veränderte sehr schnell seinen Charakter.

Pro Woche erschienen zwei oder drei neue Patienten – von staatlichen Fahrzeugen hergebracht und begleitet von staatlichen Angestellten. Ich war schockiert. Viele dieser Leute, die alle ehemalige Insassen staatlicher Nervenheilanstalten waren, waren unzivilisiert und wild. Manche machten sogar unter sich, während sie – kratzend, um sich schlagend und beißend – von ihren Begleitern ins Pflegeheim gezerrt wurden.

Es forderte von meinen Freundinnen und mir schon Heldenmut, sich nur nach vorne zum Eingangsbereich des Heims zu begeben. Einige unserer neuen Bewohner krabbelten auf dem Boden umher, blockierten dabei die Gänge, griffen nach den Laufgestellen und steckten sogar ihre Finger zwischen die Speichen der Rollstühle. Riesenbabys mit dem Verstand von Ein- oder Zweijährigen mußten ständig bewacht und behütet werden. Einige schienen freundlich und verspielt, aber ich lernte bald, sie mit Vorsicht zu genießen. Sie waren stark und konnten leicht über die Maßen grob werden und mich sogar aus meinem Rollstuhl ziehen.

Ein neuer Bewohner, Frank, schien sowohl normal funktionstüchtig als auch zivilisiert zu sein. Er war älter als die meisten der staatlichen Patienten und ein gläubiger Katholik, der jeden Freitag die im Haus abgehaltene Messe besuchte. Bald nach seiner Ankunft erfuhren wir auch, daß er ein ausgewachsener »Juwelendieb« war. Er stahl nicht einfach jede Halskette, jedes Armband oder jeden Anstecker. Er ließ nur die Schmuckstücke mit Kreuzen oder anderen religiösen Symbolen mitgehen. Jedesmal, wenn jemand im Pflegeheim den Verlust eines solchen Schmuckstücks meldete, durchsuchten die Pfleger das Zimmer von Frank und fanden dort auch immer das Beweisstück.

Obwohl Franks Diebstähle für uns störend waren, war er nie zerstörerisch – was ich von einigen der anderen neuen Nachbarn nicht behaupten kann. Jimmy war solch ein Erwachsener mit Babymentalität. Eines Nachmittags, als er unbeaufsichtigt war, gelangte er in mein Zimmer. Dort kletterte er auf ein Bücherregal, um nach einem Paar Keramikelefanten zu greifen, die ich als Geschicklichkeitsübung bemalt hatte. Jimmy zerbrach einen meiner Elefanten, verstreute meine Bücher und Papiere im ganzen Raum, riß die Bettdecke und das Bettuch herunter, warf einen Stapel sauberer Wäsche auf den Boden und aß eine ganze Schüssel frisches Obst leer, die auf meinem Nachttisch stand.

Ich wurde wütend, als ich nach Hause kam und mein Zimmer verwüstet fand. Eine Putzfrau hatte mit dem Aufräumen angefangen, aber nachdem sie weg war, saß ich da und weinte. Ich fühlte mich mißbraucht. Ich fühlte mich wieder in der Falle. Ich verstand dieses neue System nicht und hatte wenig Selbstbeherrschung. Ich warf den zweiten Elefanten auf den Boden und begann, mich durch den zerknitterten Stapel der von mir beschriebenen Seiten durchzuarbeiten. Welchen Sinn hatte es, die Schule beenden zu wollen, wenn ich doch dazu verdammt war, den Rest meines Lebens in Heimen wie diesem zu verbringen?

Selbst in diesem Moment, mitten in meiner Entmutigung und meinem Schmerz, gab es jemanden, der für mich da war. Anne, die Handarbeitslehrerin, kam mit Schaufel und Besen in mein Zimmer. Während sie die Scherben meines Keramikelefanten aufkehrte, versuchte sie, mich aufzumuntern: »Du bist unsere Schriftstellerin, Carolyn. Wenn du jetzt aufgibst, wird nie jemand erfahren, was es heißt, an einem Ort wie diesem zu leben. Ich bin ganz sicher, daß du eines Tages der Welt von diesem Heim berichten wirst.«

Dann, offen und lebensnah wie sie war, grinste sie und sagte: »Stell dir nur die Schweinerei vor, mit der es Jimmys Pflegerin heute nacht zu tun haben wird, wenn er all die Früchte verdaut hat. Ich wette, sie wird von nun an besser auf ihn aufpassen.«

Da mußte ich lachen. Dann sprachen Anne und ich über all die Veränderungen, die sich in Sea Ridge ereigneten. Sie stimmte zu, daß, wenn immer etwas Wesentliches in einer Institution passiert, keiner zu wissen scheint, was eigentlich vorgeht, bis das Kind in den Brunnen gefallen ist. So flatterten auch in Sea Ridge Gerüchte und bruchstückhafte Informationen herum wie Baumwollsamen im Wind und verbreiteten Unruhe und Unsicherheit. Dies wäre vermeidbar gewesen, wenn nur irgendjemand einmal erklärt hätte, was hier eigentlich los war.

Anne war sich selbst nicht sicher, was sie von den Veränderungen halten sollte. Sie wollte ihren Handarbeitsraum nicht aufgeben, aber sie war gespannt auf ihre neue Aufgabe als »Leiterin des Unterhaltungsprogramms«, und sie freute sich darauf, im Umgang mit den neuen Bewohnern Neues zu lernen. Sie sagte mir: »Ich will verhext sein, wenn ich jemals begreife, was der Herr hier vorhat. Ich weiß noch nicht mal, ob's mir gefällt. Aber wir sehen die Dinge nur aus unserm kleinen Blickwinkel. Gott sieht das Ganze.«

Ich klammerte mich an dies bißchen Weisheit, denn das Pflegeheim war alles, was ich hatte. Ich ging jeden Sommer zurück nach Anchorage, um meine Familie zu besuchen, und diese kurzen Besuche reichten aus, mich wieder daran zu erinnern, warum ich fortgegangen war. Egal, wie schlimm es in Sea Ridge auch werden sollte, so wußte ich doch, daß ich nicht die Wahl hatte, meine Sachen zu packen und auszuziehen.

Und es wurde schlimmer. Einige der Bewohner mußten an den Geländern in den Fluren festgebunden werden, um Unfälle zu verhindern. Es gab »Flitzer«, die sich die Kleider vom Leib rissen und nackt durch die Flure liefen. Manchmal entwischten sie durch die Eingangstür, und die Polizei brachte sie Stunden später zurück, nachdem sie im Adams- oder Evaskostüm in der Nachbarschaft herumgestreunt waren oder die Mülleimer nach etwas Eßbarem durchwühlt hatten.

Die beiden Annes, die Leiterin des Unterhaltungsprogramms und die Pflegerin, die eine der »Heimmütter« wurde, entwarfen und nähten spezielle Overalls mit Reißverschlüssen am Rücken, um den Strippern unter ihnen das Handwerk zu legen. Diese beiden geduldigen Frauen versorgten auch uns Langzeitpatienten mit gebrauchter Kleidung, denn wenn die Kleidung nicht von den Waschmaschinen des Heims aufgefressen wurde, dann stank sie mit der Zeit so penetrant nach Pflegeheim, daß wir sie nicht mehr länger tragen wollten.

Die beiden Annes mühten sich sehr, um dauerhaft für unser Wohl zu sorgen. Sie taten alles, vom Training für neu angestellte Pflegekräfte bis zum Windelwechseln bei den schwierigsten Patienten. Sie fingen sogar an, uns zu frisieren, nachdem die Schar der Freiwilligen, die sonst jede Woche gekommen war, um solche einfachen, aber zeitaufwendigen Jobs zu machen, unter der veränderten Atmosphäre immer kleiner wurde.

Der häufige Personalwechsel wurde ein schwerwiegendes Problem. Neue Helfer kamen, waren sehr bald ausgebrannt und gingen schneller, als wir ihre Namen lernen konnten. Aber die beiden Annes blieben uns treu. Manchmal sah es so aus, als liefe ohne sie hier nichts mehr.

Schließlich leitete der stellvertretende Verwalter des Heims eine Veränderung ein, die sich für uns alle positiv auswirkte. Die störendsten und unkontrollierbarsten Bewohner wurden alle zusammen in einen Flügel des Hauses verlegt, der vom Rest des Heims abgetrennt war und abgeschlossen werden konnte. Das war eine ziemliche Verbesserung, aber der Rest des Heims nahm auch weiterhin immer mehr neue Bewohner auf, während die früheren wegzogen.

Als Folge der großen Umverteilungsaktion bekam ich ein Zimmer mit Blick auf einen kleinen Garten. An nassen Wintermorgen schlummerte dort Nebel und gab dem Garten ein verwunschenes, einsames und verzaubertes Aussehen. An solchen Morgen saß ich gewöhnlich da, starrte aus dem Fnster und ließ meine Phantasie hinaus in den Nebel wandern, während ich die Tür zur Realität hinter mir schloß. In diesem privaten Refugium sah ich immer wieder mich selbst, wie ich durch ein riesiges Feld von Wildblumen lief. In diesen Träumen trug ich stets ein langes weißes Kleid mit eleganter Spitze und einem rosa Band als Gürtel. Ich war frei vom Pflegeheim, frei von dem verborgenen Schmerz meiner Vergewaltigung, frei, unabhängig und geachtet – mein Traum von einer abgeschlossenen Ausbildung hatte sich hier bereits erfüllt.

Diese Meditationen am frühen Morgen wurden für mich wie ein Gebet. Auf wunderbare Weise – ich behaupte nicht, es verstanden zu haben oder erklären zu können – machte Gott keinen Unterschied zwischen meinen Tagträumen und meinem Gebet. Er hörte die Sehnsucht meines Herzens und antwortete meiner Seele mit einem friedvollen, beruhigenden Bild, das sowohl Trost als auch Hoffnung bedeutete. Ein idyllischer Tagtraum wurde zur Verheißung, zum Beginn eines Wunders. Doch dieses Wunder begann auf eine merkwürdige und erschreckende Art.

Eines Tages besorgte ich einige Handtücher am anderen Ende des Pflegeheims. Als ich zu meinem Zimmer zurückrollte, sah ich Larry, früher Patient in einem staatlichen psychiatrischen Krankenhaus. Er hatte sich vom Geländer losgemacht und warf das Tablett mit seinem Frühstück zu Boden. Er hatte es irgendwie geschafft, sich völlig auszuziehen, kroch auf allen vieren herum und aß vom Boden. Während ich ihn beobachtete, fing er an, den in der Nähe zusammengekehrten Dreckhaufen ebenfalls zu verspeisen.

Ein ausgewachsener Mann! Nackt! Und ißt den Dreck vom Boden auf! Es war wie in einem Horrorfilm. Aber es war Teil meines alltäglichen Lebens. Es geschah in meinem Zuhause. In den folgenden Tagen konnte ich dieses Bild nicht aus meinem Denken verbannen. Es brannte sich in die tiefsten Schichten meines Gedächtnisses. Es brannte sich hinein in das, was ich selbst war und was ich bin.

Ich fragte mich: »Ist das alles, was Gott mit meinem Leben vorhat? Was ist mit der Schule? Was ist mit dieser gebildeten, freien und würdevollen Person in meinen Träumen?« Das waren doch nur Tagträume. Aber Larry und das Pflegeheim waren sehr real. Ich kam zu dem Schluß, daß ich in dieser Senkgrube der Menschheit untergehen würde, wenn ich noch sehr viel länger in Sea Ridge bliebe.

Trotzdem sah ich noch keinen Ausweg. Und je mehr ich darüber nachdachte, um so mehr fühlte ich mich wie eine Abrißbirne, die immer und immer wieder gegen eine unverrückbare Mauer aus Stein schlägt. Ich war genauso sehr an das Pflegeheim gekettet wie diese bemitleidenswerten menschlichen Wesen an die Geländer in unseren Fluren.

Kapitel 17

»Ach, erzähl mir keine Märchen...«

Körperlich war meine Zimmergenossin Ila Mae durch ihre Zerebralparese weit mehr eingeschränkt als ich. Sie hatte keine andere Wahl, als ein Pflegefall zu bleiben und die Kontrolle über alle äußeren und hygienischen Dinge an das manchmal wenig fürsorgliche und oft grobe Pflegepersonal abzugeben. Mit der Belegschaft lag sie in ständigem Kampf, um zu verhindern daß sie nach Krankenhaus roch und ihre sanften, honigfarbenen Locken sich in unordentlichen Knäueln verwirrten.

Als ich ins Pflegeheim kam, benutzte Ila Mae einen kleinen, vorsintflutlichen Rollstuhl. Die einzige Art und Weise, wie sie sich fortbewegen konnte, war – genau wie ich – sich mit den Füßen abzustoßen und rückwärts zu fahren. Doch während ich dabei ein scharfes Tempo einschlagen konnte, kam Ila Mae nur wenige Zentimeter auf einmal vorwärts. Ihr Mangel an Beweglichkeit verursachte ihr die größten Enttäuschungen. Schließlich kaufte sie sich einen elektrischen Rollstuhl, der ihr mehr Unabhängigkeit verschaffte, als sie je zu träumen wagte. Ich nannte ihren neuen Rollstuhl den »Freiheitswagen« – und das war er auch.

Trotz unserer Unterschiede in Hintergrund, Aussehen und Persönlichkeit kamen Ila Mae und ich nicht bloß gut miteinander aus, wir wurden Freunde. Aber was für ein seltsames Gespann wir waren – die Sea-Ridge-Version von Stan und Ollie. Sie war sauber und ordentlich, ich war von Schlampigkeit heimgesucht. Sie war 33; ich war ganze 17. Ich nannte sie »alte Lady«, sie mich »Göre«.

Ich hatte immer wieder verrückte Ideen, und Ila Mae gab in schöner Regelmäßigkeit vor, von meinen Flausen entsetzt zu sein. Doch sah ich oft ein Augenzwinkern, wenn ich sie ärgerte.

Einer meiner Lieblingsspäße waren unsere Zoo-Führungen: Besuchergruppen, die hin und wieder durch das Pflegeheim geführt wurden und sich verhielten, als sähen sie Tiere im Käfig.

Ich liebte es, ihnen heimlich zuzuhören. Oft schlossen die Besucher aus meiner körperlichen Erscheinung, daß mein Gehirn nicht besser arbeitete als meine Hände und Füße. Sie machten wenig taktvolle Bemerkungen darüber, wie schlimm wir alle dran wären und wie dankbar sie seien, »normal« zu sein. An dieser Stelle kam gewöhnlich mein Einsatz: Ich rollte vor Verachtung die Augen, um ihnen klarzumachen, daß ich jedes Wort verstand, und sie wie Deppen dastehen zu lassen. Einige waren dann peinlich berührt und entschuldigten sich. Andere wiederum rauschten beleidigt von dannen – als hätten sie alleine die Intelligenz gepachtet.

Besonders irritiert war ich, als eines Tages zwei Frauen in unser Zimmer sahen und die eine zu der anderen sagte: »Sieh nur! Hier in diesem Raum stehen ja Schreibmaschinen und Bücher.« Sie schien so überrascht zu sein, als hätte sie diese Dinge in einem Affenkäfig vorgefunden. »Das ist wohl ein Aufenthaltsraum für das Personal.«

Nachdem uns die Touristen verlassen hatten, überredete ich Ila Mae, ein Schild an unsere Tür zu machen mit der Aufschrift: »Achtung! Diese Wesen sind Menschen!« Das ließ bei der nächsten Zooführung die Ölhaut der Besucher schmelzen.

Nachdem wir vier Jahre das Zimmer geteilt hatten, ging Ila Mae nach Missouri, um bei ihrer Schwester zu leben. Ich genoß es, eine Weile allein zu wohnen, aber als das Wohnheim immer überfüllter wurde, mußte ich wieder eine Zimmergenossin aufnehmen. Ich bat darum, daß ich mit einer von den ruhigeren, zufriedeneren geistig Zurückgebliebenen zusammenwohnen könnte. Einige unserer neuen Bewohner schienen – wenn sie erst einmal sauber gekleidet und gut ernährt waren – mit ihrer alltäglichen Routine zufrieden und erwarteten nicht mehr. Wenn ich mit einer von diesen zusammenleben könnte, würde ich vielleicht mehr emotionale Energie für das Therapiezentrum freisetzen und könnte vielleicht sogar wieder an einen Schulbesuch denken.

Nach ein paar Monaten kam Arlene nach Sea Ridge. Sie war eine Frau in mittlerem Alter, die bei ihren Eltern gelebt hatte, bis diese unerwartet bei einem Autounfall ums Leben gekommen waren. Arlene war kräftig gebaut und benutzte zu ihrer Fortbewegung die »Rock'n'Roll-Methode«. Wenn sie hin und her schaukelte, bewegte sich ihr Rollstuhl vorwärts. Ihr Gesicht war von Akne bedeckt, und oft brachen die Pickel auf und bluteten. Sie war immer dankbar, wenn eine der Schwestern ihre Haut behandelte. Zudem war ihr Gesicht durch eine schwere Fehlstellung der Kiefer und der Zähne entstellt. Trotz ihres Aussehens war Arlene auf ihre Art jedoch ein richtiger Schatz.

Von mir verlangte sie wenig. Wenn ich ihr nur ihr Lieblingsbuch besorgte, wenn sie es wollte, und mir jeden Morgen etwas Zeit nahm, damit sie mit mir »reden« konnte, dann war sie schon zufrieden.

Ich versuchte ihr beizubringen, wie sie die Glocke benutzen konnte, um eine Pflegerin zu rufen, wenn sie auf die Toilette mußte. Aber Arlene verstand nie den Zusammenhang zwischen dem kleinen Schalter und der Tatsache, daß dann die Pflegerin ins Zimmer kam. Ihr lauter Ruf, mitten in der Nacht, »Mami, ich muß mal aufs Töpfchen!«, schien direkter und bewirkte in der Regel die gewünschte Reaktion.

Arlene war eine faszinierende Person und gab mir eine Menge Fragen auf, die unbeantwortet blieben. Sie hatte einen sehr strengen, selbstauferlegten Tagesablauf, der sie förmlich versklavte. Es gab für alles in ihrem Tagesablauf einen genauen Zeitpunkt – Essen und Trinken eingeschlossen. Sie nahm nie zwischen den Hauptmahlzeiten einen Imbiß oder etwas zu trinken zu sich. Alles, was ihre Routine störte, führte zu einem Riesenspektakel.

Ich entdeckte dies rein zufällig, kurz nachdem sie eingezogen war. Da ich mich aufgrund der Sommerhitze nicht wohlfühlte, besorgte ich mir etwas zu trinken und machte den Fehler, Arlene auch etwas anzubieten. Sie schlug mir das Glas aus der Hand und bekam einen Anfall, der die nächsten acht Stunden anhielt. Die nächsten zwei oder drei Tage begann sie ärgerlich zu schreien, sobald sie mich erblickte. Schließlich fing sie an zu schluchzen und wollte von mir in den Arm genommen werden, was ich gerne tat.

Nach diesem ersten Vorfall beobachtete ich sie genauer und stellte fest, daß sie ärgerlich wurde, sobald ihr Schema bedroht oder ihr Zeitplan nur im kleinsten geändert oder verschoben wurde. Vielleicht war dieser Tagesablauf so wichtig für sie, weil es das einzige war, was sie kontrollieren konnte; das einzige in ihrem kleinen Reich aus Verwirrung und Schmerz, das sie verstand.

Ich verstand die Enttäuschung sehr gut, die man empfindet, wenn man nicht in der Lage ist, sein eigenes Leben zu bestimmen. So konnte ich gut mit Arlene auskommen.

Eines Morgens im Herbst sagte ich zu Arlene: »Ich glaube, ich werde sehen, daß ich wieder auf die High-School gehen kann.« Inzwischen waren fast vier Jahre vergangen, seit mir die Lehrerin im Zentrum gesagt hatte, ich sei für ihren Stoff noch nicht reif genug. Nun wollte ich es erneut versuchen.

Arlene schien meine Pläne zu befürworten. Sie hob ihre Stimme vor Freude, wie immer, wenn sie etwas Aufmerksamkeit bekam. Je mehr ich ihr erzählte, um so lauter und schneller babbelte sie, bis sie so begeistert war, daß sie nur noch Tränen vergoß.

»Arlene, du alte Heulsuse!« neckte ich sie, während ich mich erhob und sie umarmte. Ich fragte mich wirklich, wen von uns beiden das Schicksal wohl schlimmer ausgetrickst hatte. War es Arlene, die so hilflos, aber doch auch so liebevoll und unschuldig war und ihre Lebensumstände so bereitwillig akzeptierte? Oder hatte mir das Schicksal den böseren Streich gespielt, indem es meinen intakten Geist, der verstehen und träumen konnte, in einen nicht funktionierenden Körper gesteckt hatte, der mich davon abhielt, meine Träume zu verwirklichen?

Nachdem ich Arlene umarmt hatte, ging ich an meine tägliche Arbeit ins Zentrum. Als ich mit der Lehrerin sprach, überraschte mich ihre freudige Reaktion. Mrs. Roberts sagte, sie habe mich schon seit geraumer Zeit zurückerwartet. Obwohl sie, was meine emotionale Reife anging, noch einige Bedenken hatte, war sie nun zuversichtlich, daß ich mit Erfolg an ihrem Unterricht teilnehmen könnte.

Mrs. Roberts war ein ungewöhnlicher Mensch. Sie war bei katholischen Nonnen aufgewachsen, doch nun bekannte sie sich voll Eifer zum Atheismus. Sie nahm sehr leicht Anstoß an meinem Glauben und sagte mir dies auch, sooft dieses Thema aufkam. Sie versuchte, ihre Klasse zu führen, als sei diese ein Modell der uns umgebenden Welt. Sie sagte ihren Schülern, sie würden nicht immer im Schutz des Zentrums leben, und daher erwartete sie von uns, daß wir uns wie erwachsene Männer und Frauen benahmen. Obwohl ich oft ein gespanntes Verhältnis zu ihr hatte, war sie an sich eine ausgezeichnete Lehrerin; manchmal streng und anspruchsvoll, aber auf ihre eigene, strenge Art mitfühlend.

Ständig stand sie mit der Verwaltung des Zentrums auf Kriegsfuß. Sie war der Meinung, wir sollten für die Zeit, die wir in der Schule verbrachten, bezahlt werden. Schließlich erhielten wir ja auch Lohn für die Arbeit in den Werkstätten. Mit dem Argument, daß die Erziehung im Zentrum allererste Priorität haben solle, meinte sie, daß es für uns ein Anreiz wäre, wenn wir für die Unterrichtszeit Geld erhielten – ein Anreiz, der schließlich jedem im Zentrum zugute käme. Doch sollte sie diesen Kampf nicht gewinnen.

Ein weiterer Kampf, zu dem sie sich fest entschlossen hatte, war, mir Mathe beizubringen. Sie sagte mir, sie würde nur zu gern die weitverbreitete Meinung widerlegen, daß Menschen mit Zerebralparese schwerwiegende Probleme mit der Bewältigung von Rechenaufgaben hätten. Ich meinte zu ihr, daß sie diese Theorie durch mich wohl nie wird widerlegen können.

Wie üblich kam ich in den Fächern, die Lese- und Schreibfertigkeiten verlangten, gut zurecht, aber mit Mathe hatte ich weiterhin zu kämpfen. Doch als ich dann bei der Abschlußprüfung eines Pflichtkurses in Wirtschaftskunde eine Eins erzielte, war Mrs. Roberts perplex. Wie konnte es sein, daß ich in einem Wirtschaftsfach, das Mathe einschloß, so gute Ergebnisse erzielen und mich gleichzeitig mit dem gewöhnlichen Matheunterricht so schwertun konnte?

Ich erzählte ihr, daß mein Bruder Bob ein eigenes Bauunternehmen leite und daß meine Schwester Elizabeth seine Bücher führe und oft seine Unternehmungen mit mir besprochen habe. Durch diese Informationen entdeckte Mrs. Roberts mein Lernmuster. Ich bekam immer dann Interesse an konkreten mathematischen Überlegungen, sobald ich sie im Zusammenhang meines eigenen Lebens verstehen konnte. Von da an überlegte sie sich Problemstellungen, die mit Mathe zu tun hatten und denen ich in meinem Alltag womöglich tatsächlich begegnen konnte. Sie ließ mich die Breite eines Stücks Sackleinen berechnen, das ich tatsächlich in meinem Werkunterricht verwenden konnte. Oder sie fragte mich, wie viele Umschläge ich in der Werkstätte in einer bestimmten Zeit reinigen konnte, wenn ich drei in fünf Minuten schaffte.

Mit der geduldigen Hilfe von Mrs. Roberts konnte ich bald Bruchrechnungen für die fünfte Klasse lösen. Dennoch blieb sie besorgt, denn ich brauchte noch weitere Punkte in Mathe, um erfolgreich abschließen zu können, und unsere fortwährenden Bemühungen in Mathematik sahen nach einer von vornherein verlorenen Schlacht aus.

Anders als bei meinen früheren Versuchen in Mathe, verlor ich diesmal nicht die Geduld mit mir. Ich schaffte es, mein Ziel hinreichend im Blick zu behalten, um mich wieder aufzurappeln und zu erkennen, daß ich in allen anderen Fächern gute Ergebnisse erzielte. Ich lernte es sogar zu schätzen, daß ich einen so anspruchsvollen Richter wie Mrs. Roberts hatte, die meine Arbeiten kritisch betrachtete. Ich lernte, mich von meinen eigenen Worten zu distanzieren, so zu tun, als sei ich ein Leser, der nichts über den Autor weiß, und mein eigenes Werk zu beurteilen. Hatte es genügend Tiefe? Ergab es Sinn? Würde ich nach dem ersten Absatz Lust haben weiterzulesen?

Bald lobte Mrs. Roberts meine Objektivität. Sie meinte, es zeige, wie sehr ich an Reife gewinne. Eines Nachmittags machte sie mich auf eine ungeschickte Formulierung in einem Aufsatz aufmerksam und bat mich, diese noch einmal zu überarbeiten. Zwei Stunden später kam sie von ihrem Pult zu mir herüber, während ich immer noch arbeitete. Als sie sah, daß ich den Satz neunzehnmal umformuliert hatte und immer noch nicht zufrieden war, lachte sie und rief aus: »Na, wenn du keine Schriftstellerin bist!«

Bei ihren Worten wuchs ich um mindestens fünf Zentimeter.

Nun, da ich wieder den Unterricht besuchte, fand ich mich leichter mit den Bedingungen im Pflegeheim ab. Ich hatte wieder Sinn und Richtung gefunden. Ich bewegte mich auf ein Ziel zu.

Meine Schwester Elizabeth hatte recht. Sie hatte mich gewarnt, daß ich aufgeben und in das System, das mich umgab, hinuntergezogen werden könne. Oder daß ich den leichten Weg wählte und mich mit dem Lehrstoff des Zentrums zufriedengäbe. Sie konnte manchmal sehr direkt sein: »Verschleudere deine Zeit nicht mit kaltem Kaffee. Ich schlage vor, du machst dich auf die Socken und kümmerst dich um eine ordentliche Schulbildung. Es ist mir egal, wie du dazu kommst oder ob du je aufs College gehen wirst, aber du mußt dir Ziele suchen, die über das Pflegeheim und das Zentrum hinausgehen. Falls du's nicht tust, kann ich dir garantieren, daß es dir irgendwann leid tun wird.«

Zwei weitere Jahre in Richtung Ewigkeit verflossen. Eines Tages im Frühjahr fragte ich Mrs. Roberts, ob wir nicht die Zielsetzungen für meinen Unterricht neu besprechen könnten. Ich wollte mir meine Schulzeugnisse ansehen und eine Perspektive entwickeln in bezug auf das, was ich noch erreichen müsse. Da ich meine Aufgaben für diesen Tag erledigt hatte und Mrs. Roberts meinte, es werde eine Weile dauern, bis sie alle meine Zeugnisse herausgesucht habe, ging ich zur Arbeit und sagte, ich würde mich morgen wieder bei ihr melden.

Später, am gleichen Nachmittag, rief mich Mrs. Roberts ins Klassenzimmer zurück. Sie sagte, sie wolle nicht länger warten, mir die gute Nachricht zu überbringen. »Du mußt nur noch zwei weitere Kurse belegen, um deinen Abschluß zu machen«, verkündete sie mir. »Und was mich betrifft, kannst du die Lehrbücher durchlesen und die Abschlußprüfungen machen.«

Ich konnte es nicht glauben! Wie konnte es sein, daß ich so viele Voraussetzungen erfüllt hatte, ohne zu merken, wie nahe ich dem Ziel war? Mrs. Roberts lachte und erinnerte mich daran, daß ich lange Zeit stetig vor mich hin geschuftet hatte. Und die beste Nachricht war, daß die Prüfungskommission gerade die allgemeinen Anforderungen in Mathematik gesenkt hatte. Ich hatte bereits genügend Mathe hinter mich gebracht, um mein Abschlußzeugnis zu bekommen.

Also war es wahr. Ich mußte nur noch zwei Texte lesen und die Prüfung bestehen. »Du fängst besser gleich damit an«, meinte Mrs. Roberts und drückte mir die Bücher in die Hand. »Ich hab's satt, dein verdutztes Gesicht anzuschauen.«

Bald nach meiner Ankunft in Sea Ridge hatte ich damit begonnen, eine nahegelegene Kirche zu besuchen, die mir Freunde in Alaska empfohlen hatten. Meine Sonntagsausflüge zum Gottesdienst boten mir die einzige Möglichkeit, den engen Begrenzungen meiner täglichen Umgebung zu entfliehen. Lloyd und Betty, der junge Pastor und seine Frau, waren Freunde geworden, die mich ermutigten und unterstützten.

So war es das erste, was ich tat, Lloyd und Betty anzurufen, um ihnen mitzuteilen, daß sie es bald mit einer erfolgreichen High-School-Absolventin zu tun haben würden. Mrs. Roberts ließ mich das Telefon in ihrem Büro benutzen. Ich konnte Bettys freudiges Gesicht am anderen Ende der Leitung förmlich hören. »Na, das ist doch was«, rief sie mit ihrem Südstaatenakzent aus. »Ich wußte immer, du würdest es schaffen.« Sie sagte mir, sie wolle alles genau erfahren und werde später im Pflegeheim vorbeischauen und mir dabei helfen, die Füße wieder auf den Boden zu bekommen.

Als ich an diesem Nachmittag wieder nach Sea Ridge zurückkehrte, umarmte ich Arlene herzlich aus lauter Dankbarkeit darüber, daß sie nur geliebt sein wollte und so wenig von mir verlangt hatte. Sie hatte sogar friedlich geschlafen, wenn ich mitten in der Nacht noch auf meiner Schreibmaschine gehämmert hatte. Daß Arlene meine Zimmergenossin geworden war, hatte wirklich einiges ausgemacht.

Als Betty kam, bat ich sie, Mom und Pappy anzurufen. Mom

neckte mich mit ihrem typischen neunmalklugen Tonfall: »Ach, erzähl mir keine Märchen! Du kannst deinen High-School-Abschluß nicht machen. Man erwartet von dir, daß du völlig verblödet bist. Aber ich sollte mich nicht wundern. Du hast noch nie das getan, was man von dir erwartet.«

Mom war mehr als stolz. Sie versprach, daß sie und Pappy zu den Abschlußfeierlichkeiten kommen würden.

Nachdem ich der einzige Abiturient des Zentrums in diesem Frühjahr war, feierten wir genauso, wie ich es mir wünschte. Auf meine Bitte hin, lud das Zentrum Lloyd als Redner ein. Eines der Lieder, die ich aussuchte, war der bekannte Choral »Ein feste Burg«, denn er erinnerte mich an die Anne-Carlsen-Schule und an die lutherische Lehre, die mich in meinem Herzen immer noch bewegte.

Ich bekam mein Abschlußzeugnis an einem herrlichen Juninachmittag in Seattle überreicht. Ich hatte mich nie lebendiger gefühlt. Lloyd sprach von meinem Vertrauen in Christus und daß dies das Fundament für mein Verlangen war, das Beste aus meinem Leben zu machen. Ich hoffte, Mrs. Roberts hörte gut zu.

Als Lloyd geendet hatte, schoben mich Mom und Pappy nach vorne, wo ich mein Abschlußzeugnis entgegennahm. Ich war so aufgeregt, daß Mom meine Faust aufstemmen und das Zeugnis in meine Hand legen mußte. Alle meine Freunde lachten, denn sie verstanden mich.

Kapitel 18

Erste Flugversuche

Es war im Jahr 1972. Mit siebenundzwanzig hatte ich die HighSchool abgeschlossen, nachdem ich acht Jahre im Pflegeheim gelebt hatte.

Mein Bruder Ken hatte nicht nach Seattle kommen können, um dabei zu sein, als ich mein Zeugnis überreicht bekam. Deshalb schickte er mir als Geschenk zum gelungenen Abschluß ein Rückflugticket nach San José, Kalifornien, und lud mich ein, ihn und seine Familie einen Monat lang zu besuchen. Er sagte, er wolle nicht, daß seine vier Kinder erwachsen würden, ohne ihre Tante kennengelernt zu haben.

Kens Frau, Carmie, holte mich vom Flugzeug ab. Vier schelmisch dreinblickende, neugierige Augenpaare starrten mich an, als Carmie meinen Rollstuhl ins Abfertigungsgebäude schob. Nach nur wenigen Sekunden, in denen wir uns vorgestellt wurden, diskutierten meine Nichten und Neffen schon, wer was für mich tragen dürfe.

Am Nachmittag meinte ich zu Carmie, ich würde ihr gerne helfen, den Tisch fürs Abendessen zu decken. Dies sollte die erste richtige Mahlzeit sein, die ich mit Ken zusammen einnahm, und ich wollte, daß es etwas Besonderes wird. Bis ich gelernt hatte, selbständig zu essen und mit der Familie an einem Tisch essen konnte, war Ken schon erwachsen gewesen und von zu Hause fortgegangen. Ich legte eine Tischdecke auf und stellte Blumen auf den Tisch, und Carmie holte ihr bestes Service und das Tafelsilber heraus.

Während ich mit dem Tischdecken beschäftigt war, schneiten die Kinder eins nach dem anderen vom Spielen herein. Alle schauten mich an und gingen dann in die Küche, um ihrer Mutter dieselbe Frage zu stellen: »Warum deckt sie das gute Zeugs auf?«

Nach der vierten solchen Nachfrage trieb Carmie die Kinder

zusammen. »Ich möchte, daß ihr genau zuhört, denn ich werde dies nur einmal sagen«, kündigte sie streng an. »Wenn ihr wissen wollt, was eure Tante Carolyn tut, dann werdet ihr sie selbst fragen müssen. Und wenn ihr nicht versteht, was sie sagt, wird sie es gerne so oft wiederholen, bis ihr verstanden habt. Eure Tante ist eine tolle Frau, und ihr müßt lernen, euch mit ihr zu unterhalten.«

Und das taten die Kinder auch von nun an. Sie blieben an mir kleben, bis sie jedes Wort verstanden, das ich gesagt hatte. Als Ken schließlich von der Feuerwache nach Hause kam, hatten wir bereits einen Mordsspaß, redeten und lachten über meine sprachlichen Treffer und Fehlschüsse.

Ken hatte sich verändert, seit ich ihn das letzte Mal gesehen hatte. Er wurde langsam grau. Und er trug einen auffälligen Schnauzbart, der auszurufen schien: »Damit das ja keiner vergißt: Ich bin hier der Boß!« Ein Paar regenbogenfarbene Hosenträger zeugten zudem davon, daß er ein echtes Original war.

Er bombardierte mich mit Fragen. »Was wirst du als nächstes tun? Aufs College gehen? Erzähl mir von zu Hause. Und vom Zentrum. Was für Pläne hast du für deine Zukunft?«

Ich antwortete so ehrlich, wie ich nur konnte. Ich gab zu, daß das Pflegeheim und das Zentrum nicht ganz das waren, was ich mir erhofft hatte, aber daß es, meines Wissens nach, die beste Einrichtung an der Westküste war, um mir überhaupt die Hoffnung auf ein sinnvolles Leben zu geben. Es hatte lange gedauert, aber nun hatte ich das Gefühl, eine echte Perspektive zu haben. Zu Hause in Alaska war ich ganz auf Null zurückgeworfen worden, sei es durch Unwissenheit oder durch die Umstände.

Ken lachte. »Wie? Du magst den Nullpunkt nicht?« Als ich grinste und den Kopf schüttelte, meinte er: »Ich sag dir was, ich kann's dir nicht verübeln.«

Wir hatten uns kaum zum Essen an den Tisch gesetzt, als ich plötzlich ein lautes, imitiertes Motorengeräusch hörte. »Wruum, wruuuum«, gefolgt von dem Lärm quietschender Bremsen und einem weiteren Blitzstart. Ich schielte zu Kenny junior herüber und seinem Bruder Danny, weil ich dachte, sie hätten es nicht ausgehalten, sich ganze fünf Minuten zivilisiert zu benehmen. Aber sie starrten nur zu ihrem Vater herüber und grinsten. Der hatte, wie ich jetzt bemerkte, meinen Speziallöffel mit dem lenkerähnlichen Griff konfisziert und steuerte nun eine unsichtbare Harley-Davidson auf einem ebenso unsichtbaren Highway entlang.

Carmie befahl ihm, mir den Löffel zurückzugeben, und tadelte ihn, weil er sich bei unserem ersten gemeinsamen Abendessen einen Spaß mit mir erlaubte. Ken hörte auf und zwirbelte nachdenklich an seinem Bart: »Ist das wirklich unser erstes gemeinsames Abendessen?« Als ich ja sagte, gab er mir den Löffel zurück. Aber im nächsten Moment schnappte er ihn sich wieder, legte ihn weit weg und meinte, er werde ihn nicht zurückgeben, denn er wolle wissen, wie lange es dauern würde, bis ich die Geduld mit ihm verlöre.

Ich wandte mich Carmie zu und sagte ihr, es sei nicht zu übersehen, daß sie keinen leichten Job hätte mit fünf Kindern, von denen sich eines als Erwachsener verkleidet hatte. Sie lachte und meinte zu Ken: »Deine Schwester hat dich schon genau durchschaut. Eine kluge Frau.«

Ken schaute verdrießlich drein und gab mir meinen Löffel. Ich nahm ihn und murrte, daß meine Kartoffeln kalt würden.

Diese im Spaß gemeinte Situation beim Abendessen wurde von Kens Kindern genau registriert: Man darf sich mit Tante Carolyn einen kleinen Streich erlauben. Am nächsten Morgen bemächtigte sich Danny, ein sommersprossiger, rothaariger Neunjähriger, der aussah wie die Vorlage für einen der Cherubim an der Decke der Sixtinischen Kapelle, meiner Aktenmappe und sagte: »Tschüs, Tante Carolyn.« Dann rannte er zur Haustür.

»Wohin gehst du?« wollte ich wissen.

Er antwortete beiläufig: »Ach, ich trage nur diesen Schrott hier zur Mülltonne.«

Ich sagte ihm, er solle die Mappe lieber fallen lassen, bevor ich ihn mir schnappte und ihn mit meinem Rollstuhl über den Haufen führe. Als er weiter auf die Tür zuging, griff ich an. Er gab erst in letzter Sekunde auf, wobei er sich eine Standpauke von Carmie einhandelte, die ihn fragte, warum er mich ständig ärgere und mir das Leben so schwer mache. Seine schlichte Verteidigung ließ mir das Herz aufgehen: »Weil ich Tante Carolyn mag! Und es macht Spaß, sie zu ärgern!«

Ein andermal beging ich den Fehler, meinen Rollstuhl im Flur stehenzulassen, als ich auf die Toilette ging. Als ich fertig war, war mein Rollstuhl verschwunden. Carmie machte sich auf die Suche und entdeckte, daß die Kinder ihn mit nach draußen genommen hatten und ihren Freunden 10 Cents für eine Probefahrt abknöpften.

Eines Tages fuhr mich Carmie, während Ken bei der Arbeit war, hinaus nach Santa Cruz, um zu sehen, wo Gaga und ich gelebt hatten. Es war ein Wochentag, und so sah der Strand genauso leer und verloren aus wie in meiner Erinnerung. Aber es waren zwanzig Jahre vergangen. Nun schienen die Wellen kleiner zu sein. Und die Hütte, in der wir gewohnt hatten, sah ohne die Blumen unter den Fenstern alt und nackt aus. Wieder verliebte ich mich in die friedliche Einsamkeit dieses Ortes. Ich erinnerte mich an die dunklen Wintertage, wenn der Regen sich mit dem Grollen der Wellen mischte und der Küste eine Atmosphäre voller Geheimnisse und Macht verlieh. Ich erinnerte mich an Gaga.

Selbst die traurigen Erinnerungen waren schön.

Ich ging nach Seattle zurück und war gerührt und ermutigt von der erneuerten Beziehung zu Ken und seiner wunderbaren Familie und von den Worten meines Bruders beim Abschied. Ken meinte, ich könne alles erreichen, was ich wolle, wenn mir die Menschen um mich herum genug Zeit und Freiraum ließen und mir nicht im Weg stünden. »Und wenn du mal etwas brauchst, egal was«, sagte er zu mir, »dann laß es mich wissen. Ganz im Ernst.«

Er stand zu diesen Worten, als wenige Monate später meine alte Schreibmaschine ihren Geist aufgab. Ken schickte mir eine neue.

Wir, die wir im UCP-Zentrum arbeiteten, betrachteten es als *unser* Zentrum. Es war von den Eltern einiger der hier arbeitenden Angestellten gegründet worden, damit ihre behinderten Kinder einen Platz hatten, an dem sie arbeiten konnten. Sie brauchten einen Ort, dem sie sich zugehörig fühlen und wo sie einen Beitrag für eine Gesellschaft leisten konnten, die noch nicht reif genug war, Behinderte zu akzeptieren. Viele, die ins Zentrum kamen, glaubten, es könnte alle ihre Bedürfnisse für alle Zeiten stillen. Es war ein sicherer und vertrauter Ort. Vielleicht zu sicher und zu vertraut.

Wie das Pflegeheim geriet auch das Zentrum in schwere finanzielle Nöte. Und wie beim Pflegeheim halfen staatliche und bundesstaatliche Stellen mit Geldmitteln aus der Patsche. Aber an das Geld waren viele Fallstricke geknüpft. Die Veränderungen überrannten das Zentrum wie ein Bulldozer. Wer von uns in den Werkstätten arbeitete, wurde nach der jeweiligen Leistung eingestuft. Wenn wir unter einen vorgegebenen Standard fielen, wurde unsere Arbeitszeit reduziert, und wir verbrachten den Rest unserer Zeit in einer Abteilung, die sich Entwicklungsförderungszentrum nannte. Dort trainierten wir unsere Fähigkeiten im Zusammenleben.

Das neue System veränderte auch mein tägliches Privatleben massiv. Da am Zentrum keine Physiotherapie mehr angeboten wurde, mußte ich diese nachmittags, wenn wir nach Hause kamen, im Pflegeheim erhalten. Die gesteigerten Ansprüche und das schnellere Tempo erschöpften mich so sehr, daß ich abends oft bei den Nachrichten einschlief und erst wieder aufwachte, wenn es schon zu spät war, um zu schreiben oder etwas anderes zu tun. Das neue System beanspruchte mehr und mehr von meiner Energie und ließ mir immer weniger Möglichkeiten, meine eigenen Ziele zu verfolgen.

In den stillen Augenblicken im Pflegeheim versuchte ich mich davon abzuhalten, mit Bitterkeit und Ablehnung auf die Veränderungen zu reagieren, die meine gewohnte Identität als »Angestellte in den Werkstätten« veränderte und mir neue, ungewohnte Situationen aufzwang. Dennoch gab es Dinge, die mir an der Gruppentherapie im Zentrum gefielen. So wurden uns Nachrichtenmagazine vorgelesen, und wir hatten politische Diskussionen, die mein Denken anregten und mich davon überzeugten, dem neuen System eine Chance zu geben. Ich wollte wirklich weiterkommen. Vielleicht war es ein notwendiger Teil dieses Prozesses, daß ich lernen mußte, Veränderungen besser zu akzeptieren.

Eine weitere Veränderung in meinem Denken wurde von einem Einzelereignis eingeleitet, das ungefähr zur selben Zeit stattfand. Eines Tages lud mich einer der freiwilligen Helfer im Zentrum zu einer speziellen Vorstellung mit liturgischen Tänzen ein, die im Entwicklungsförderungszentrum stattfand. Ich hatte nie von Tanzen im Gottesdienst gehört, obwohl ich mich an die biblische Erzählung von König David erinnerte, der vor Freude vor der Bundeslade tanzte. Dennoch wurde Tanzen in den Kirchen, die ich besuchte, als Sünde abgetan.

Ich war neugierig. So beschloß ich, die Sache nicht automatisch zu verurteilen. Vielleicht konnte ich meinen geistlichen Horizont erweitern, indem ich mir diese außergewöhnliche Vorstellung anschaute. Männliche und weibliche Darsteller waren in einfache, wallende, weiße Roben gekleidet und tanzten zu dem Kirchenlied »Jesus, du Freude allen Verlangens«. Ihre Bewegungen erschienen mir als Höhepunkt an Größe und Eleganz. Ich verlor mich ganz in der Schönheit dieses Augenblicks und wußte, daß Gott sich über ihre Darbietung nur freuen konnte. Und ich glaube zutiefst, daß diese bewegende Erfahrung mich zum ersten Mal auf den Gedanken brachte, daß da mehr sein mußte an Gott und an den Dingen, die mit ihm zu tun hatten, als ich bisher in meiner engen und begrenzten Beziehung zu ihm verstanden hatte. Ich war jedoch vielleicht zu sehr von den körperlichen Anforderungen des täglichen Lebens vereinnahmt, um dem geistlichen Wachstum viel Zeit oder Energie zu widmen.

Um meinen bleibenden Traum, Schriftstellerin zu werden, weiter zu verfolgen, schrieb ich mich für das Seminar »Englisch 101« an einem örtlichen College ein. Doch das College war eine fremde, neue Welt. Alle meine bisherigen Bildungserlebnisse hatten in einer besonderen Umgebung stattgefunden, wo man meine Behinderung in Rechnung gestellt hatte. Das war am College anders.

Es war mir nie in den Sinn gekommen, daß ein College verschiedene, über ein riesiges Gelände verstreute Gebäude hatte. Ich fühlte mich an meinem ersten Vorlesungstag verängstigt, allein und völlig fehl am Platz. Es gab niemand, der meinen Rollstuhl schob. Niemand stellte noch einmal sicher, daß ich meine Aufgaben für die nächste Vorlesung aufgeschrieben und sicher in meinem Heft verwahrt hatte, damit ich sie wieder herausholen konnte, wenn ich zu Hause war.

Die erste große Aufgabenstellung für das Seminar lautete, 50 Zeilen freier Verse sowie einen Erzähltext niederzuschreiben. Beide Arbeiten sollten kopiert und an jeden Teilnehmer verteilt werden, damit wir unsere Arbeiten gegenseitig beurteilen konnten. Das schien durchaus im Bereich meiner Möglichkeiten, und so begann ich an diesem Nachmittag, nachdem ich ins Pflegeheim zurückgekehrt war, eifrig mit meiner Arbeit.

Wie sich herausstellte, machte der Dozent »Englisch 101« zu einem Kurs in »kreativem Schreiben«, so daß mir alle meine Aufgaben viel Spaß bereiteten. Ich schrieb Gedichte über Gärten und über das Wachstum der Persönlichkeit. Ich schrieb einige Texte über das Leben einer Familie auf einer Farm – jemand versuchte, dieser Familie durch Betrügereien ihren Besitz zu nehmen, aber sie gewannen vor Gericht, und das Land wurde ihnen zugesprochen. Ich bekam eine Eins für dieses Seminar, und einige meiner Mitstudenten meinten, ich sollte meine Geschichte zur Veröffentlichung einschicken.

Im Wintersemester belegte ich einen weiteren Englischkurs – Interpretationen. Aber ich schrieb nie die Art von Texten, die der Dozent verlangte, daher hatte ich hier ziemlich zu knabbern. Mein akademischer Berater fand einen Studenten, der mir helfen sollte, aber ich mußte den Kurs wiederholen, um eine Zwei zu bekommen.

Während dieses gesamten ersten Jahres bekam ich eine befristete Stelle als studentische Hilfskraft, die von mir verlangte, daß ich für die Collegezeitung einen Artikel über Bildungschancen für Behinderte schrieb. Ich verfaßte auch einen Handzettel über die Mittel, die den Behinderten auf dem College zur Verfügung standen. Außerdem katalogisierte ich alle Vorlesungsverzeichnisse, die es in der Collegebücherei gab. Ich verdiente genug Geld, um meine beiden Seminare zu bezahlen, aber als das Jahr um war, konnte das College keine solchen Jobs mehr für mich finden.

Obwohl ich zufrieden darüber war, unter Beweis zu stellen, daß ich mit den akademischen Anforderungen am College zurechtkam, überwältigten mich die alltäglichen logistischen Probleme doch beinahe. Ich mußte zum Campus und wieder zurück kommen, mich auf dem Collegegelände selbst bewegen und jemanden finden, der für mich eine Mitschrift machte. Jedes Semester galt es, die gleichen Probleme von neuem zu lösen. Am Ende des Jahres war ich so entmutigt, daß ich meinen Traum vom akademischen Abschluß aufgab. Ich würde nie Schriftstellerin werden. Was ich eigentlich brauchte, war ein Job.

Während ich versuchte, diese Pläne optimistisch zu sehen, war ich im verborgenen doch wütend auf Gott und von ihm enttäuscht. Ich betete, daß er die Bitterkeit wegnehmen möge, und versuchte, sie zu verleugnen. Unfähig, meine Wut abzuschütteln, fühlte ich mich nur noch miserabler über mein Versagen und mich selbst.

Um diese Zeit herum wurde ein neues Zentrum für Behinderte in Seattle eröffnet. Als einer der Leute, die für dieses Zentrum warben, Sea Ridge besuchte, schlug er vor, ich solle es mir doch einmal ansehen. Was ich sah, gefiel mir, und einige Tage später begann ich im *Crestview Development Center* zu arbeiten.

Das Zentrum war in einer ehemaligen Schule untergebracht, umgeben von Bäumen und Rasenflächen. Hinter dem Gebäude befand sich ein mit Kieselsteinen bedeckter Schulhof und dahinter ein Waldstück. Ich liebte die ruhige, einsame Atmosphäre dieses Ortes, aber was mich zunächst beeindruckte, war die Tatsache, daß der Bus des Zentrums immer pünktlich war. Anders als beim willkürlichen Fahrplan des UCP-Zentrums, gab mir diese Betonung auf Pünktlichkeit in Crestview das Gefühl, wichtig und geachtet zu sein.

Die Werkstätte war kleiner, und so konnten sich die Mitarbeiter für jeden individuell Zeit nehmen. Unsere Hauptarbeit war, Kopfhörer, die von Fluggästen benutzt worden waren, zu reinigen und in Tüten zu verpacken. Nur einige der Angestellten in Crestview waren körperlich behindert. Ich war die einzige, die nicht mit geistiger Behinderung zu kämpfen hatte.

Da es regelmäßig zu Kämpfen und Streitereien unter den Angestellten kam, war die Atmosphäre in der Werkstätte fast immer emotional aufgeladen. Obwohl dieser ständige Konflikt mich beunruhigte, lernte ich doch bald, daß die meisten, mit denen ich zusammenarbeitete, sich verzweifelt danach sehnten, berührt und umarmt zu werden. Das konnte ich tun, und so verteilte ich während der Pausen regelmäßig Umarmungen und Liebkosungen.

Die Mitarbeiter des Zentrums behandelten mich mit Respekt, und da ich eine gute Zuhörerin war, teilten sie mir sogar ihre Sorgen und Enttäuschungen über ihre Arbeit mit. Ganz besonders gefielen mir die vielen Ausflüge, die wir vom Zentrum aus unternahmen. Mein Rollstuhl war schwer und bedeutete zusätzlichen Aufwand, aber die Mitarbeiterinnen zeigten sich stets erfreut, mich zu einer Kunstausstellung, zum Mittagessen oder zum Einkaufen mitzunehmen.

Eine professionelle Tanzlehrerin unterrichtete einmal pro Woche am Zentrum. Ich beobachtete mit Verwunderung, wie manche der passivsten, verschlossensten Arbeiter im Zentrum durch die Musik zum Leben erweckt wurden. Ich werde mich immer an Vernel erinnern, einen schwerstbehinderten Mann, der die Statur eines Tänzers besaß. Er hatte nie tanzen gelernt und war seit seiner Kindheit in Behindertenheimen untergebracht worden. Aber er hatte die Gabe zu tanzen. Er liebte es, frei zu tanzen, und bewegte sich mit einer erstaunlichen, perfekten Eleganz. Es war, als würde er beim Tanzen in eine andere Welt hinübergleiten, eine Welt, in der er heil war.

Auch ich tanzte. Ich bat um eine Ballettstange – und das Zentrum ließ sie anbringen –, an der ich mich festhalten und im

Takt der Musik wackeln konnte. Das war mein ganzes »Tanzen«. Aber ich war begeistert davon. Und in meinen wildesten Träumen sah ich mich als bezaubernde Ballerina.

Der Sommer wich dem Herbst, und die Lehrer von Crestview kehrten zurück, um denen Unterricht zu geben, die den Kampf aufnehmen wollten, etwas zu lernen. Als ich meinem Berater gesagt hatte, ich wolle etwas tun, womit ich meine schriftstellerischen Fähigkeiten entwickeln könne, gab mir die Lehrerin die Aufgabe, Lehrmaterial für ihren Unterricht vorzubereiten. Wir benutzten abgestufte Vokabellisten und schrieben Geschichten auf Erstkläßlerniveau (oder auf welchem Niveau auch immer) für diejenigen, die etwas lesen wollten, das ihre Auffassung oder ihre Würde nicht verletzen würde.

Einige wenige Male vertraute mir die Lehrerin die Aufgabe an, in ihrer Abwesenheit den Unterricht zu übernehmen. Manche Schüler kamen dann nicht, weil ich nicht »die richtige« Lehrerin war oder weil es ihnen schwerfiel, mich zu verstehen. Aber andere kamen, und so konnte der Unterricht stattfinden.

Ich entwickelte gewisse Fähigkeiten, zu unterrichten und lernte gleichzeitig einige wichtige Lektionen von meinen Schülern. Einige der jungen Männer wollten unbedingt lesen lernen. Wenn es ihnen nicht gelang, hauten sie auf den Tisch oder rannten sogar völlig frustriert aus dem Zimmer. Ich war bewegt von ihrer enormen Sehnsucht danach, zu lernen. Und ihre beispielhafte Entschlossenheit forderte mich heraus, erneut ernsthaft darüber nachzudenken, ob ich nicht wieder aufs College gehen sollte.

In Sea Ridge begegnete ich einem weiteren Problem. Über die Jahre hinweg waren Arlenes Anfälle bei jeder Störung in ihrem Zeitplan schlimmer und schlimmer geworden. In ihrer zunehmenden Depression wollte Arlene immer mehr in meiner Nähe sein, und das zu den ungünstigsten Tageszeiten. Manchmal saß sie nur still neben mir und streckte mir ihre

Hand hin, damit ich sie festhielt. Wenn ich ihr meine Hand reichte, dann nahm sie sie, legte ihren Kopf hinein und brach dann schluchzend zusammen.

Sie zeigte deutlich, wenn sie wollte, daß ich meinen Arm um sie legte und ihr meine Liebe zeigte. Sie drückte sich auch weiterhin durch Babbeln aus, aber wenn sie nun merkte, daß ich sie nicht verstand, weinte sie wirklich. Sie konnte im Spaß so tun, als ob sie weine, doch diese Tränen waren echt und verzweifelt, voll von aufgestautem Schmerz und Trauer. Manchmal weinte ich mit ihr, weil ich ihre Niedergeschlagenheit spürte. Es tat weh, sie so verloren und allein in ihrem sprachlosen Verlies zu sehen.

Nach und nach wurde Arlene immer mehr durch ihren Schmerz und ihre Depression isoliert – selbst von mir. Stundenlang saß sie in ihrem Rollstuhl, den Kopf gesenkt, und sah aus wie die letzte übriggebliebene Frühlingsprimel. Ich mußte zusehen, wie sie in ihrer eigenen Verzweiflung unterging, aber ich hatte keinen Rettungsring, den ich ihr hätte zuwerfen können. Alles was ich tun konnte war, sie zu lieben und zu versuchen, ihr zu zeigen, daß sie mir etwas bedeutete.

Arlenes Familie, die Betreuer und ich kamen überein, daß es das Beste für alle Beteiligten wäre, wenn sie in einem anderen Flügel des Heims untergebracht würde, wo man ihr einen strukturierten und gleichmäßigeren Tagesablauf ermöglichen konnte. Zu diesem Zeitpunkt konnten ihre Anfälle bereits den ganzen Tag andauern.

Ich wußte, diese Entscheidung war das Beste. Ich brauchte Abstand von den Anforderungen, die Arlene an mich zu stellen begonnen hatte. Trotzdem fühlte ich mich, als hätte ich eine hilflose Freundin aufgegeben. Ich schämte mich.

Ich wußte, ich würde Arlene vermissen. Was ich nicht wußte, war, daß ihr Abschied den Weg frei machen würde für eine der bedeutsamsten und innigsten Beziehungen meines Lebens.

Kapitel 19

Die Elfe und der Nachtwächter

Donna war das erste »Baby« in Sea Ridge. Obwohl sie sieben Jahre alt war, hatte sie etwa die Größe einer Einjährigen. Sie mußte wie ein Kleinkind gepflegt werden. Donna aß mit Hilfe eines Schlauchs, der durch ihre Nase eingeführt wurde, weil sie nie gelernt hatte zu schlucken. Ihr flaumiges Gewirr von braunen Haaren ließ sich so unmöglich kämmen wie ein Wattebausch. Lange dicke Wimpern betonten ihre großen, hübschen braunen Augen. Doch diese blickten ins Leere, ohne Glanz oder Bewußtsein. Selbst wenn sie ihr klagendes Kindergeschrei darbot, erschien Donnas Gesicht ausdruckslos und verriet keine Gefühle.

Bevor Donna nach Sea Ridge kam, hatte sie sich die Hüfte gebrochen. Daher lag sie die ersten Tage nach ihrer Ankunft in einem Karren neben dem Schwesternzimmer. Die Schwestern hatten ihren fast den ganzen Körper bedeckenden Gips mit einem Geschirrtuch zugedeckt, denn andere Decken waren zu groß.

Ich meldete mich freiwillig, Donna in mein Zimmer aufzunehmen, denn sie ging mir zu Herzen. Ich hatte noch nie ein lebendes Wesen gesehen, das so verlassen und hilflos aussah. Doch als die Schwestern sie in mein Zimmer verlegten, war ich besorgt und wollte tausend Fragen klären. »Was mache ich, wenn sie schreit? Wenn sie erbricht, soll ich dann erst jemanden zu Hilfe rufen oder erst das Erbrochene von ihrem Nahrungsschlauch entfernen? Wie erkenne ich, ob sie friert?«

Eine der Pflegerinnen lachte. »Du benimmst dich geradezu wie eine frischgebackene Mutter, Carolyn. Keine Sorge. Donna wird es bestens gehen.«

Ich war da nicht so sicher. Donna sah hilflos und zerbrechlich aus. Ich dachte, sie müsse in Watte gepackt werden.

Das Zimmer schien mir etwas zu kühl, also deckte ich eine alte Stoffserviette über Donna, um sicherzustellen, daß sie nicht auskühlte. Dann ging ich zurück an meine Lektüre. Einige Augenblicke später hörte ich, wie Donna anfing zu lachen und Speichelbläschen zu bilden. Ich ging hinüber, um zu sehen, was so lustig wäre. Offensichtlich mochte sie das flauschige Gefühl der Serviette.

Donnas Lachen erstaunte die Nachtschwester, die meine abendlichen Pillen brachte. Sie meinte, niemand hätte seit Donnas Ankunft bisher etwas anderes von ihr vernommen als Schreien. »Wir haben sie gerade heute erst hier untergebracht, und schon lacht sie«, wunderte sich die Schwester. »Du tust ihr gut, Carolyn. Wir hätten das schon vor einem Monat machen sollen.« Ich kann meine Gefühle mit Worten gar nicht richtig beschreiben, als Donna in ihr Lachen ausbrach. Von Anfang an gab mir meine kleine Zimmergenossin das Gefühl, gebraucht zu werden. Und so lernte ich, daß ich mit allem fertig werden konnte, wenn ich den Eindruck hatte, ich werde gebraucht. Wo ich das Gefühl hatte, gebraucht zu werden, bekam das Leben eine neue Bedeutung und Zielrichtung.

Das erste Ziel war, Donna das Schlucken beizubringen. Pflegerinnen kamen zur Essenszeit und versuchten sie dazu zu bringen, die zu Brei gepreßte Nahrung aufzunehmen. Das Empfinden, in ihrem Mund etwas zu essen zu haben, machte Donna offensichtlich angst. Die ersten Male, als sie gefüttert wurde, schrie sie und kämpfte mit all ihrer wenigen Kraft. Selbst als sie anfing, die Nahrung zu akzeptieren, versuchte sie, das Essen mit der Zunge wieder hinauszubefördern, bevor sie es hinunterschluckte. Oder sie steckte ihre Faust in den Mund.

Es bedurfte mehr Geduld und Liebe, als einige der Pflegerinnen aufbringen konnten. Diese »Mietlinge« gaben nach ein paar Bissen auf. Andere, engagiertere Pflegerinnen nahmen sie in ihre Arme und versuchten geduldig, sie zur Nahrungsaufnahme und zum Schlucken zu überreden. Ich beschwere mich bei den Schwestern über die Pflegerinnen, die sich nicht viel Mühe gaben, und lobte diejenigen, die Erfolg hatten. Das machte mich bei einigen Mitarbeitern unbeliebt, aber das war mir egal.

Es kam der Tag, an dem der Schlauch entfernt werden

konnte. Donna konnte Brei zu sich nehmen. Ich mußte lachen, als sie lernte, über Dinge, die sie nicht mochte – rote Bete und Spinat –, die Nase zu rümpfen. Aber wie sehr liebte sie Schokoladenpudding!

Als Donna schließlich der Gips abgenommen wurde, konnte sie im Rollstuhl sitzen und auch etwas anderes anziehen als die viel zu großen Krankenhaushemden. Mit den gebrauchten Kleidern, die einige Mitarbeiter für sie gekauft hatten, sah sie eher wie ein normales, kleines Kind aus als wie ein winziges, hilfloses Opfer.

Der nächste Schritt war, Donna für ein Sonderschulprogramm anzumelden. Bei Donnas Einschränkungen bedeutete »Schule« eigentlich »Therapie«, und so entwickelten ihre Lehrer ein individuelles Schulungsprogramm, ausgestattet mit all den vorsichtig formulierten Zielen und Schritten, die die Regierung bei jedem Patienten verlangte, der in staatlich geförderten Einrichtungen lebte. Zunächst galt es, Donna dazu zu erziehen, daß sie nicht ständig ihre Finger leckte und ihre Faust in den Mund steckte.

Danach brachten sie Donna mit verschiedenen Empfindungen in Berührung und ihr bei, darauf zu reagieren. Aber es war schon eine gewaltige Aufgabe, sie überhaupt zu irgendeiner Reaktion zu bewegen. Jedesmal, wenn sie etwas Neues tat, fühlte ich den gleichen Stolz und die gleiche Freude wie an ihrem ersten Abend in meinem Zimmer, als sie uns alle überraschte, weil sie über die flauschige Decke lachte.

Nach und nach erwachte Donna zum Leben. Sie fing an ihr »Donna-Geräusch« zu machen, wie ich es nannte. (Einer der Lieblingslaute klang wie ein langgezogenes *Suuuu*; er ertönte, wenn ich oder jemand, der mit mir reden wollte, in den Raum kam.)

Ich antwortete Donna stets, denn ich wollte sie spüren lassen, daß sie wichtig und geliebt war. Jedesmal, wenn sie sich hören ließ, antwortete ich in einem spaßhaften, neckenden Tonfall: »Ach ja? Habe ich dich nach deiner Meinung gefragt, kleine Elfe?«

Mit den Monaten wurde Donna immer lauter – fast barsch.

Sie schien das Gefühl zu haben, man müsse bei jeder Unterhaltung ihre Stimme heraushören.

Ich staunte selbst über meine Geduld mit ihr. Ich wurde nie wütend oder auch nur ärgerlich. Jedermann zog mich auf: Ich sei eine übermäßig nachlässige Mutter, die ihrem Kind alles durchgehen ließ. Ich erinnerte sie daran, daß Donna ein willenloses Geschöpf gewesen war, als sie bei mir eingezogen war, und nun machte sie echte Fortschritte. Außerdem, meinte ich zu ihnen, sollten sie von kleinen Kindern nicht erwarten, daß sie sich wie Engel benähmen.

Meistens blieb Donna kooperativ und still, während ich schrieb, las oder mit Handarbeiten beschäftigt war. Aber zwischendurch machte ich immer wieder eine Pause und sprach zu ihr, um sie wissen zu lassen, daß ich noch im Raum war. Das genügte ihr meist.

Eines Abends wurde Donna ungewöhnlich unruhig. Sie schrie und schrie. Nichts war ihr recht. Ich überprüfte ihre Windeln. Sie waren trocken. Ich schüttelte ihr Kissen auf. Doch sie blieb verstört. Schließlich rief ich eine Pflegerin, die vorschlug, ich solle sie doch eine Weile schaukeln.

Das war genau das, was Donna wollte. Sie beruhigte sich sofort, lachte und blies Spuckebläschen. Ich sagte ihr, sie sei verwöhnt und daß ich ein Buch zu Ende lesen wolle und daß sie meine ganzen Pläne durcheinandergebracht hätte, weil sie so ein kleiner Racker gewesen sei. Sie reagierte mit süßen, zufriedenen Lauten, die mir sagten, daß ihr das völlig egal war.

Donna zu lieben und für sie zu sorgen, bedeutete für mich eine Freude und Zufriedenheit, die ich nicht erlebt hatte, seit ich vor mehr als zehn Jahren hierher gekommen war. Die Verantwortung, Donna zu bemuttern, gab mir neue Motivation, aus meiner Situation – im Heim wie auch in Crestview – das Beste zu machen.

Nachdem ich mein ganzes Leben gekämpft hatte, fühlte ich mich endlich als Eroberer.

Doch nicht einmal die guten Seiten des Lebens können uns ganz vor den dunklen Seiten abschirmen. Mit der Freude und dem Entdecken von Neuem kamen auch Traurigkeit und Verlust.

Alan war ein kluger und zurückhaltender junger Mann, der nach mir ins Pflegeheim eingezogen war. Aus Gründen, die ich nie verstand, aber immer schätzte, adoptierte mich Alan als seine Schwester. Indem er dies tat, half er mir, neue Bande der Freundschaft im Pflegeheim zu knüpfen.

Alan versuchte, zum UCP-Zentrum zu gehen, aber seine Schmerzen waren zu groß, als daß er es hätte durchhalten können. Er hatte eine seltene erbliche Krankheit, die seinen Körper mehr und mehr wie einen Bogen krümmte. Die Ärzte hatten keine Möglichkeit, das Leiden zu korrigieren. Schließlich mußte er einen verstellbaren, elektrisch betriebenen Rollstuhl benutzen, aber selbst damit konnte er sich nicht längere Zeit außerhalb des Bettes aufhalten.

Als er zu uns kam, hatte Alan einen kleinen Nebenjob. Er machte und bemalte Lockvögel aus Holz. Es waren hübsche, lebensnahe Kunstwerke. Sein Vater hatte ihm eine kleine Werkbank gebaut. An seinen guten Tagen, die im Laufe der Jahre immer seltener wurden, arbeitete Alan stundenlang an seinen Lockvögeln. An manchen Tagen war das beruhigende und beständige Tap, Tap, Tap seines Hammers das ermutigendste Geräusch, das ich vernahm.

Eine andere Aufgabe, die Alan beschäftigt hielt, war sein Job als Nachtwächter. Unser Pflegeheim hatte ein Sicherheitssystem, wie ich es noch nirgends gesehen hatte. Es gab da einen runden Stahlbehälter in einem tragbaren Ledergehäuse, an dem ein riesiger Schlüssel befestigt war. In jedem Flügel unseres Heims war eine Kontrolluhr, an der der Schlüssel eingeführt werden mußte, damit in dem Stahlbehälter etwas Bestimmtes aufgezeichnet werden konnte. Alan meldete sich freiwillig für diese Aufgabe, und an langen Winterabenden kam er jede Stunde vorbei, um die Kontrolluhr abzurufen, die sich genau vor meinem Zimmer befand.

Um uns die dunklen Stunden zu vertreiben, erzählten wir uns oft Witze oder machten uns über unsere jeweilige Situation lustig. Einmal fragte ich Alan, ob er nicht langsam die Lust daran verlöre, jede Nacht die Kontrolluhren abzurufen. Er schüttelte den Kopf und sagte, er hätte viel zuviel Freude an meiner Gesellschaft. »Manchmal«, meinte er, »bist du der einzige positive Mensch, den ich hier finden kann.«

Ich mußte darüber lachen und versicherte ihm, daß ich nicht immer guter Dinge war. In Wirklichkeit gab es eine Menge Tage, an denen ich am liebsten gegangen wäre, ohne mich auch nur einmal umzudrehen.

»Gut«, antwortete Alan. »Dann bin ich hier nicht der einzige, dem es manchmal so geht.«

Eines Abends beim Essen sagte ich zu Alan, ich müsse noch nach Donna sehen und sicherstellen, daß wir genug saubere Lätzchen auf dem Zimmer hätten. Alan meinte im Spaß: »Wenn ich es nicht besser wüßte, würde ich meinen, Donna sei wirklich deine Tochter, so wie du dich um sie kümmerst.« Ich ignorierte seine Bemerkung und meinte, ich würde ihn ja dann morgen sehen. Dann ging ich auf mein Zimmer. Aber es sollte das letzte Mal gewesen sein, daß ich Alan sah. Früh am nächsten Morgen wurde er mit einem Darmverschluß ins Krankenhaus gebracht und starb kurz darauf.

Als mich die Nachricht erreichte, leugnete ich den ganzen Tag über meine Trauer. Aber am Abend, als ich in meinem Zimmer las und schrieb, vermißte ich das vertraute Summen seines Elektrorollstuhls. Keine Scherze mehr. Keine freundliche Unterhaltung. Ich stellte mir vor, wie mich seine Stimme rief: »Hallo, Lady. Bist du noch da? Ich hab die letzten zwei Stunden keinen Mucks von dir gehört.« Ich weinte den Rest des Abends.

Von da an lauschte ich jeden Abend traurig den Schritten der Oberschwester, die die Kontrolluhr abrief. Sie hatte nie Zeit, zu verweilen und sich zu unterhalten.

Kapitel 20

Geblümte Tempos mag ich lieber

Wenn ich im Pflegeheim zum ersten Mal mit dem Christentum in Berührung gekommen wäre, hätte ich wahrscheinlich nichts damit zu tun haben wollen. Was da im Namen des Herrn getan wurde, ließ mir kalte Schauer den Rücken hinunterlaufen.

Selbsternannte Pflegeheim-Priester gab es dutzendweise. Gruppe für Gruppe kam, spulte ihr Programm ab und verschwand. Während einige der christlichen Gruppen, die Sea Ridge durchliefen, wirklich warm und mitfühlend schienen, gab es andere, die so hart und griesgrämig wirkten, daß ich mich fragte, warum sie sich überhaupt diese Mühe machten.

Am schlimmsten waren die, die es sich nicht verkneifen konnten, ihre geistliche Überlegenheit deutlich zur Schau zu tragen. Ich hatte keine Scheu, ihnen zu zeigen, was ich von ihrer superfrommen Heiligkeitshaltung hielt. Manche waren so mutig, an meinem Käfig zu rütteln und mir zu sagen, daß ich nur genug Glauben bräuchte, dann würde Gott mich heilen. Wenn ich ihnen dann die Tür vor der Nase zuschlug, kamen sie schnell zu dem Schluß, ich sei ein Kind des Teufels, und ließen mich mehr oder weniger in Ruhe.

Es machte mich wütend, wie diese Leute mit Arlene umgingen, in der Zeit, als sie bei mir im Zimmer war. An warmen Sommerabenden saß sie gern in der frischen Luft auf unserer Veranda und »unterhielt« sich mit mir. Keine von uns beiden verstand, was die andere sagte, aber wir hatten Spaß daran und lachten viel.

Wenn diese »Plastik-Christen«, wie ich sie nannte, jedoch ihren Gottesdienstabend für die Leute im Pflegeheim veranstalteten, dann kamen sie einfach und karrten Arlene von unserer Veranda davon, ohne sich die Mühe zu machen herauszufinden, ob sie das überhaupt wolle. Ich fand ihr Verhalten unerträglich, unhöflich und gedankenlos. Dies sagte ich ihnen auch wütend. Nicht, daß meine Proteste irgend etwas bewirkt hätten. Sie versuchten nicht einmal zu verstehen, was ich überhaupt sagte.

Ich war fest entschlossen, Donna vor solchen Leuten zu beschützen, und zeigte die Krallen, sobald einer von ihnen es wagte, sich ihr zu nähern. Ich instruierte Donna, sie anzuspukken, falls sie versuchen sollten, sie mitzunehmen.

Nicht allein ihre herablassende Haltung und die geistlichen Platitüden ärgerten mich. Ihr Glaube schien nur aus Worten zu bestehen und nicht aus Taten. Zu diesem Schluß kam ich, weil ich sie während ihrer Gottesdienste beobachtet hatte. Sie sangen und sprachen von der Liebe und Gnade Gottes, aber ich habe nicht ein einziges Mal erlebt, daß sie diese Glaubensinhalte bezeugt hätten, indem sie in ihrer Pflegeheim-Gemeinde eine rotzige Nase oder ein besabbertes Kinn abgewischt hätten.

Also ignorierte ich sie. Und mit der Zeit lernten sie, mich in Ruhe zu lassen. An einem heißen Sommerabend saß ich, um nicht ins Schwitzen zu kommen, barfuß und in einem alten Nachthemd auf der Veranda beim Abendessen. Es war ein Abend so richtig zum Faulenzen. Ich genoß die Ruhe. Vögel balgten sich um die heruntergefallenen Krumen. Plötzlich kam einer dieser geleckten Christen an und brach in meine Einsamkeit ein. Er war neu und kannte meinen Ruf noch nicht. Ich hoffte, er hätte genug Verstand und Manieren zu verschwinden, wenn ich einfach nur weiteraß und ihn ignorierte.

Doch dem war nicht so.

Ich muß mich beim Essen wirklich konzentrieren. Ich befolge dabei drei Schritte: erstens: Essen auf den Löffel bekommen; zweitens: Essen balancieren und nicht verschütten, bis ich, drittens, soviel wie möglich davon in den Mund schaufle. Während ich aß, starrte mich dieser unhöfliche junge Mann einfach nur an, als habe er so etwas wie mich noch nie gesehen. Er kannte mich kein bißchen. Ich glaube, daß er nicht einmal meinen Namen wußte. Aber er kannte eine Bibelstelle, und er dachte offensichtlich, daß sie die Antwort auf alle meine Nöte sei.

Während er dastand und sein völlig koordinierter Körper über meinem Rollstuhl aufragte, überströmte mich seine Frömmigkeit förmlich. Er erwies seine Ignoranz und seinen Mangel an Einfühlungsvermögen nur noch mehr, indem er zitierte: »Seid dankbar in allen Dingen, denn das ist der Wille Gottes an euch.«

Ich schrie. Ich sagte ihm, er solle machen, daß er wegkomme, und mich in Ruhe lassen. Dann wirbelte ich meinen Rollstuhl herum und hätte ihn liebend gern überrollt, wäre er nicht geflohen, bevor ich eine Chance hatte, ihm ins Gesicht zu spucken.

Meine letzte Schlacht mit den »Plastik-Christen« kam eines Abends, als es schon spät war. Donna hatte sich schlafen gelegt, und ich tippte. Es war so heiß, daß ich nur ein Hemdchen und einen Slip anhatte, als ein Mann an meiner Tür erschien und verkündete, er sei von der So-und-so-Gemeinde. Er sei hergeschickt worden, um ein paar von meinen Erzählungen für ihren Gemeindebrief zu holen. Ich sagte ihm, daß mich niemand um so etwas gebeten habe, aber der Mann ignorierte meine Antwort, kam ins Zimmer und begann in einer Schachtel auf meinem Schreibtisch zu wühlen.

Ich schrie ihn an, er solle verschwinden. Als er sich nicht bewegte, trat ich ihm ans Schienbein und schrie. Eine unserer freiwilligen Helferinnen, eine nette alte Dame, die wir Oma E. nannten, hörte den Tumult und kam hereingestürmt. Sie befahl dem Mann zu gehen, und er verschwand sehr schnell, als er die blanke Wut in ihren Augen sah.

Nachdem ich mich genug beruhigt hatte, um zu reden, erklärte ich Oma E., was geschehen war. Ich sagte ihr, ich fühle mich, als habe der Mann mich wie irgendeine Ausgeflippte behandelt, um meine Erzählungen bei irgendeiner schrägen Show zur Schau zu stellen.

Oma E. blieb bei mir, tröstete mich und steckte mich sogar ins Bett. Dann umarmte sie mich, wünschte mir eine gute Nacht und versprach, mir zu helfen, damit ich meine Erzählungen sicher aufbewahren und nicht einfach jeder darin wühlen konnte. Am nächsten Tag erwirkte sie ein Hausverbot für den Mann.

Es sollte nicht zu sehr überraschen, daß ich gegenüber den christlichen Gruppen, die in unser Pflegeheim kamen, skeptisch wurde. Als dann etwa ein Jahr nach diesen häßlichen Zwischenfällen eine neue Gruppe kam, um dienstags nachmittags einen Gottesdienst und einen Bibelkreis zu veranstalten, blieb ich auf meinem Zimmer. Ich würde mich nicht nochmals von solchen »wohltätigen« Christen verletzen lassen.

Doch die wundervolle Musik, die diese Gruppe spielte, klang sanft durch alle Gänge. Da war jemand am Werk, der wußte, wie ein Klavier zu klingen hat. Jemand anderes begleitete das Klavier auf der Violine. Ich hatte das Lied »Morning has broken« zuvor noch nie gehört, aber ich verliebte mich an diesem Tag in die sanfte, beruhigende Melodie. All diese Musik strahlte soviel Freude und Frieden aus.

In der nächsten Woche beschloß ich, mal in den Gottesdienst hineinzuschnuppern. Es waren alles Frauen in mittlerem Alter. Ohne Zweifel lauter Mütter. Sie schienen harmlos zu sein. Ich glaube, ich fühlte mich dort sofort sicher, weil ich keine Männer in dieser Gruppe entdeckte. Ich beschloß, zum Gottesdienst zu bleiben, und erfuhr bald, daß diese Frauen zu einer kirchlichen Gruppe gehörten, die das Ziel hatte, Frauen für die Durchführung von Gottesdiensten in Pflegeheimen zu schulen.

Diese Gruppe erzählte uns nicht nur, daß wir Gott wichtig waren, sie zeigten uns auch, daß wir *ihnen* wichtig waren. Sie hörten uns zu und zeigten jedem persönlich, daß er geliebt war. Es war ihnen sogar wichtig, unsere Namen zu kennen und etwas über das zu wissen, was unser Leben ausmachte.

Und was noch mehr war, sie brachten sogar ihren eigenen Vorrat an geblümten Tempo-Taschentüchern mit, um uns die Nase und das Kinn zu putzen. Für mich drückten ihre geblümten Tempos mehr aus als alles, was sie je sagen konnten. Die Frauen glaubten an ein Evangelium, das man mit Händen greifen konnte. Das waren Christen, denen ich vertrauen konnte.

Ich war nicht die einzige, die angesprochen war. Dies war der einzige Gottesdienst im Heim, zu dem sich sogar das Personal aufraffte. Wir trafen uns im Tagesraum am Ende des

Ostflügels, und der gesamte Raum war voll mit Heimbewohnern und Angestellten, die sich hineinzwängten, um der Guten Botschaft in der Predigt und im Gesang zuzuhören.

Die Frauen, die den Gottesdienst leiteten, ermunterten uns immer mitzusingen, ohne Sorge darum, wie es klang. Sie sagten, der Herr freue sich darüber, daß wir ihn mit unserem Herzen lobten.

Ich war mir sicher, daß Gott sich ganz besonders über den Lobpreis meines Freundes Richard freute. Richard war ein kleiner Farbiger mit Zerebralparese. Er war nie in der Lage, irgendein Wort korrekt auszusprechen, aber es gab keinen Zweifel, daß Richard es liebte, den Herrn zu loben. Erstaunlicherweise klangen beim Singen seine Worte und seine Stimme völlig klar. Wenn man ihn nur im Gottesdienst singen hörte, wäre man nie auf den Gedanken gekommen, daß er ein Sprachproblem hatte. Ich setzte mich gerne so, daß ich ihn singen hören und dabei den Ausdruck von Freude und Gelöstheit auf seinem Gesicht sehen konnte.

Auch Ralph, ein anderer Heimbewohner, war von diesem Gottesdienst angesprochen. Bevor diese Frauen damit begonnen hatten, dienstags nachmittags zu kommen, hatte dieser zerbrechliche kleine Mann den ganzen Tag allein in der Halle gesessen, jeden Tag. Er hatte sich kaum bewegt. Aber nachdem er ein paarmal zu den Gottesdiensten gekommen war, schien er allmählich zum Leben zu erwachen. In den folgenden Monaten fing er an, die Leute anzulächeln, und ich bemerkte, daß er in den Werkraum kam, statt nur in der Halle zu sitzen. Er konnte immer noch nicht reden, aber er begann sich anderen anzuschließen. Er hatte im Wort Gottes einen kleinen Funken Hoffnung gefunden, und dieser Funke wuchs in ihm zu einer kleinen, beständigen Flamme.

Der Einfluß, den der neue Dienst dieser Frauen hatte, hörte also nie mit dem Gottesdienst auf. Wenn ich danach zurück auf mein Zimmer kam, erwärmt durch die Umarmungen und Gefühle, dann war meine nachmittägliche Arbeit immer voller neuer kreativer Ideen.

Ich gewann eine Frau in mittlerem Alter besonders lieb. Ihre

Rolle in der Gruppe war sehr eindeutig. Iola war ein echter Experte, was Umarmungen und geblümte Tempos anging. Sie war eine »Mach-keinen-Unsinn«-Mutter, die keine Entschuldigungen duldete, wenn ich auf meinem Tablett noch unangerührtes Essen stehen hatte, wenn sie kam, um mich wie jeden Dienstag zum Gottesdienst abzuholen. Ich sagte ihr, daß mir Umarmungen lieber seien als Essen, aber sie ließ nicht locker, bis der letzte Bissen verschwunden war.

Iola trat in einem sehr entscheidenden Moment in mein Leben. Ich hatte gerade erfahren, daß mein Pfarrer und seine Frau Seattle verlassen würden. All die Jahre waren Lloyd und Betty meine einzigen Freunde »draußen« gewesen, zu denen ich gehen und mich ausweinen konnte, wenn ich vom Heim oder vom Zentrum frustriert war. Sie hörten mir zu und liebten mich voller Geduld durch die dunkelsten Zeiten der Enttäuschung und Verzweiflung hindurch. Sie unterstützten mich geistlich, wenn ich wütend war und bereit, Gott aufzugeben. Sie boten mir eine gefühlsmäßige und manchmal auch räumliche Fluchtmöglichkeit aus meiner alltäglichen Umgebung. Wie sollte ich ohne sie klarkommen? Ich hatte den Eindruck, wenn ich mit niemandem mehr über meine innersten Gefühle reden könnte, würde ich bald von innen heraus zerfallen. Und ich hatte niemanden, mit dem ich so reden konnte wie mit Lloyd und Betty.

Bis Iola kam.

Es fiel mir leicht, offen mit Iola zu reden. Sie hatte keine Vorbehalte. Wenn sie kam und ich frustriert war und weinte, dann war sie liebevoll und geduldig. Und es tat immer so gut und war so tröstlich, daß sie zuhörte, wenn ich versuchte, die Puzzleteile meines Lebens mit Worten zu sortieren.

Nachdem ich Iola mehr und mehr von meinem Leben erzählt hatte, spürte sie wohl, daß es da noch etwas gab, das tiefer lag; etwas, worüber ich noch nicht bereit war zu reden; etwas, bei dem sie das Gefühl hatte, sie sei nicht qualifiziert genug, um mir dabei helfen zu können. Während wir uns eines Tages unterhielten, erzählte sie mir, daß ihre lutherische Gemeinde gerade einen neuen zweiten Pfarrer berufen hatte. Sie sagte, wenn ich es ihr gestatten würde, würde sie Pfarrer Jim von mir erzählen und schauen, ob er kommen und mich besuchen könne. Sie hätte den Eindruck, er könne vielleicht helfen. Sie wollte, daß ich es mir überlegte und sie dann meine Entscheidung wissen ließe.

Vielleicht lag es nur daran, daß ich wußte, daß Iola und ihre Freundinnen Lutheraner waren, aber der Gottesdienst am Dienstagnachmittag weckte in meiner Seele eine Sehnsucht. Wenn ich in den nächsten Monaten nachts wach lag und nicht schlafen konnte und die hintersten Winkel meines Gehirns nach Bruchstücken der alten lutherischen Liturgie durchforstete, sprach ich immer wieder in Gedanken das Glaubensbekenntnis und Teile des alten Kyrie. Irgend etwas im vertrauten Rhythmus der Liturgie brachte mich dabei oft zum Weinen. Es war ein heilsames Weinen.

Mit der Zeit schlich sich mein häufiger Tagtraum wieder in meine nächtlichen Rezitationen der Liturgie ein. Ich sah mich wieder in dem hübschen weißen Kleid mit dem rosa Band, wie ich durch das Feld voller herrlicher Wildblumen rannte. In diesem Traum hatte ich nicht nur meinen Collegeabschluß, ich besaß auch Würde und Selbstachtung.

Ich versuchte, diesen Traum in meinem Geist lebendig zu erhalten, indem ich mir vorstellte, er wäre wirklich wahr. Eines Nachts beschloß ich, daß er womöglich einmal wahr werden könnte, wenn ich einfach einen Schritt nach dem andern gehen würde, um dieses Ziel zu erreichen.

Gleich am nächsten Tag rollte ich in einen der Waschräume des Pflegeheims, in dem sich auch ein tragbarer Schrank mit einem Kreuz auf der Tür befand. Darin bewahrten die Pfarrer, die zu uns kamen, ihre Talare und die Dinge für die Gottesdienste auf. Ich wußte, daß sich ganz unten drin auch einige alte Gesangbücher der lutherischen Kirche befanden, weil ich sie vor Jahren beim Herumstöbern entdeckt hatte. Ich zog eines der Gesangbücher heraus und entdeckte, daß es die gleiche Ausgabe war, die wir damals auf der Anne-Carlsen-Schule benutzt hatten.

Es war, als würde man in der Wüste eine kühle Quelle entdecken.

Ich begann, die alte Liturgie zu lesen. Der Zauber in ihrem Rhythmus kam mir wieder zu Bewußtsein. Ich spürte die Kraft der Worte:
»Im Namen des Vaters und des Sohnes und des Heiligen Geistes. Amen ...
Geliebte im Herrn, laßt uns mit wahrhaftigem Herzen herzutreten und Gott unserem Vater unsere Sünden bekennen und ihn anflehen, daß er uns im Namen des Herrn Jesus Christus Vergebung gewährt ...
Unsere Hilfe kommt vom Herrn, der Himmel und Erde gemacht hat ...
Oh, barmherziger Gott, der du deinen eingeborenen Sohn für uns gegeben hast, sei uns gnädig, und um seinetwillen gewähre uns die Vergebung aller unserer Sünden, und durch deinen Heiligen Geist vermehre unsere Erkenntnis über dich ...«
An dieser Stelle war die Seite gerissen.

Die Worte klangen so altertümlich und schön. Der wiederholte Ausspruch »Herr, erbarme dich, Christus, erbarme dich« hatte eine besonders beruhigende Wirkung auf meine Seele. Diese Worte auszusprechen half mir zu spüren, daß Gott wirklich alle meine Gefühle der Erbärmlichkeit verstand. Er kannte den Schmerz jener lange vergrabenen Erinnerungen, die ich nie jemandem mitgeteilt hatte. Ich konnte sogar glauben, daß Gott meine Sehnsucht danach verstand, dieses weiße Kleid aus meinen Tagträumen zu tragen.

Die lutherischen Frauen, die zu uns ins Pflegeheim kamen, benutzten die Liturgie in ihren Gottesdiensten nicht. Aber sie erinnerten uns immer wieder, daß Gott uns unsere Sünden vergibt, egal was wir getan haben. Gott liebt uns mit einer unvergänglichen Liebe. Und für jeden von uns gilt der Tod Jesu am Kreuz, damit wir in dieser seiner Liebe bleiben können.

Diese Botschaft begann, in meinem Herzen Raum zu gewinnen. Ein paar Wochen nachdem ich das alte Gesangbuch im Schrank gefunden hatte, bat ich Iola, Pfarrer Jim anzurufen.

Kapitel 21

Theologie der kleinen Schritte

Als ich das fürsorgliche, liebevolle, »mütterliche« Evangelium von Iola und ihren Freundinnen an meinen ausgedörrten und verzweifelten Geist heranließ, drang es tief in meine Seele ein. Ich hatte von der Liebe Gottes gehört, aber meine Erfahrungen mit diesen sanften Frauen überzeugten mich, daß es an der Zeit war, dieser Liebe zu glauben und sie auf die Probe zu stellen. Der erste große Test kam, als ich zu Pfarrer Jim ging.

Iola begleitete mich. Unser Fahrer parkte direkt vor dem Pfarrbüro, und die beiden brachten mich hinein. Pfarrer Jim begrüßte uns an der Tür. Iola bat ihn, einen Stuhl mit Armlehnen zu besorgen, damit ich mich beim Sitzen sicherer fühlen konnte.

Pfarrer Jim war ein großer, schlanker Mann, Ende Zwanzig, der so aussah, als würde er gerne Sport treiben und seinen Körper fit halten. Seine bescheidene, sanfte Art ließ ihn als einen Mann erscheinen, der mit sich selbst und der Welt im reinen war. Sein Arbeitszimmer war ein Dschungel aus hübschen großen Pflanzen und abgebrochener Pflanz- und Umtopfversuche; ein unprätentiöser Raum voller Wärme und ehrlicher Freundlichkeit. Als ich einen offenen Sack Pflanzenerde bemerkte, der in einer Ecke auf einer Zeitung stand, erklärte er, er habe die Pflanzen aus Kanada mit hierher gebracht und hoffe nun, sie werden den Umzug überleben.

Nachdem die Vorstellung der Pflanzen und der Menschen beendet war, bat mich Pfarrer Jim, ihm zu zeigen, wie meine Buchstabiertafel funktionierte. Er meine zwar, daß er das meiste verstehen könne, was ich sagte, aber er gebe zu, daß dies neu für ihn sei und er vielleicht etwas Hilfe benötigen könne. Iola sagte ihm, daß sie es hilfreich finde, die Buchstaben zu notieren, wenn ich etwas mit Hilfe der Tafel buchstabierte. Also legte er sich Block und Stift zurecht.

Iola lehnte sich einfach zurück und überließ uns das Reden.

Manchmal kam Pfarrer Jim nicht ganz mit und bat Iola um Übersetzungshilfe. Er stolperte durch ein paar sehr merkwürdige Sätze hindurch, aber er ließ nicht locker und schien für jemanden, der das zum ersten Mal macht, recht viel zu verstehen. Lachend gestand er ein, daß der Versuch, mich zu verstehen, ein bißchen wie eine Partie »Mensch ärgere Dich nicht« war.

Vor unserem Treffen hatte ich Iola gestattet, Pfarrer Jim einige Vorinformationen zu geben, über meine wachsende Entmutigung wegen der Bedingungen im Pflegeheim und über einige meiner Fragen, was die Zukunft betraf. Also sagte er mir, er wolle, daß wir über diese Themen reden. Aber er hatte keine sauber zurechtgelegten Bibelverse, mit denen er meine Depression und meine Hoffnungslosigkeit zuschütten konnte. Er meinte, er habe keine einfachen Antworten, weder für mich noch für meine beunruhigenden Umstände.

Er verstand mich jedoch auf einer sehr persönlichen Ebene. Und nachdem wir eine Weile über meine Gefühle und Enttäuschungen gesprochen hatten, machte er folgende Beobachtung: »Es scheint mir, Carolyn, als wärest du in einer Situation, die nie für dich bestimmt war. Ich bezweifle, daß es irgendein Pflegeheim gibt, in dem du jemals voll deine Möglichkeiten entfalten kannst. Aus dem, was du und Iola mir erzählt haben, würde ich sagen: Du hast gute Gründe, über Sea Ridge unglücklich zu sein.«

Er ermutigte mich, Informationen einzuholen und Alternativen zu erkunden. Pfarrer Jim war offensichtlich von einer Theologie der kleinen Schritte überzeugt – ein Problem angehen und einen Traum verwirklichen, aber in kleinen, überschaubaren Schritten. Während er meinen Wunsch zu studieren bewunderte und guthieß, schlug er mir dennoch vor, ein Problem herauszugreifen, das mich momentan am meisten durcheinanderbrachte, und einen Plan zu entwickeln, dieses Problem ohne Umschweife zu lösen.

Eine Sache, die mich momentan frustrierte, war, daß es unmöglich schien, mein Abendessen so serviert zu bekommen, daß ich es auch essen konnte. Das Pflegeheim hatte gerade einige neue Helferinnen eingestellt, die wenig gesunden Menschenverstand bewiesen und noch weniger Engagement für ihre Arbeit. Ihre Hauptmotivation schien zu sein, die ihnen übertragenen Aufgaben so schnell wie möglich zu erledigen, damit sie eine Pause einlegen konnten. Sie wirbelten regelmäßig in mein Zimmer, stellten das Tablett in gefährlich unsicherer Lage auf meine Schreibmaschine und hasteten wieder zur Tür. Obwohl ich den Tisch für das Tablett immer zum Essen freigeräumt hatte, schien es ihnen nie in den Sinn zu kommen, daß ich das Tablett vor mir stehen haben mußte, um essen zu können. Und sie waren immer schon längst verschwunden, bevor ich sie bitten konnte, mir beim Kleinschneiden des Essens zu helfen. So mußte ich erst auf den Flur hinaus, um eine andere Helferin zu finden, die mir half. Bis ich dann endlich so weit war, daß ich anfangen konnte, war das Essen kalt.

Pfarrer Jim hörte sich meine Beschwerden geduldig an. Dann gab er mir die Aufgabe, eine Lösung für dieses Problem mit dem Essen zu finden, bis wir uns in der nächsten Woche wieder trafen. Wie ich dies erreichte, überließ er mir selbst.

Wir sprachen auch über einige meiner geistlichen Sorgen – mein Gefühl des Verlustes, weil Lloyd und Betty weggezogen waren, und einige der Fragen und meine Wut, die ich Gott gegenüber hatte. Pfarrer Jim versicherte mir, daß Gott meinen Schmerz und meine Gefühle verstand, egal, welche Zweifel ich auch haben mochte oder welche Gefühle ich Gott gegenüber hegte. Gott nahm mich so an, wie ich war, ohne mich zu verurteilen, weil Christus für mich gestorben war.

Pfarrer Jim sprach über das Sterben Christi am Kreuz und sagte, daß Gott aufgrund dieser Erfahrung unseren Schmerz spüren und verstehen konnte. Er wies darauf hin, daß Jesus nie gebetet hatte: »Vater, ich danke dir für das Kreuz.« Vielmehr hatte er Gott gebeten, ob er nicht diesen Kelch an ihm vorübergehen lassen und ihm dieses Leiden erspart werden könnte.

Zum Abschluß unserer gemeinsamen Zeit, und nachdem wir einen Termin vereinbart hatten, uns nächste Woche im Pflegeheim zu treffen, betete Pfarrer Jim mit mir. Er bat Gott, mir seine Liebe und Gnade zu zeigen und mich so durch meine Depression hindurchzuführen, zu einem Ort der Geborgenheit und Ruhe, wo ich mich durch den verletzten Christus angenommen und bestätigt fühlen könnte. Dann segnete er mich mit dem Frieden des Herrn, indem er das Zeichen des Kreuzes über mir schlug. Das gefiel mir! Es war eine spürbare, körperliche Geste des Friedens und der Liebe Gottes für mich.

In jener Woche ging ich mein Problem mit den Mahlzeiten an, mit einer Strategie, die – wie sich herausstellen sollte – sehr effektiv war. Als das nächste Mal eine Helferin das Tablett mit dem Abendessen auf meine Schreibmaschine stellte und zur Tür hinauseilte, warf ich das Tablett um und trat das Essen mit meinen Füßen in den Teppich. Dann rief ich dieselbe Helferin wieder in mein Zimmer, damit sie die Schweinerei aufwischte. Als sie das Tablett wieder auf meine Schreibmaschine stellte, verhielt ich mich genauso. Bis zum Ende der Woche hatte ich meine Botschaft an den Mann gebracht. Aber ich deckte dennoch weiterhin ein großes Handtuch über meine Schreibmaschine, als Erinnerung, daß jegliches Essen, das dort abgestellt würde, hunterfliegen würde. Die Helferinnen stellten jetzt nicht nur sorgfältig das Tablett vor mir auf den Tisch, sie blieben auch noch, um das Essen für mich kleinzuschneiden.

Als Pfarrer Jim mich in der nächsten Woche besuchen kam, fragte er mich, wie ich mit dem Problem wegen des Essens vorwärtsgekommen sei. Ich berichtete ihm, wie ich es gelöst hatte. Er grinste, und ich entdeckte ein verschmitztes Blinzeln in seinen Augen, als er zugab, daß meine Lösung nicht gerade das war, woran er gedacht hatte: »Aber offensichtlich hat es funktioniert!«

Der nächste Schritt in unserem Schlachtplan war, ein mittelfristiges Ziel für mein schriftstellerisches Arbeiten zu entwickeln. Ich hatte schon einige Zeit nichts Kreatives mehr produziert. Pfarrer Jim fragte, ob er einige meiner Werke lesen dürfe, um etwas zu finden, das ich vielleicht für den Gemeindebrief umschreiben könnte. Gemeinsam gingen wir meine Ordner durch, bis wir einen kurzen Artikel über das Aufblühen einer Blume im Frühling fanden, mit dem Titel: »Was ist ein Wunder?« Er bat mich, diesen für ihn zu überarbeiten. Er bräuchte es bis zur nächsten Woche. Und weil er selber gerne schrieb, machte er ein paar Vorschläge, wie ich diese Arbeit verbessern konnte.

So begann unsere Freundschaft. Ich sprach über meine Sorgen oder meine Pläne für die Zukunft, und Pfarrer Jim hörte ermunternd zu und erinnerte mich regelmäßig daran, daß ich eine Strategie der kleinen Schritte brauche, um meine Träume zu verwirklichen. Er nahm mir nie die Arbeit ab. Er ermöglichte mir einen langsamen und stetigen Fortschritt, indem er mich ermutigte und mit mir zusammen an meine Träume glaubte.

Nachdem ich mehr als ein Dutzend Jahre in Sea Ridge verbracht hatte, konnte ich mir kaum vorstellen, woanders zu leben. Und ich konnte mir nicht ernsthaft vorstellen, Donna zu verlassen, aber nachdem Pfarrer Jim mich sanft dazu drängte, willigte ich ein, mögliche Alternativen zu ergründen. Ich sprach mit meinem Berater und mit dem Sozialarbeiter von Crestview über ein neues Wohnheim der *United Cerebral Palsy*, das erst kürzlich im Norden Seattles eröffnet worden war.

Ich erfuhr, daß das *Res*, wie es allgemein genannt wurde, eine Institution war, die speziell für Leute mit Zerebralparese eingerichtet worden war und daher Behinderten sehr viel mehr bot, als es in einem Pflegeheim je möglich gewesen wäre. Obwohl dies ermutigend klang, widersetzte ich mich dem unangenehmen Gedanken an eine Veränderung. Und ich konnte Donna noch immer nicht verlassen.

Dennoch beschloß ich, das *Res* anzuschauen und mit Ila Mae, meiner früheren Zimmergenossin, zu Mittag zu essen. Sie war nach Seattle zurückgekehrt und wohnte nun in dieser neuen Einrichtung. Stolz erklärte sie mir, daß dies das Heim sei, von dem sie, ihre verstorbenen Eltern und andere, die bei der Gründung der UCP geholfen hatten, seit Jahren geträumt hatten.

Das Mittagessen bestand nur aus einer Suppe und belegten Broten. Aber ich war beeindruckt, daß es zusätzliche Cracker gab, die ich in meine Suppe bröckeln konnte, um ihr die nötige Konsistenz zu geben, damit sie auf meinem Löffel blieb. Das war so eine winzige Kleinigkeit, doch in Sea Ridge war die Suppe immer wie Wasser, und nie gab es zusätzlich Cracker. Wenn es bei uns Suppe gab, konnte ich kaum etwas davon in mich hineinbefördern.

Nach dem Mittagessen führte mich Ila Mae herum. Das *Res* war ein großes, verwinkeltes Gebäude, das um zwei Innenhöfe herum gebaut war, mit vielen Fenstern, viel natürlichem Licht, einem geräumigen Gemeinschaftsspeisesaal und einem eindrucksvollen Therapiegelände, ganz in der Nähe der zentralen Einrichtungen des Heims.

Die Zimmer der Heimbewohner schienen luftig und bequem eingerichtet, mit Einbauschränken, Frisierkommode und Regalen, die alle so ausgelegt waren, daß man mit einem Rollstuhl leichten Zugang zu ihnen hatte. Was mich noch mehr beeindruckte, war die Tatsache, daß selbst völlig pflegebedürftige Bewohner ganz normale Straßenkleidung trugen und sauber rochen – ohne den üblichen Duft des Pflegeheims.

Das *Res* hatte gerade genaue Vereinbarungen getroffen, damit interessierte Heimbewohner das nahegelegene *Shoreline Community College* besuchen konnten. Die Mitarbeiter sorgten für den Hin- und Rücktransport zum Collegegelände. In dem Jahr, in dem ich Seminare am College besucht hatte, hatte ich mir meinen Fahrdienst immer selbst organisieren müssen. Iola oder ihre Freundin Ruth und andere aus dem Bibelkreis hatten mich hingefahren und nach den Seminaren wieder abgeholt.

Pfarrer Jim schien zufrieden zu sein, als ich ihm von meinem Erkundungsbesuch beim *Res* berichtete. Er meinte, es sei wichtig, die eigenen Entscheidungen auf Fakten gründen zu können. Er war der Ansicht, es sei ohne Frage besser, die Fakten kennenzulernen und sich dann auf dieser Basis zu entscheiden, als nichts zu tun, in der Hoffnung, dem Schmerz einer harten Entscheidung aus dem Weg zu gehen. Manchmal war ich mir da nicht so sicher.

Aber Pfarrer Jim sagte mir, daß der Schmerz zum Leben dazugehöre, egal was ich auch täte. Ich könnte ihm nicht aus dem Weg gehen. Niemand könne das. Er ermunterte mich, die höheren Ziele, die ich mir gesetzt hatte, trotz aller Schwierigkeiten zu verfolgen.

Ich wußte, daß er der Ansicht war, das *Res* sei für mich am besten. Als ich ihm sagte, daß es eine Wartezeit von mindestens einem Jahr gäbe, um einen Platz in der neuen Einrichtung zu bekommen, reagierte er mit unübersehbarer Enttäuschung. Ich war von dieser Neuigkeit erleichtert. Sie bot mir eine willkommene Gnadenfrist bei dieser harten Entscheidung. Doch als mich Pfarrer Jim fragte, was ich in der Zwischenzeit tun wolle, um mit meiner Depression klarzukommen, wußte ich, daß mir die nötigen Antworten immer noch fehlten.

Ich hatte Medikamente genommen, die mir ein Arzt per Telefon verschrieben hatte, der sich, wie es mir schien, nur wenig um mein Wohlbefinden kümmerte. Ich erhielt regelmäßig Auszüge vom Gesundheitsamt, auf denen stand, er habe mich untersucht. Dabei hatte er gerade mal mein Krankenblatt angeschaut. Bei den wenigen Gelegenheiten, bei denen er mich untersuchte, benahm er sich, als hätte ich Lepra und sei außerdem noch taubstumm. Daher hatte ich wenig Vertrauen, daß die Medikamente, die er verschrieben hatte, überhaupt etwas nutzten. Das einzige, was dabei herauskam, war, daß ich nur noch deprimierter wurde. An vielen Tagen schlief ich sehr viel länger als nur meinen gewöhnlichen Mittagsschlaf.

Als mich daher Pfarrer Jim fragte, wie ich mit meiner momentanen Depression zurechtkommen wollte, konnte ich meine widerstreitenden Gefühle nicht erklären. Ich verstand sie selbst nicht ganz. Zum ersten Mal in meinem Leben fühlte ich mich sehr müde und alt. Mein Leben war ein Alptraum, und ich schaffte es nicht, daraus zu erwachen.

Eines Abends im Spätherbst, als ich gerade dabei war, die Vorhänge zuzuziehen, sah ich eine drohende, dunkle Wolkenbank, die über den Himmel auf mich zusegelte. Ich mußte einfach am Fenster bleiben und zuschauen, wie dicke Regentropfen in einem wilden Tanz auf den Ästen des jungen Kirschbaums neben der Veranda herumhüpften. Ich liebe Stürme, aber an diesem hier war etwas Bedrohliches und Unfreundliches. Ein einsamer Schauer lief mir den Rücken herunter, als ob er sagen wollte: »Ein Sturm zieht auf. Und noch ehe er vorüber ist, wird er dir das Herz aus dem Leib reißen.«

Diese eisigen Regentropfen waren die Vorboten einer nicht in diese Jahreszeit passenden Kaltfront. Gegen Morgen verrichtete der Frost sein schönes, aber tödliches Werk. Als ich die Vorhänge aufzog, um das frühe Morgenlicht hereinzulassen, sah ich die Eisschicht und wußte, daß der junge Kirschbaum zu jung und zu schwach war, um zu überleben.

Nachdenklich und still begab ich mich zur Arbeit nach Crestview.

Meine Gruppenleiterin sagte mir, sie bräuchte mich für das Eintüten von Kopfhörern. Und ich mußte mich ranhalten, denn wir hatten unser Pensum vom Vortag nicht geschafft. Für diese Arbeit benutzte ich gewöhnlich ein Zähltablett, um den Überblick zu behalten. Das Tablett lag genau vor meinem Rollstuhl und hatte zehn Plätze, in die ich jeweils einen Kopfhörer legte. Auf diese Weise konnte ich mich nicht verzählen, egal wie lange ich brauchte, um die zehn Kopfhörer zu verpacken und das Tablett in den größeren Aufbewahrungsbeutel zu entleeren. Es war eine stupide Arbeit, die mir Zeit gab nachzudenken.

An diesem Tag bemerkte ich eine Reihe von Besuchergruppen, die durch das Zentrum geführt wurden. Ich fragte mich, was die Leute auf der anderen Seite der Glasscheibe wohl dachten, während sie uns beobachteten. *Wie sahen sie mich? Gab es irgend jemanden, der mich als eine Frau mit Hoffnungen und Träumen sah, die über diese Werkstätte hinausreichten? Nahmen sie an, ich wäre glücklich dabei, den Rest meines Lebens hier zu arbeiten?*

Kalter Regen fiel den ganzen Vormittag über. In der Mittagspause gab es in der Kantine einen schrecklichen Tumult. Ich hatte keine Ahnung, was die flatterhaften Emotionen meiner geistig behinderten Kollegen derart entfacht hatte, doch innerhalb von Sekunden rollte eine Welle kollektiver Wut und Enttäuschung durch den Raum, die Menschen zu Boden warf und

Fenster zerschlug. In Panik rollte ich zur Tür und floh hinaus in den Sturm. Dort weinte ich so heftig, daß ich Angst hatte, ich könne nie wieder aufhören. Das war nicht gerade das, was ich mit meinem Leben erreichen wollte.

Sicher, ich könnte im Gefängnis der Zerebralparese leben. Doch verriegelt waren die Türen allein durch den bloßen Gedanken, daß eben dies mein Schicksal sei. Während ich darum kämpfte, mit meinen Händen zu arbeiten, sehnten sich mein Herz und mein Verstand danach, an die Arbeit zu gehen. In diesem Moment wußte ich: Mehr als alles andere wünschte ich mir eine gute Schulbildung, damit ich die geistigen und schriftstellerischen Fähigkeiten, die Gott mir gegeben hatte, benutzen konnte, bevor sie verkümmern und absterben würden – wie mein armer erfrorener Kirschbaum.

Nachdem ich an diesem Nachmittag nach Sea Ridge zurückgekehrt war, erinnerte ich mich bewußt an das, was Pfarrer Jim gesagt hatte – daß Gott meinen Schmerz verstand und mitfühlte. Ich sagte mir, daß Gott sah, was in Crestview vor sich ging, und daß er wußte, wie unendlich allein ich mich fühlte, wie trostlos mein Leben schien. Um mich aus meiner Verzagtheit zu reißen, machte ich eine Liste der Ziele, die ich als nächstes erreichen wollte, eine einfache Aufgabenliste für das Wochenende – Artikel fertig schreiben, Buch lesen, Zimmer saubermachen, Donnas Kleiderschrank aufräumen, ihre Kleider zusammenlegen.

Ich begann meine Liste abzuarbeiten, war jedoch zu deprimiert, um mich zu konzentrieren. Meine ganze Enttäuschung kam wieder hoch und machte meine schwachen und unbedeutenden Ziele zunichte. Die schreckliche Angst verfolgte mich, dies könne womöglich alles sein, was mein Leben jemals ausmachen würde.

Am Sonntagnachmittag brach eine weitere Kaltfront herein. Erneut peitschten Regen und Wind durch den Garten. Auch der Sturm in meinem Innern tobte weiter.

Auf meinem Schreibtisch stand ein Becher mit einem Clownsgesicht und einem kalten Keramiklächeln, das sich über meinen Schmerz lustig zu machen schien.

Ich ergriff den Becher und schlug ihn gegen den Schreibtisch. Als er in Stücke brach, nahm ich einen der zackigen Splitter und sägte damit über mein rechtes Handgelenk. Ein kleines Rinnsal aus Blut erschien auf meinem Arm, aber ich hatte weder die Kraft noch die Koordinationsfähigkeit, um überhaupt tief genug zu schneiden. Welch eine Enttäuschung! Welch bittere Ironie! *Ich kann mich nicht einmal selbst umbringen!*

Aber in diesem Augenblick wurde mir klar, daß ich gar nicht sterben wollte. Und ich betete voller Verzweiflung zu Gott um den Willen, zu leben und nie wieder aufzugeben. Ich eilte ins Bad, um meinen Arm zu reinigen. Ich wickelte das blutige Papierhandtuch und die Scherben des Clownbechers in eine Papiertüte und vergrub sie tief in meinem Papierkorb. Dann zog ich ein langärmeliges Hemd an, ging zu Bett und fiel fast augenblicklich in einen erschöpften Schlaf.

Als ich am nächsten Morgen aufwachte, regnete es noch immer. Ich sorgte dafür, daß Donna ihren Regenhut aufhatte, als die Helfer kamen, um sie zur Schule zu bringen. Dann zog ich mich an und ging zur Arbeit. Als eine weitere Besuchergruppe durchgeführt wurde, beobachtete ich die Leute auf der anderen Seite der Glasscheibe und fragte mich, was sie wohl dächten, wenn sie durch das Fenster meiner Seele schauen könnten.

Kapitel 22

Kein Blick zurück

Ich sah Pfarrer Jim in der nächsten Woche und erzählte ihm, was passiert war. Er hatte den Eindruck, daß meine Selbstmordgefährdung seine Fähigkeiten überstieg. Daher ging ich ein paar Tage später zu einem Seelsorger, den er mir empfohlen hatte.

Der Mann schien ein mitfühlender Zuhörer zu sein, aber seine freiwillige Mitarbeiterin erwies sich als extrem unkultiviert. Vor meinem Besuch hatte ich einen Brief geschrieben, in dem ich meine derzeitige Krise beschrieb, und eine Freundin hatte ihn für mich abgegeben. Auf diese Weise mußten wir bei meinem ersten Termin nicht soviel Zeit damit verbringen, die grundlegenden Fakten zu klären. Ich hielt es für selbstverständlich, daß mein Brief nur von demjenigen gelesen würde, an den ich ihn adressiert hatte.

Am Ende meines Gesprächstermins zog die Mitarbeiterin meinen Brief aus einem Ordner und diskutierte laut in meinem Beisein über meine Notlage, als wäre ich blind, taub und ohne Gefühle. Sie hatten offensichtlich noch nie jemanden gesehen, der so behindert war wie ich. Sie wußten nicht, was sie mit mir anfangen sollten, und wunderten sich laut, ob ich wohl verstanden hätte, was der Seelsorger zu mir gesagt hatte. Ich fühlte mich gedemütigt und war wütend. Es war mir so peinlich, daß ich nicht einmal in der Lage war, Theater zu machen oder sie auch nur wissen zu lassen, wie unsensibel und grausam sie sich benahmen.

Danach betete ich: *Vater, vergib denen, die mich behandeln, als wäre ich eine Unperson. Denn ich bin zu wütend und zu verletzt, um ihnen aus eigener Kraft zu vergeben.*

In der darauffolgenden Woche erzählte ich Pfarrer Jim, was geschehen war, und sagte: »Ich gehe nie wieder in dieses Büro.« Er sagte, das könne er mir nicht verübeln.

Als Pfarrer Jim mich in der nächsten Woche besuchen kam,

teilte er mir das Abendmahl aus. Da ich damals, als ich die lutherische Kirche in North Dakota besucht hatte, noch ein Kind gewesen war, war dies das erste Mal, daß ich dieses Sakrament empfing. Das verkürzte Ritual erschien mir wie ein tiefes und wunderbares Geheimnis – sich den Leib und das Blut Christi als ein ganz gewöhnliches Stück Brot vorzustellen, das in Wein getaucht worden war. (Dies war für Pfarrer Jim die einfachste Art, mir Brot und Wein zu geben.) An den Sohn Gottes zu denken, dessen Leib gebrochen war, damit er meine Zerbrochenheit und meinen Schmerz tragen konnte.

Sich dies zu vergegenwärtigen, schien mir fast zu wunderbar, um daran zu glauben. Aber weil ich daran glaubte, fand ich in diesem Stück Brot und in diesem Fingerhut voll Wein eine neue Quelle der Kraft, um die lange, langsame Reise zu meinen Träumen fortzuführen.

Noch lange, nachdem der Winter des Jahres 1978 den Regengüssen und der warmen Sonne des Frühlings gewichen war, tobte der Sturm in meinem Herzen unvermindert weiter. Nachts, wenn ich nicht schlafen konnte, blies er noch stärker.

Ich hatte mich schließlich doch für das *Res* angemeldet und stand nun auf einer langen Warteliste. Mein Kopf sagte mir, die Entscheidung war richtig gewesen, aber meine Gefühle ließen mich nicht zur Ruhe kommen. Ich wollte Donna für immer halten und beschützen. Ich fürchtete um meinen Verstand, wenn ich bleiben würde, und doch fühlte ich mich grausam und herzlos, weil ich sie verließ.

Donna brauchte jemanden, der für sie sprach und dafür sorgte, daß sie an kalten Wintertagen warm genug angezogen war. Sie brauchte jemanden, der sie zum Essen überredete, wenn sie sich nicht hungrig fühlte. Sie verdiente jemanden, dem sie wichtig genug war, ihr zum Blühen und Gedeihen zu verhelfen.

Ich wußte, egal was ich für Donna tun würde, ihr Zustand würde sich nicht verändern. Es würde kein erstes Wort geben, keine schwache Stimme, die sagt: »Laß mich, ich will das selber machen!« Es würde nie auch nur ein Nicken geben, das Antwort auf eine Frage geben könnte. Zu oft hatte ich schon nach etwas – nach irgend etwas – in Donnas großen braunen Augen gesucht. Aber da war nichts. Das einzige, was sie jemals tun würde, war, in ihrem Bett zu liegen oder festgeschnallt in ihrem Rollstuhl zu sitzen. Sie kicherte, stieß Speichelbläschen aus, schüttelte ihren Kopf, schlug mit den Armen um sich. Was immer in Donna verborgen war, es sollte dort verschlossen bleiben.

Wie oft hatte ich mir gewünscht, meine Gaben mit ihr teilen zu können. Obwohl ich auch meine Portion an Unzulänglichkeiten besaß, konnte ich doch wenigstens denken, kommunizieren, Pläne schmieden und Träumen nachgehen. *Wie war das Leben für Donna? Hatte sie jemals auch nur im Ansatz entdeckt, daß sie existierte?* Ich wußte es nicht. Und ich würde es nie erfahren.

Ich stellte Pfarrer Jim all die schweren Fragen, die in meinem Herzen waren. Ich fühlte mich so verdorben, weil ich Donna verlassen würde, daß ich oft weinen mußte, wenn ich mit ihm über meine Pläne sprach. Aber er ersparte mir in unseren Gesprächen nie die harte Wahrheit. Er bestätigte mir, was ich schon wußte. »In zehn Jahren wird Donna immer noch in diesem Bett liegen und in diesem Rollstuhl sitzen«, so sagte er zu mir. »Aber du kannst in zehn Jahren schon dein Studium abgeschlossen haben und etwas schreiben, womit du deinen Beitrag in dieser Welt leistest.«

Immer wieder sagte er mir, er glaube, daß die Träume, die ich hatte, Teil des Willens Gottes für mein Leben waren. Er sagte mir, Gottes Willen zu tun sei selten einfach und manchmal sogar unangenehm. Doch sei es immer gut und richtig, den Willen Gottes zu tun.

Also sagte ich Gott, ich würde ihm vertrauen, daß Pfarrer Jim in dieser Sache Gottes Sprachrohr für mich sei.

Als ich dann eines Morgens mein Frühstück aß, mit Donna spielte und überlegte, welche Aufgaben ich bei meiner Arbeit als nächstes in Angriff nehmen sollte, kam mir eine Idee. *Wie wäre es, Donna taufen zu lassen?* Obwohl ich glaubte, daß Donna durch Gottes Gnade und durch ihre Unfähigkeit, selbst zu denken, bereits zu Gottes Familie gehörte, wäre die Taufhandlung doch ein äußeres, sichtbares Zeichen, daß ich Donna für immer in die liebenden Arme Jesu legte.

Natürlich würde Donnas Taufe nicht die Gewähr dafür sein, daß sie ihren Regenhut aufhatte, wenn sie ihn brauchte, oder daß sie genug zu essen bekam, wenn sie stur war und sich von den Helferinnen nur schwer füttern ließ. Aber für mich wäre es eine Erinnerung, daß sie der Fürsorge Gottes anvertraut ist. Und ich mußte sie ihm anvertrauen.

Als ich Pfarrer Jim die Idee vorschlug, schien er damit zufrieden zu sein. Ich ging einen weiteren Schritt in die Richtung, Donna loszulassen. Er fragte sich jedoch, wie das mit der nötigen Einwilligung zur Taufe wäre, denn Donna befand sich schließlich unter der Vormundschaft des Staates. Nachdem wir diese Hürde genommen hatten, sprach er einen weiteren Punkt an – die Religionsgemeinschaft, der ich mich angeschlossen hatte, führte keine Kindertaufe durch. Ich hatte dieser Frage nie viel Aufmerksamkeit geschenkt, bevor Donna in mein Leben getreten war. Nun fragte ich mich, warum so viele Leute versuchen, Gott einzuschränken. Sicher war doch der große, barmherzige Schöpfer flexibel genug, um meine guten Absichten in dieser Sache anzuerkennen und zu schätzen.

Der Tag, an dem Donna getauft werden sollte, begann warm und schön. Die Helferin zog Donna ein hellblaues Kleidchen an, in dem sie aussah wie ein unschuldiger kleiner Engel. Wir führten die Taufe im Garten hinter dem Pflegeheim durch. Ein mit Blumen bedeckter alter Campingtisch diente als Altar. Das Taufbecken war eine kleine, mit Wasser gefüllte Plastikschüssel.

Dieser unpassende Rahmen wurde noch unterstrichen durch die kleine Gruppe von Freunden, die sich versammelt hatte, und durch die spürbare Gegenwart Gottes. Ein kleines rothaariges Mädchen, das ich noch nie gesehen hatte, sprang um die Gäste herum. Ich betete für dieses Kind, dankte Gott für ihre offensichtliche Heiterkeit und bat ihn um seinen Segen und Schutz, damit sie nie ihr Leben wie Donna in einem Pflegeheim verbringen mußte.

Mein Gebet und meine Nachdenklichkeit wurden von Pfarrer Jim unterbrochen, der den Gottesdienst im Namen des Vaters und des Sohnes und des Heiligen Geistes begann. Er stellte mir dieselben Fragen, die er Donnas Eltern gestellt hätte, wenn sie welche gehabt hätte. Er verkürzte den gesprochenen Teil des Gottesdienstes und gab mir Zeit zu antworten. In meinem Versprechen bekannte ich meinen Glauben an Christus und übernahm die Verantwortung, Donna zu sagen, daß Gott sie liebte, indem ich ihr meine Liebe für sie zeigte.

Dann sprach Pfarrer Jim einen Segen über Donnas Leben: daß der Herr sie bewahren und zum ewigen Leben führen werde. Er bat auch, daß ich – wenn die Zeit für mich käme, aus Donnas Leben herauszutreten – zurückschauen könne auf ihre Taufe und Gott für seine Verheißung danken, daß er sie lieben und für sie sorgen werde.

Nach dem Gottesdienst setzten wir uns alle in den Schatten und unterhielten uns. Pfarrer Jim sagte mir noch einmal, er glaube, daß meine Zukunft sogar noch wunderbarer sein werde, als ich es mir in meinen Träumen ausmalte, egal, welchen Schmerz und welche Freuden mein Leben auch bringen werde. Gott konnte meine Träume noch übertreffen. Er werde mir Ziele und Aufgaben geben, die ich sicher erfüllen könnte.

Donna hatte nun keine Lust mehr, still zu sein, während wir uns unterhielten. Sie fing an zu blubbern, zu treten und die üblichen »Donna-Geräusche« von sich zu geben, bis alle Gespräche zum Erliegen kamen und sie wieder ganz im Mittelpunkt stand. Dann machte sie ein Trara, als habe sie genug von diesem Nachmittag. So nahmen wir sie ins Haus, und Pfarrer Jim steckte sie sanft wieder in ihr Bett.

Meine Entscheidung stand fest. Ich würde das Pflegeheim verlassen. Doch das *Res* informierte mich darüber, daß ihre Warteliste jetzt noch länger geworden war als zu dem Zeitpunkt, als ich mich zum ersten Mal darüber informiert hatte. Ich würde bis zu meinem Einzug noch über ein Jahr warten müssen. Nachdem ich so lange mit diesem Entschluß gerungen hatte, schien mir die Wartezeit unendlich lang.

Doch ein paar Monate später, als der Oktober den Garten hinter dem Pflegeheim orange, rot und gelb färbte, wurde mir deutlich, wie schnell die Jahreszeiten vergingen. Ich beschloß, daß ich die verbleibende Zeit nutzen konnte, um einen anderen alten Traum zu verwirklichen.

Ich sagte Pfarrer Jim, daß ich mich in der lutherischen Kirche konfirmieren lassen wollte. Er meinte, es sei nie seine Absicht gewesen, mich von meiner bisherigen Glaubensgemeinschaft abzuwerben. Ich versicherte ihm, daß dies etwas war, wovon ich seit meiner Zeit auf der Anne-Carlsen-Schule geträumt hatte. Nun, da ich das Pflegeheim verlassen und ins *Res* ziehen würde, wäre meine Konfirmation ein wundervolles und passendes Zeichen für einen weiteren Neuanfang.

Was ich meinen lutherischen Freunden nicht sagte – ich konnte die schrecklichen Erinnerungen und Gefühle, die mit meinem früheren sexuellen Mißbrauch verbunden waren, noch nicht in Worte fassen –, war, daß ich meine Konfirmation auch als einen entscheidenden Schritt auf meiner verborgenen Reise weg von der häßlichen Vergangenheit ansah. Wenn ich in der lutherischen Kirche eine neue geistliche Heimat finden konnte, dann könnte ich vielleicht – nur vielleicht – etwas von den Schuldgefühlen und der Scham durchbrechen, die mich noch immer banden.

Daher hatte der Gedanke der Konfirmation für mich eine doppelte Bedeutung. Es würde mich mit meinen neuen Freunden verbinden, da es öffentlich einen geistlichen Neuanfang symbolisierte. Und es würde auch meine Hoffnung auf einen Neubeginn ganz im Verborgenen meines Lebens zeigen.

Die Konfirmandenklasse für Erwachsene war sehr groß und wurde vom ersten Pfarrer der Gemeinde geleitet. Iola hatte sich angeboten, mit die Klasse zu besuchen und als meine Übersetzerin zu fungieren. Eines Tages fühlte ich mich während der Konfirmandenstunde so schwach, daß ich ständig von meinem Stuhl rutschte. Als mich Iola nach der Stunde ernsthaft zur Rede stellte, beharrte ich darauf, daß es mir gut ginge. Doch sie konnte an meiner Stimme erkennen, daß ich müde war und

Schmerzen hatte. »Ich wette, du hast wieder nur an deinem Frühstück herumgepickt und die halbe Nacht wach gelegen. Hab' ich recht?« Ich mußte zugeben, daß es so gewesen war.

Iola fuhr mich direkt nach Hause ins Pflegeheim und steckte mich ins Bett. Streng informierte sie die Schwester, daß ich kränker war, als ich die Leute glauben machte. Obwohl ich mich schon geraume Zeit nicht wohl gefühlt hatte, schien es immer so sinnlos, den Schwestern irgend etwas davon zu sagen. Die richteten es nur dem Arzt aus, und der verschrieb mir etwas, ohne sich überhaupt die Mühe zu machen, mir zuzuhören. Ich hatte mir gedacht, es wäre das Beste, irgendwie durchzuhalten, bis ich ins *Res* umzog – vielleicht würde mir ja dort jemand zuhören.

Als ich versuchte, das alles Iola zu erklären, wurde sie sichtbar wütend und fragte, warum ich nicht zu einem anderen Arzt gehen könnte. Gleich am nächsten Morgen kamen sie und Ruth wieder und verkündeten mir, sie würden mich für eine Kontrolluntersuchung ins Krankenhaus bringen. Aber als Iola ein sauberes Nachthemd und meinen Bademantel in die Tasche meines Rollstuhls steckte, packte mich die Panik.

Ruth versuchte mich zu beruhigen und zum Zuhören zu bewegen. »Schatz«, sagte sie, »du hast dich jetzt schon eine ganze Zeit nicht wohl gefühlt. Ich weiß, du versuchst so zu tun, als wäre nichts, aber du machst dir nur etwas vor. Wir haben einen Arzt, der dich anschauen möchte. Iola und ich werden mit dir hingehen. Wir sorgen dafür, daß er dich versteht und weiß, daß du ihn auch verstehen kannst. In Ordnung?«

Ich willigte ein. Der Arzt untersuchte mich kurz, dann verschrieb er mir völlige Bettruhe und sagte, er wolle mich noch genauer untersuchen, nachdem ich mich beruhigt und etwas Kraft wiedergewonnen hätte. Dann wies er mich ins Krankenhaus ein.

Ich protestierte, und selbst nachdem ich auf ein Zimmer gebracht worden war, versuchte ich dreimal, aus dem Bett zu klettern und zu verschwinden. Ruth und Iola hinderten mich daran. Schließlich ließ meine Panik nach. Mein Verstand klinkte sich wieder ein, und ich entschuldigte mich dafür, daß ich mich so unmöglich benommen hatte. Nachdem sie meine Entschuldigung freundlich angenommen hatten, meinte ich zu ihnen: »Würden die Damen jetzt bitte nach Hause gehen und etwas zu Mittag essen. Es ist schon fast drei Uhr, ihr müßt ja hungrig sein. Es geht mir jetzt gut.«

Sie lachten und umarmten mich. »Das klingt schon eher nach dir. Kuschel dich rein und erhol dich ein bißchen, wie der Arzt es verordnet hat.«

Der Arzt kehrte am darauffolgenden Nachmittag wieder und untersuchte mich gründlich. Er blieb über drei Stunden, um mit mir zu reden. Er hatte keine Erfahrungen im Gespräch mit jemandem mit Sprachstörung, aber er lernte schnell. Er war freundlich und behandelte mich mit Achtung.

Der Arzt sagte, er werde meine Medikamente umstellen. Mein früherer Arzt hatte mir Herzmittel verschrieben, um meine Beschwerden in der Brust zu behandeln. Doch dieser Arzt sagte, er habe keine Anzeichen für eine Erkrankung des Herzens gefunden. Er habe eine leichte Arthritis festgestellt und eine ganze Reihe von Anzeichen für einen Streß- und Erschöpfungszustand. Meine Depression machte ihm am meisten Sorgen, und er wollte mit mir darüber reden, was in meinem Leben vor sich ging.

Ich erzählte ihm von meiner Enttäuschung über das Pflegeheim und Crestview. Ich berichtete ihm von meiner schwierigen Entscheidung, ins *Res* umzuziehen, wo ich hoffte, mehr Therapie und bessere Versorgung zu bekommen, sowie die Chance, aufs College zu gehen. Ich erzählte ihm, daß ich davon träume, nach meinem Studium mein eigenes Zuhause zu haben und meinen Platz in der Gesellschaft zu finden.

Nachdem er mir zu Ende zugehört hatte, meinte der Arzt: »Jeder Mensch mit einem so regen und hellen Verstand wie Sie würde unter Ihren Umständen natürlicherweise eine Menge Streß empfinden. Aber ich bin beeindruckt davon, daß Sie bereits Schritte unternommen haben, um sich selbst zu helfen. Ich wünschte, mehr Patienten wären so mutig wie Sie und würden soviel Verantwortung für ihr eigenes Leben übernehmen.«

Dann stellte er mir eine sehr ehrliche Frage: »Carolyn, wie

kommen Sie damit klar, wenn sich Leute nicht die Zeit nehmen, um sie zu verstehen? Wenn ich mich nicht in Sekundenschnelle verständlich machen könnte, würde ich schlichtweg durchdrehen. Sie haben so viel zu bieten. Wenn Sie nur in der Lage wären, sich zügiger auszudrücken.«

Wir unterhielten uns noch etwas. Als wir fertig waren, dankte ich diesem aufmerksamen Mann für seine Geduld und sein Mitgefühl. Nachdem er gegangen war, schlief ich den ganzen Nachmittag fest. Seine Barmherzigkeit hatte mir neuen Frieden und Hoffnung gegeben.

Am nächsten Tag kam der Arzt wieder und sagte mir, er habe mich beim *Res* auf die Liste dringender Fälle setzen lassen. Sobald etwas frei würde, würde man mich benachrichtigen. Aber er wollte, daß ich noch ein paar Tage im Krankenhaus bliebe, um Kräfte zu sammeln. Er gab den Schwestern sogar die Anweisung, mich zu füttern, da es mir so schwerfiel, selbst zu essen.

Nachdem er gegangen war, lag ich im Bett und betete. Ich sagte Gott, wie wunderbar es wäre, noch vor Weihnachten Nachricht vom *Res* zu erhalten und das neue Jahr mit einem richtigen Neuanfang zu beginnen.

Eines Abends im Dezember, nachdem ich aus dem Krankenhaus entlassen worden war, schaute eine Frau bei mir vorbei, die schon seit langem als freiwillige Helferin im Pflegeheim arbeitete. Dorothy hatte etwas selbstgemachtes Apfelmus eingeschmuggelt, mit dem sie mich fütterte, bevor sie mir half, einen winzigen Weihnachtsbaum zu dekorieren, den wir auf meinen Bücherschrank stellten.

Ich erzählte ihr, wie sehr es mich zerriß, Donna in dem gleichen Zustand zurückzulassen, in dem ich sie vor sieben Jahren vorgefunden hatte – als ein ausgesetztes Kind. Dorothy sagte mir geradeheraus, daß ich aufhören müßte, so zu denken. »Donna ist ein süßes kleines Kind«, meinte sie, »und sie ist in Gottes Augen wertvoll. Aber wenn du bleibst, um für sie zu sorgen, betrügst du dich um dein eigenes Leben. Erinnerst du dich noch, wie du mir gesagt hast, du hättest den Eindruck, du würdest umkommen, wenn du hier noch länger leben müßtest? Du mußt deinen Weg weitergehen. Du mußt deinen Träumen folgen, Schriftstellerin zu werden. Geh zurück aufs College. Eines Tages wird das, was du schreibst, Menschen wie Donna helfen und anderen, die in so einem Pflegeheim wohnen müssen. Es wird nicht einfach sein, Carolyn, aber wenn du dranbleibst, kannst du deine Träume wahrmachen. Donna wird immer so hilflos bleiben, selbst wenn du ihr dein ganzes Leben widmest.«

Ein paar Tage später erhielt ich die Antwort auf meine Gebete. Ich bekam einen Anruf vom *Res*, in dem mir gesagt wurde, ich könne am 2. Januar 1979 einziehen. Der Herr hatte mir für dieses neue Jahr einen Neuanfang geschenkt.

In der kurzen Zeit, die mir noch in Sea Ridge blieb, räumten Iola, Ruth, Dorothy und ich mein Zimmer aus – fünfzehn Jahre meines Lebens hatten sich hier angesammelt. Ich war selbst überrascht, als Ruth feststellte, daß es schon so lange gewesen war. Wir warfen eine Menge fort und packten den Rest ein. Als die stellvertretende Leiterin der Verwaltungsabteilung vorbeikam und bemerkte, dies erinnere sie an den Auszug ihrer Kinder von zu Hause, schien mir dies ein passender Vergleich. Fast mein halbes Leben lang war Sea Ridge mein Zuhause gewesen. Ich hatte hier Freude und Fortschritte erlebt, wie auch Leid und Enttäuschungen. Jeder Raum, jeder Gang war erfüllt von Erinnerungen.

Donna hatte Schulferien und schien besonders störrisch zu sein, während meine Freundinnen und ich meine Sachen wegpackten. Ich fragte mich, ob sie wohl spürte, daß ich dabei war zu gehen. *Wie konnte ich sie wissen lassen, daß ich sie immer noch liebte? Daß ich gehen mußte? Daß Gott sich um sie kümmern werde?* Ich wußte es nicht.

Am zweiten Tag des neuen Jahres wachte ich sehr früh auf und betete, daß Gott seine Engel senden möge, um Donna zu beschützen. Wie gewöhnlich half ich der Pflegerin, sie für die Schule anzuziehen. Es schien, als habe die Zeit über die letzten sieben Jahre wie ein Weberschiffchen Donnas Leben und das meine so eng miteinander verwoben, daß zu gehen nun war, als würde man mein Herz in zwei Teile zerreißen.

Ich versuchte, nicht zu weinen, als ich mit ihr hinausging, um auf den Schulbus zu warten und zum letzten Mal Lebewohl zu sagen. Bis sie nach Hause zurückkehren würde, wäre ich bereits gegangen.

Das Zimmer wirkte kahl und traurig, als ich meine Decken zusammenlegte und mich anzog. Ich hörte Iola und Dorothy den Gang entlang kommen. Sie grinsten, als sie ins Zimmer kamen. »Guten Morgen, Schatz. Das war's dann wohl«, meinte Dorothy, während sie mich beide herzlich umarmten.

Wir beteten gemeinsam, daß Gott das Wunder, das er in meinem Leben begonnen hatte, in diesem neuen Lebensabschnitt fortführen möge. Und ich betete: »Danke, Herr, für alles Schöne und für alles Tragische in den Jahren, die ich in diesem Pflegeheim verbracht habe. Bitte gib mir einen Geist der Zusammenarbeit für die Mitarbeiter und Mitbewohner in meinem neuen Zuhause, dem *Res*.«

Dann verließen wir Sea Ridge und traten hinaus in einen schrecklichen, regnerischen Wintersturm. Ich war entschlossen, nicht zurückzuschauen, denn ich wollte nicht weinen.

Kapitel 23

Das *Res*

Der Wind trieb den Regen mit solcher Wucht vor sich her, daß es war, als führen wir durch eine Waschanlage. Im Radio wurde davor gewarnt, daß die Brücke über den Lake Washington gesperrt werden könnte.

Ich hoffte, daß die Freunde, die bei mir waren, auch wieder sicher nach Hause kommen würden. Ich faßte Iolas Hand. Sie lächelte und schwieg.

Ich dachte an all die Stürme, die über die Jahre in meinem Innern gewütet hatten. Würden sie jemals zur Ruhe kommen? Und als der Regen auf die Motorhaube prasselte, erinnerte ich mich wieder an jenen stürmischen Tag, als ich Gaga verloren hatte.

Eine der Schwestern kam uns an der Eingangstür entgegen und hielt sie für uns auf: »Kommen Sie doch herein. Das ist ja ein fürchterlicher Sturm!«

Während Iola mir half, die Jacke auszuziehen und meine Kleider wieder zu ordnen, meinte die Schwester zu mir: »Ich habe soviel von Ihnen gehört, Carolyn. Ich denke, Sie werden ein Gewinn für das *Res* sein.«

Ich wußte nicht, was ich antworten sollte. Ich war mir nicht sicher, ob ich für irgend jemanden »ein Gewinn« sein wollte. Ich war doch nur hierher gekommen, weil ich keine andere Alternative gesehen hatte, wenn ich aufs College gehen wollte.

Die Schwester rief jemanden von der Hausverwaltung, damit er beim Hereinbringen meiner Sachen half. Einige Minuten später befand ich mich auf dem Weg zu meinem Zimmer, das ich mit Ila Mae teilen würde. Sie arbeitete noch in der Werkstätte des UCP, sollte aber später nach Hause kommen. Doch der Raum hatte schon jetzt eine vertraute Atmosphäre. Ihre alte Decke lag auf dem Bett, auf ihrem Schreibtisch standen ihre Bücher und Papiere, und an der Wand hingen ihre Lieblingsfotos und -bilder.

Nachdem ich die meisten meiner Kleider in den Schränken verstaut und die Eingangsformalitäten erledigt hatte, machten sich Iola, Ruth und Dorothy auf den Heimweg. Kaum waren sie fort, legte ich meine Decke auf mein unbezogenes Bett und fiel in einen tiefen Schlaf – von all der Unruhe, die tagsüber im *Res* herrschte, bekam ich nichts mit. Wenn ich irgendwo neu war, hatte ich normalerweise Probleme, mich so zu entspannen, daß ich einschlafen konnte, aber jetzt schlief ich ganz gelöst. Ich wußte nicht, ob ich stand oder fiel, aber ich hatte einen Riesenschritt nach vorne gemacht. Ich hatte das Gefühl, daß es so richtig war.

Ich erwachte, als ich das vertraute Summen von Ila Maes Rollstuhl auf dem Flur hörte. (Jeder Rollstuhl hat seinen eigenen, charakteristischen Klang.) Ich stieß die leeren Kisten aus dem Weg und hieß sie mit einem Quietschen und einer Umarmung willkommen.

Sie rief aus: »Es kommt mir ganz selbstverständlich vor, daß du hier bist. Wie schön das ist!«

Ich erzählte Ila Mae, daß ich wohl einen Moment lang weggedöst sein mußte. In diesem Augenblick kam die Abendschwester herein und begrüßte mich: »Na, du Schlafmütze, bist du doch noch aufgewacht. Hallo, ich heiße Margie. Dreimal bin ich schon dagewesen, um deine Lebensfunktionen zu kontrollieren, aber du warst fest eingeschlafen. Laß mich Ila Mae auf die Toilette bringen und dann seh ich nach dir. Wenn wir neue Patienten im Haus haben, wollen wir sichergehen, daß sie auch am Leben sind.«

Ich fragte sie, ob Hunger auch ein Zeichen normaler Lebensfunktion sei. Wenn ja, dann wäre ich sogar sehr lebendig.

Nur wenige Minuten nachdem die Schwester mit mir fertig war, kamen nacheinander lauter alte und neue Freunde herein, um mich zu begrüßen.

Ich begriff schnell, daß ich nun einer sehr breitgefächerten Gemeinschaft angehörte – sowohl was unsere Behinderungen als auch unsere Ziele anging. Es gab Schriftsteller und Künstler und Politiker. Es gab Kirchgänger und Atheisten. Unter uns waren verheiratete Paare, Homosexuelle und Singles. Manche waren still und zurückgezogen, andere waren eindeutig Leute, die etwas bewegen oder durcheinanderrütteln konnten. Es gab einige unter uns, die ständig um mehr Unabhängigkeit kämpften, und andere, die noch am Rockzipfel ihrer Eltern hingen. Ich traf einige, denen man sofort ansah, daß sie Nonkonformisten waren, und andere, die sich von jedem Trend mitreißen ließen.

Wir waren ein bunter Mikrokosmos, in dem die ganze Menschheit mit all ihren Unterschiedlichkeiten vertreten war. Während Ila Mae und ich uns auf den Weg zum Speisesaal machten, dachte ich an die weitverbreitete, aber falsche Annahme, alle Behinderten wollten und bräuchten ein und dasselbe.

Wir gerieten auf unserem Weg in den Speisesaal in ein Verkehrschaos. Deshalb parkten Ila Mae und ich die Rollstühle am Rande des Flurs, um zu warten, bis sich der Stau aufgelöst hatte.

Um mir die Zeit zu vertreiben, stellte ich mich neben das Geländer und hielt mich fest, um zu der Musik zu tanzen, die über die Lautsprecheranlage kam. Ila Mae verdrehte nur zum x-ten Mal in unserer langen Freundschaft ihre Augen.

Jemand rief am andern Ende des Ganges so laut, daß ich das Geländer losließ und fiel. Während ich mich wieder in meinen Rollstuhl hochzog, hörte ich die unverschämt laute Stimme eines Mannes: »Was ist das für 'ne Type, die da vorne rumtanzt? Die hab ich ja noch nie gesehen.«

Ila Mae lachte, und als der Mann näher kam, stellte sie uns einander vor: »John, das ist Carolyn. Ich glaube, ihr beide paßt zueinander. Ihr habt beide eine Meise.«

John protestierte, er könne nicht ganz so verrückt sein wie ich. »Wenigstens stand ich hier ganz zivilisiert«, meinte er. »Aber du bist ja rumgehüpft – da muß ja was nicht in Ordnung sein bei dir.«

Selbst wenn ich den Schalk in seinen Augen nicht gesehen hätte, hätte ich ihn für einen lustigen Typ gehalten. Er sah aus wie einer, der schon mehr Streiche gespielt hatte, als ihm mit seinen sechzig-und-ein-paar Jahren zustand. Weißes Haar kräuselte sich um seine Ohren, aber oben war sein Kopf so glänzend und glatt wie eine polierte Glaskugel.

Bald erfuhr ich, daß John Geschäftsmann war. Er und seine Familie gehörten zu der Kirchengemeinde in der Nachbarschaft des *Res*. Er sah seine besondere Aufgabe im Dienst an den Behinderten und hatte einen besonderen Dienst an den Heimbewohnern übernommen und ging in unserer Einrichtung ein und aus. Bevor er sich wieder auf den Weg machte, lud er mich zu einem Gottesdienst seiner Gruppe ein.

Während wir im Speisesaal darauf warteten, bedient zu werden, fragte ich Ila Mae über John aus. *War er in Ordnung? Was wollte er von uns? Das Gefühl, eine Heldentat vollbracht zu haben? Oder Erlösung von seinen Schuldgefühlen, daß er einen gesunden Körper hatte?* Er mochte vielleicht behaupten, ein Christ zu sein, aber ich würde ihm das nicht so einfach abkaufen.

Ila Mae schien von meinem Zynismus überrascht zu sein. »Du hast doch sonst immer allen vertraut«, meinte sie. »Aber jetzt benimmst du dich, als habe John irgend etwas verbrochen.«

Ich erzählte ihr von den »Plastik-Christen«, die nach Sea Ridge kamen, und besonders von dem Mann, der in mein Zimmer marschiert war, als ich in Unterwäsche dasaß, und versucht hatte, meine Papiere zu durchwühlen. Ich sagte Ila Mae, ich habe das Gefühl, ich müsse mich schützen, solange ich nicht wüßte, wem ich trauen konnte. Sie lächelte verständnisvoll.

Das Abendessen war angenehm. Die Helferinnen boten uns sogar ein weiteres Glas Milch an. Besonders gut fand ich, daß ich mich mit Leuten unterhalten konnte, ohne dabei wie ein Tier mein Essen zu bewachen. Im Pflegeheim hatte ich oft mein Essen an die geistig Behinderten verloren, die sich alles schnappten, was sie zu fassen bekamen. Ich genoß dieses unbekümmerte, streßfreie Essen unter Freunden so sehr, daß ich ihnen erzählte, wenn ich mich erst einmal an soviel Höflichkeit und gute Sitten gewöhnt hätte, würden meine Erwartungen in dieser Richtung sicher ein Faß ohne Boden werden.

Alle lachten. Ila Mae grinste: »Du und gute Sitten? Das möcht' ich sehen!«

Nachdem wir den Nachtisch gegessen hatten, verließ ich den Tisch mit einem Bauch voller Essen und einem Herzen voller Freundschaften.

Nach dem Abendessen mußte ich mit dem Auspacken weitermachen.

Zwei Helfer, ein junger Mann und eine junge Frau, kamen an unsere Tür. Sie wollten wissen, ob ich noch Hilfe beim Einrichten brauchen konnte. Tom und Mary stellten sich vor. Sie erklärten mir, sie seien beide Studenten, die versuchten, sich durch das *Lutheran Bible Institute* hindurchzuarbeiten, um Bibelübersetzer zu werden. Mary sagte, sie hätten durch Pfarrer Jims Vater von mir gehört, der Professor am Institut sei.

Ich staunte über die Effektivität der Flüsterpropaganda in der lutherischen Gemeinde. Mary gluckste: »Du siehst, wir kennen jeden deiner Schritte.«

Ich schüttelte den Kopf und beschwerte mich grinsend: »Ich bin gerade erst angekommen, und schon bin ich stadtbekannt.« Aber ich schätzte ihr Interesse an mir – besonders als Mary und Tom wissen wollten, was für Pläne ich für das *Res* habe. Für sie schien es ganz selbstverständlich zu sein, daß ich größere Pläne für meine Zukunft hatte.

Während ich Mary über meine Ziele Bericht erstattete, schleppte Tom meinen grünen Schreibtisch herein und stellte die Schreibmaschine darauf. Der angeschlagene, alte Schreibtisch sah unansehnlich aus. Als Mary mich fragte, ob er denn noch stabil genug wäre, versicherte ich ihr: »Dieser alte Schreibtisch ist mir sehr ähnlich – stärker, als man denkt, und in einer so flotten und neuen Umgebung etwas fehl am Platz.« Wir alle lachten, als seien wir bereits alte Freunde.

Als es Zeit war, schlafen zu gehen, waren Ila Mae und ich endlich allein. Sie sagte mir noch einmal: »Ich bin froh, daß du hier bist.« Dann fügte sie ehrlich hinzu: »Ich gebe zu, das *Res* hat auch seine Probleme. Es ist nun mal ein Heim. Es ist nicht ganz das, was wir uns vorgestellt hatten, als wir vor Jahren die Pläne dafür entwarfen. Es ist weniger, als wir nötig hätten, aber sehr viel besser als das, was wir vorher hatten.«

Bevor ich ins Bett kletterte, zog ich die Vorhänge zurück, um aus dem Fenster zu schauen. Der Mond warf sein silbernes Licht durch einige vereinzelte Wolken und trieb still über den dunklen Himmel. Es würde eine kalte, trockene Nacht werden nach diesem nassen und windigen Tag.

Ich kam mir vor, als hätte ich schon Tausende von Kilometern zurückgelegt, seit ich Sea Ridge am Morgen verlassen hatte.

Kapitel 24

Achtung – elektronische Frau!

Fast unbemerkt rückte der Sonntag meiner Konfirmation heran. Es war ein sonniger und kalter Tag. Während ich mich für den Gottesdienst umzog, erinnerte ich mich an meine Zeit in der Anne-Carlsen-Schule, und mir wurde bewußt, daß ich nun, über zwanzig Jahre danach, schließlich wieder an das geistliche Erbe dieser Jahre anknüpfte. Nach einem langen und schmerzlichen Umweg bewegte ich mich auf meiner geistlichen Wanderschaft wieder vorwärts, weg von all dem Häßlichen der Vergangenheit.

Die Sonne schien durch ein Deckenfenster und strahlte auf mich und die anderen Konfirmanden herab, als wir vor dem Altar standen – ein warmes und wunderschönes Symbol der Gnade. Iola stand neben mir, so daß ich mich auf sie stützen konnte, während Pfarrer Larson die nüchternen Fragen des Konfirmationsritus an uns stellte.

»Glaubst du an Gott, den Vater, und an Jesus Christus, seinen eingeborenen Sohn, und an den Heiligen Geist?«

»Wendest du dich von allen Werken des Satans ab?«

»Glaubst du an den Auftrag der Kirche und unterstützt du ihn?«

Auf jede der Fragen antworteten wir: »Ja, mit Gottes Hilfe.«

Dann legte der Pfarrer jedem die Hände auf und betete: »Vater im Himmel, um Christi willen bitten wir dich, erwecke in Carolyn die Gabe deines Heiligen Geistes, stärke ihren Glauben, leite sie, gib ihr die Kraft, dir in Geduld zu dienen, und führe sie zum ewigen Leben.«

Mein Versprechen erschien mir so zerbrechlich im Vergleich zu den Verheißungen Gottes und seiner bedingungslosen Liebe und Vergebung. Ich sagte mir, daß ich diesen Versprechen glauben wollte. Und ich war dankbar, daß Gott mein Verlangen kannte, ihm zu gefallen, obwohl ich mit meiner Wut und meinen Depressionen kämpfte.

Während des Empfangs, der auf den Gottesdienst folgte, begrüßten mich unzählige Leute mit freundschaftlichen Umarmungen. Pfarrer Larson »tadelte« mich, zum Gesprächsthema Nummer eins in seiner Gemeinde geworden zu sein. Er kicherte, während er zu Iola meinte: »Ständig höre ich über die tausend Träume, die Carolyn so eifrig verfolgt. Ich hatte sie ermutigt, ein Pionier im *Res* zu sein, aber jetzt scheinen sogar die Leute hier ihren Geist der Hoffnung zu spüren.«

Es tat gut, solche Worte zu hören. An diesem Tag ging ich mit dem Gefühl nach Hause, daß meine Konfirmation die lange Reise wert gewesen war. Ich hatte endlich einen Gipfel erklommen, obwohl unten im Tal der alltägliche Kampf in den nächsten Monaten und Jahren weitergehen würde.

Ich litt unter der Trennung von Donna. Zu den Mahlzeiten mußte ich an sie denken – ich fragte mich, ob sie wohl ihr Fläschchen hatte, oder ob die Pflegerinnen sich wohl genug Zeit nahmen, um sicherzugehen, daß sie genug gegessen hatte. Ich fühlte mich verletzlich und entwurzelt nach fünfzehn Jahren im Pflegeheim. Aber ich wollte die Zeit bis zu meiner Einschreibung am *Shoreline Community College* sinnvoll nutzen.

Ich sprach mit meiner Physiotherapeutin, um den ganzen Papierkrieg hinter mich zu bringen, damit der Bundesstaat Alaska mir einen elektrischen Rollstuhl genehmigen würde, mit dem ich mich auf dem College-Gelände fortbewegen konnte. Ich versprach ihr, daß ich ihn nur für die Universität benutzen wollte und nicht vorhatte, den ganzen Tag darin zu sitzen und die wenigen Muskeln, die ich besaß, völlig verkommen zu lassen.

Während meiner ersten Monate im *Res* benutzte ich jeden Morgen mein Laufgestell, um zur Gymnastik in den Therapieraum zu gehen. Dann wackelte ich mit Hilfe des Laufgestells wieder zu unserem Zimmer zurück. Einige der Schwestern zogen mich damit auf und nannten meine Art zu gehen den »Carolyn-Wackel-Gang«.

Als in den folgenden Monaten immer mehr Heimbewohner elektrische Rollstühle erhielten, mußte ich meine Gewohnheiten ändern. Viele von ihnen waren sichere und vernünftige Fahrer, denen bewußt war, daß ihr Rollstuhl einen Menschen zu Boden werfen konnte. Doch viel zu viele der Rollstuhlfahrer hatten nur ein schwaches Koordinationsvermögen und akute Schreckreflexe – in überfüllten Gängen eine gefährliche Kombination. Andere schienen zu meinen, daß man alle, die sich mit Laufgestellen fortbewegten, über den Haufen fahren konnte, ohne daß sie sich beklagen würden. Was mich am meisten ärgerte, waren die Fahrer, die einen in den Boden rammten, sich kurz entschuldigten und dann davonsausten, ohne sich auch nur im geringsten um einen zu kümmern.

Ron war ein Schatz – ein erwachsener Mann mit dem Verstand eines kleinen Jungen. Er konnte stundenlang dasitzen und zuschauen, wie sich die Zahlen an der Digitaluhr veränderten. Nachdem er seinen elektrischen Rollstuhl bekommen hatte, meisterte er allerdings nie so richtig die doppelte Anforderung, einerseits zu fahren und andererseits aufzupassen, wohin er steuerte. Er entschuldigte sich jedesmal mit Tränen im Gesicht, wenn er mich niedergewalzt hatte. Dennoch waren er und andere, weniger empfindsame Fahrer einer der Hauptgründe, warum ich mein Gehen schließlich auf das Laufband im Therapiezentrum beschränkte.

Während ich auf den Studienbeginn zu Anfang des Sommersemesters wartete, arbeitete ich freiwillig am UCP-Zentrum, diesmal als Unterrichtsassistentin. Eines Nachmittags entdeckte ich, daß die Sprachtherapeutin des Zentrums ein neues Gerät zur Erleichterung der Kommunikation besaß, das sich *Canon Communicator* nannte. Es hatte die Größe eines Transistorradios und bestand aus einer kleinen rechteckigen Tastatur, aus der an einer Seite ein dünnes Papierband herauskam, ähnlich dem Papierstreifen eines Telegrafen. Die Buchstaben, die man auf der Tastatur eingab, erschienen auf dem Papierstreifen. Mit diesem Gerät, das wie eine Miniaturschreibmaschine wirkte, konnte man unverstümmelte Botschaften mitteilen.

Es war für mich nie leicht gewesen, mich anderen mitzuteilen; selbst dann nicht, wenn die Leute bereits genug Zeit mit mir verbracht hatten, um zu wissen, daß bei mir jedes J, S und Z wie ein Y klang, daß die Aussage in der Vergangenheit stand, sobald ich meine Hand auf den Rücken legte, und daß ich den Plural eines Wortes meinte, wenn ich die fünf Finger einer Hand hob. Die Zeiten und Pluralbildung hatte ich noch nie richtig hinbekommen.

Ich hatte mir mein Vokabular einer Dreijährigen, wie ich selbst es nannte, zusammengestückelt. Es sparte Zeit und Energie, aber es ruinierte meine Selbstachtung. Anstatt zum Beispiel zu sagen: »Ich gehe jetzt in den Speisesaal«, sagte ich nur: »Ich gehe Speise.« Ich konnte mich über alle notwendigen Dinge verständigen, aber manchmal mußten meine Gesprächspartner den Eindruck gewinnen, mir würden lebensnotwendige Dinge fehlen – das Gehirn zum Beispiel.

Mit dem *Canon Communicator* würde es möglich sein, auszudrücken, was ich wollte, ohne erst jeden Satz daraufhin zu überprüfen, ob ich ihn überhaupt aussprechen konnte. Denn bevor ich einen Satz laut aussprechen konnte, mußte ich erst den Klang der Wörter in Gedanken durchgehen, um sie möglichst deutlich über meine Lippen zu bringen. Ich mußte jeden Satz mit meinem mir zur Verfügung stehenden Sprechvokabular vergleichen, um sicherzustellen, daß ich das Ganze mit allen Silben, Zeiten und Zungenbewegungen herausbringen würde. Ich haßte es, daß ich manche Wörter vermeiden oder einfachere, aber ungenauere Synonyme verwenden mußte, nur weil ich bestimmte Laute nicht bilden konnte. Mit dem Kommunikationsgerät könnte ich mir so manchen Frust ersparen.

Die Therapeutin meinte, ich solle doch erst einmal ihr Gerät ausprobieren, um zu sehen, ob es für mich überhaupt funktioniere. Tatsächlich schien die Tastatur etwas zu klein zu sein. Die Anordnung der Buchstaben war ungewohnt. Schließlich war ich so an die Tastatur einer Schreibmaschine gewöhnt, daß ich ein Lexikon hätte benutzen müssen, um die Reihenfolge der Buchstaben im Alphabet festzustellen.

Was mich anging, so überwogen die positiven Seiten alle möglichen Nachteile dieses Gerätes um ein Vielfaches. Also übermittelte ich der Therapeutin eine getippte Botschaft: »Ich bin sicher, daß ich Wege finde, um die technischen Probleme zu lösen. Wir könnten dieses Gerät an meiner Schreibplatte am Rollstuhl festschrauben, so daß ich es zur Hand habe, wenn ich das College besuche.«

Also bestellte sie mir umgehend einen solchen *Communicator*. Doch wie bei allen Dingen, dauerte es eine Ewigkeit, bis ich das Gerät bekam.

Obwohl das Sozialamt für meine Unterbringung und meinen Lebensunterhalt aufkam und mir fünfundzwanzig Dollar für persönliche Ausgaben zukommen ließ, hatte ich nicht genug Mittel, um wieder aufs College zu gehen. Meine Schwester Shirley half mir aus der Klemme und bot mir an, die Studiengebühren zu übernehmen, wenn ich wieder studieren wollte.

Die ersten Tage am *Shoreline Community College* zeigten mir, daß ich es mit einer echten Herausforderung zu tun hatte. Mit mir schrieben sich zwei Männer vom *Res* ein, aber sie blieben für sich. So war ich, abgesehen von dem Helfer, der uns zum College brachte und uns beim Mittagessen half, völlig auf mich gestellt. Jeden Tag verbrachte ich mit meiner angeschlagenen alten Buchstabiertafel und meinem mechanischen Rollstuhl auf dem weitläufigen Collegegelände.

Unser Sozialarbeiter gab mir gute Tips, wie ich solche Seminare auswählen konnte, die meinen Möglichkeiten angemessen waren. Wenn ich ein Seminar hatte, bei dem ich viele schriftliche Arbeiten abgeben mußte, sollte ich darauf achten, daß mein anderes Seminar hauptsächlich Lektüre verlangte. So konnte ich in jedem Semester zwei Seminare belegen, und vielleicht sogar noch ein drittes, wenn ich etwas Künstlerisches fand, wo ich keine Hausarbeiten machen mußte.

Leider schien es viel zu viele Dinge in meinem Studienplan zu geben, die außerhalb meiner Kontrolle lagen. Mein gesamtes erstes Semester über wurde mein Tag von den Fahrzeiten des Busses bestimmt, der uns morgens auf dem Weg zu den Behindertenwerkstätten am College absetzte und abends wieder abholte. Obwohl ich nur zwei Seminare belegte, mußte ich den ganzen Tag auf dem Collegegelände verbringen. Ich konnte zwar meine Lektüre abarbeiten, aber für die schriftlichen Aufgaben brauchte ich meine Schreibmaschine.

Sobald wir abends wieder im *Res* waren, eilte ich auf mein Zimmer und setzte mich an meine Schreibarbeiten. Doch zu dieser Tageszeit war ich bereits erschöpft, und beim kleinsten Anlaß explodierte ich vor lauter Frust. Wenn Ila Mae hereinkam, weil sie etwas benötigte, regte ich mich auf, weil sie mich bei meiner Arbeit störte. Ich wollte kein Miesepeter sein, aber ich war es trotzdem. Oft endete der Abend damit, daß ich weinte, weil ich mich wegen meiner Ungeduld schuldig fühlte.

An anderen Tagen fraßen die üblichen Routinemaßnahmen meine Zeit völlig auf. Die Therapeutin ließ mich holen, damit die Arthritis in meiner Hüfte mit warmen Umschlägen behandelt werden konnte. Einer der Angestellten wollte über irgend etwas mit mir reden. Es schien, als müsse sich das ganze Leben nach dem Zeitplan des *Res* richten. So war es abends oft sieben Uhr oder später, bis ich mich an meine Hausaufgaben machen konnte.

Oft war ich nahe dran, das Studium aufzugeben, aber meine Träume drängten mich vorwärts. Auch spornten mich zwei Menschen per Telefon an, durchzuhalten – Iola und meine Schwester Elizabeth. Iola war stark und taktvoll: »Schatz, ich weiß, es geht dir nicht gut, und du bist müde. Doch vergiß nicht, ich habe dir immer schon gesagt, daß nichts in deinem Leben einfach sein wird. Aber wenn du durchhältst, gehörst du in vielerlei Hinsicht zu den Siegern, mehr als du heute ahnst.« Mehr als einmal, wenn ich drauf und dran war aufzugeben, sagte sie voller Mitgefühl: »Carolyn, du wirst nicht aufgeben. Verstanden? Oder muß ich mich wiederholen?« Ich hatte verstanden.

Wir waren sicher ein bunter Haufen, der da jeden Tag das *Shoreline College* heimsuchte. Für viele von uns war es das erste Mal, daß sie den Duft der Unabhängigkeit schnupperten. Obwohl manche auch nur als Gasthörer an den Seminaren teilnehmen konnten, weil sie nicht in der Lage waren, die Hausaufgaben zu bewältigen.

Nachdem ich erst einmal meinen orangefarbenen elektrischen Rollstuhl und meinen *Canon Communicator* bekommen hatte, genoß ich ein Maß an Freiheit wie nie zuvor in meinem Leben. Ich nahm den *Communicator* überall mit, und er öffnete mir tatsächlich viele Türen. Manchmal benutzte ich ihn nur, um ein besonders schwieriges Wort zu buchstabieren. Ein andermal tippte ich einen ganzen Gedankengang auf das Band. Ich sagte meinen Freunden, ich sei vermutlich die einzige Frau mit einem wiederaufladbaren Mund.

Ich mußte nur abends meine elektronischen Beine und meinen elektronischen Mund in die Steckdose stecken, und schon konnte ich am nächsten Tag das Unmögliche möglich machen – zur Bibliothek gehen und eigenhändig Bücher ausleihen, mich für Seminare einschreiben (die Sekretariatsangestellten halfen mir immer gerne beim Ausfüllen der Formulare, wenn sie erst einmal verstanden hatten, was ich wollte). Ich konnte sogar einkaufen gehen.

Auf einem der Gruppenausflüge zu einem Lebensmittelgeschäft wollte ich ein Marmeladenglas aus dem obersten Regal haben. Ich tippte meine Bitte auf Papier und reichte es einem der übrigen Einkaufenden. Bereitwillig half er mir. Nach einem Dankeschön machte ich mich gutgelaunt und selbstsicher an meine übrigen Einkäufe und dachte, es könne nichts geben, was ich nicht erreichen könnte. Ich überlegte mir sogar, ob ich mich nicht zwicken sollte, um sicherzugehen, daß dies nicht nur ein Traum war.

Doch während ich mit solchen angenehm selbstgefälligen Gedanken den nächsten Gang entlangrollte, durchbrach plötzlich ein Schrei meine Zufriedenheit und setzte meine unkoordinierten Reflexe in Gang. Ich sprang beinahe aus meinem Rollstuhl. Hinter mir schrie eine Frau: »Bleib weg von ihr! Die könnte gefährlich werden!« Im ersten Moment wollte ich mir ein Versteck suchen, um mich vor der gefährlichen Person in Sicherheit zu bringen, die diesen Tumult ausgelöst hatte. Fast erwartete ich, daß im nächsten Moment ein Überfallkommando der Polizei durch die Gänge rennen würde. Ich wollte der sich anbahnenden Tragödie so schnell wie möglich entkommen.

Ich blickte mich vorsichtig um und sah, wie eine völlig hysterische Frau ihren Ehemann den Gang entlang von mir wegzerrte. In diesem Moment wurde mir klar, daß *ich* die »gefährliche Person« war, die diese arme Frau so erschreckt hatte. Im Bus auf dem Heimweg erzählte ich der Therapeutin, was geschehen war.

Mary Ann lachte, bis ihr die Tränen herunterliefen. »Du? Gefährlich? Na ja, du siehst schon gefährlich aus – wie eine Vogelscheuche in Bluejeans und T-Shirt. Wahrscheinlich hat sie gedacht, dein *Communicator* sei eine Bombe!« Ein paar Tage später hatte jemand mit einem ähnlich schrulligen Humor ein Schild an meine Tür geheftet, auf dem stand: »*Vorsicht! Gefährliche Frau!*«

Selbst heute treffe ich noch manchmal alte Freunde, die mich grinsend fragen, ob ich immer noch diese »gefährliche Frau« von damals sei. Dann antworte ich ihnen: »Natürlich – nur noch gefährlicher.«

Kapitel 25

Auf der Suche nach einem offenen Ohr

Das *Res* kam einige Jahre lang regelmäßig in einer Benefizsendung im Fernsehen vor. Die Stimmung war dann immer heiter und zuversichtlich. Einmal wurde ich für diese Sendung von einer örtlichen Fernsehprominenten interviewt. Diese Nachrichtenmoderatorin saß auf meinem Bett, mein Schreibtisch und meine Schreibmaschine im Kamerablickfeld, und sprach mit mir über mein Collegestudium und über meinen Traum, Schriftstellerin zu werden. Ich tippte meinen Teil des Gespräches auf das Kommunikationsgerät.

Der Kameramann interessierte sich für den Tastenschutz meiner Schreibmaschine, denn unser Beitrag zur Sendung zeigte Beispiele, wie mit Spendenmitteln behindertengerechte Hilfsmittel finanziert wurden. Erst sehr viel später wurde mir bewußt, daß die UCP ja für persönliche Hilfsmittel gar keine finanzielle Unterstützung vorsah – hierfür waren der Staat und die Krankenversicherung zuständig. Und was meinen Tastenschutz anging, so hatte ich mir diesen selbst finanziert.

Solche Benefizsendungen sind inszeniert und können leicht irreführen, doch ich muß zugeben, ich genoß meinen kurzen Auftritt im Rampenlicht. Ich war immer etwas traurig, wenn die Kameras mit all der Aufregung, die sie mit sich gebracht hatten, wieder verschwanden. Wenn all das erst einmal weg war, fing im *Res* sehr schnell wieder der lärmende Alltag an.

Nicht daß ich mit allem unzufrieden gewesen wäre. Das *Res* war um einiges besser als Sea Ridge. Ich war mit meiner Physiotherapie sehr zufrieden. Das Freizeitprogramm des *Res* machte mir wirklich Spaß. Da gab es alles, vom Campingausflug übers Wochenende bis hin zu Sinfoniekonzerten am Sonntagmorgen. Und ich schätzte die Freundschaften, die dadurch möglich wurden, daß man auf das Zusammenleben sehr viel Wert legte.

Doch wenn ich betete, hatte ich den Eindruck, als wolle mir Gott sagen, er habe noch etwas Besseres für mich bereit. Ich denke, ich wußte damals schon, daß ich niemals wirklich Frieden finden konnte, bevor ich jemandem so weit vertraute, daß ich meine inneren Verletzungen bloßlegte. Aber ich hatte Angst. Ich versteckte diese Angst hinter der positiven, optimistischen Fassade meines Glaubens.

Vielleicht gelang mir dieses Versteckspiel manchmal nicht so gut, wie ich es mir gewünscht hätte. Oder vielleicht waren manche Menschen empfindsamer als andere. Einer meiner besten Freunde und treuesten Stützen unter den Mitarbeitern des *Res* war Greg, der Personalchef. Er neckte mich ständig und wurde zu einer richtigen (wenn auch angenehmen) Landplage. Einer seiner Lieblingstricks war, mich zu überraschen, während ich mit meinem Laufgestell den Gang entlangging, und mir damit zu drohen, an dem großen Metallring des Reißverschlusses meiner Jeans zu ziehen. Ich habe große Probleme mit Reißverschlüssen, wenn ich nichts Großes und Greifbares zum Festhalten habe. Er meinte zu mir, es erinnere ihn an den großen Ring, an dem man Sprechpuppen aufzieht, und er wolle wissen, was ich sagen würde, wenn er daran zog.

Eines Tages unterhielten wir uns in seinem Büro. Er wurde sehr ernst und sagte, er könne durch mich und meine religiöse Hecke sehen, die ich um mich herum hochwachsen ließ. Er sagte mir, wenn ich mein Verhalten nicht ändern und der Wahrheit ins Auge sehen würde, käme ich bald in ziemliche Schwierigkeiten. Ich stampfte wütend aus seinem Büro. Er erfuhr allerdings nie, was ich in mir vergraben hatte. Ich konnte es ihm einfach nicht sagen.

Ich dachte, ich könnte vielleicht mit unserem Sozialarbeiter reden, aber nein – wir lagen einfach auf verschiedenen Wellenlängen. Jedesmal, wenn ich einen Termin hatte, um mit ihm etwas zu besprechen, wurden wir unterbrochen, weil die Eltern irgendeines Heimbewohners hereinplatzten und Hilfe für ihr erwachsenes Kind verlangten. Er entschuldigte sich jedesmal, daß er mich hinausschicken mußte, aber ich wurde das Gefühl nicht los, daß ihm die Bedürfnisse der Heimbewohner weniger wichtig waren als die Sorgen der Leute, die die Rechnungen bezahlten.

Wenn das *Res* schon nicht der Ort war, um meine gefühlsmäßige Nacktheit zu zeigen, so war es ebensowenig ein Ort, wo man sich ohne Gefahr entkleiden und ein Bad nehmen konnte. Zusätzlich zu den kleinen persönlichen Badezimmern gab es bei uns vier große Gemeinschaftsbadezimmer mit Duschen für Rollstuhlfahrer und Badewannen mit Geländer.

Als ich in das *Res* einzog, benutzten Männer und Frauen unterschiedliche Badezimmer.

Aber mit der Zeit löste sich diese Ordnung immer mehr auf. Da es zu wenig Pflegepersonal gab, badeten und kleideten schließlich männliche Pfleger weibliche Heimbewohner in Badezimmern, die gemischt genutzt wurden. Manche der männlichen Bewohner waren so faul und unsensibel, daß sie sich nichts dabei dachten, die nächstgelegene Toilette in einem der Badezimmer aufzusuchen, während dort gerade Frauen ihr Bad nahmen. Ich sah sogar, wie Bewerber für Pflegestellen durch die Baderäume geführt wurden, während Bewohner dort badeten.

Eine Zeitlang akzeptierte ich solche Erniedrigungen, aber dann hatte ich die Nase voll. Als wieder ein männlicher Bewohner in das Bad für Frauen kam, während ich dort war, schrie ich laut genug, um ihn und jeden anderen, der sich in meiner Reichweite befand, zu erschrecken. Es war einfach nicht in Ordnung! Wir Frauen hatten ein Anrecht auf unsere Privatsphäre!

Ich sprach mit anderen Frauen über dieses Problem. Einigen wenigen schien es egal zu sein. Andere wiederum genossen es sichtlich, von Männern gebadet zu werden, weil dies das einzige war, was sie an sexuellen Kontakten zum anderen Geschlecht erleben konnten. Manche wiesen auf das Für und Wider bezüglich der männlichen Betreuer hin, denn einige Bewohner waren ziemlich schwer und mußten aus der Wanne herausgehoben werden. Aber fast alle waren der Ansicht, daß wir ein größeres Mitspracherecht haben sollten, wenn es darum ging, wer die Bewohner badete, und daß das Badezimmer keine Durchgangsstraße werden dürfte.

Eine unserer blinden Mitbewohnerinnen begrüßte meine Reformbemühungen besonders. Sie haßte es, wenn Männer sie anzogen, badeten oder gar ihre Binden wechselten. Sie meinte, die wüßten überhaupt nicht, wie man so etwas macht.

Also brachte ich das Thema vor den Heimbeirat. Von dort aus wanderte die Sache vor den Verwaltungsdirektor, der sagte, er habe von diesen Problemen nichts gewußt. Er entschuldigte sich und wies die Hausverwaltung umgehend an, für die Badezimmertüren Schilder mit der Aufschrift »Herren« und »Damen« zu besorgen. Er erließ auch eine Anordnung, nach der jede weibliche Heimbewohnerin das Recht hatte, weibliches Pflegepersonal für ihre Intimpflege zu verlangen.

Wir blieben jedoch, was die Pflegekräfte anging, so unterbesetzt, daß wir uns auch danach oft mit demjenigen zufriedengeben mußten, der zur Badezeit gerade zur Verfügung stand.

Doch die Anstoß erregenden männlichen Bewohner durften unser Bad nicht mehr benutzen, sonst drohte ihnen der Ausschluß aus dem *Res*. Ich war mir niemals sicher, ob diese Drohung auch ernst gemeint war, und so sorgten wir Frauen selbst für die Einhaltung der neuen Regel. Wir waren die größere Bedrohung.

Nachdem ich meinen Feldzug für getrennte Bäder gewonnen hatte, bearbeiteten mich mehrere Mitarbeiter und einige meiner Freunde, ich solle doch für einen Sitz im Heimbeirat kandidieren. Mary Ann, unsere Beschäftigungstherapeutin, erklärte sich bereit, meine Wahlkampfmanagerin zu werden. Sie schrieb Plakate und las meine Wahlansprachen vor, die immer kurz und bündig waren. Das mußte so sein, denn ich versuchte, mich auf mein Studium zu konzentrieren, und hoffte, meine politische Karriere würde nur von kurzer Dauer sein.

Der Heimbeirat war eine Idee unseres Sozialarbeiters. Er wollte, daß der Beirat für uns eintrat, damit wir mehr Selbstbestimmung erwerben konnten. Aber wir hatten so viele Menschen, um die wir uns kümmern mußten, daß ich den Job sehr ermüdend fand.

Nachdem ich meine Wahl gewonnen hatte, startete ich tatsächlich noch eine weitere erfolgreiche Kampagne im Beirat, um dafür zu sorgen, daß jedes Zimmer einen eigenen Briefkasten erhielt, für den die Bewohner ein eigenes Schloß erwerben konnten. Es hatte mich schon immer gestört, daß unsere Post und sogar unsere Kontoauszüge einfach auf unsere Betten gelegt wurden. Jeder x-beliebige konnte in unseren Privatangelegenheiten herumschnüffeln, während wir nicht zu Hause waren. Selbst wenn manche von uns Hilfe brauchten, um die Schlösser zu öffnen, so würden uns diese doch einen besseren Schutz unserer Privatsphäre und mehr Eigenkontrolle über unser Leben bieten.

Als es an der Zeit war, Delegierte für den bundesweiten UCP-Kongreß in Kansas City zu wählen, war ich einer der beiden Beiratsmitglieder, die ausgewählt wurden (zusammen mit zwei Helfern), dorthin zu reisen. Die örtliche UCP-Stelle übernahm die Kosten dafür. Wir amüsierten uns, sammelten Informationen, erstatteten dem Beirat einen Bericht und schrieben Reportagen für den *Communicator*, unsere Heimzeitung. Trotzdem gab ich meinen Posten im Beirat schließlich auf, weil er mir zuviel Zeit und Energie raubte, die ich fürs Studium brauchte.

Ich fühlte mich schuldig, weil ich meine persönlichen Ziele über die Interessen der Gruppe stellte, aber ich war fest entschlossen, das Studium an die erste Stelle zu setzen. Außerdem war ich zu der entmutigenden Erkenntnis gelangt, daß ich das *Res* niemals so weit verändern könnte, wie es nötig wäre. Es würde niemals der ruhige, friedliche Ort werden, den ich brauchte.

Eines Morgens – ich war gerade im Begriff, ins College zu gehen – brachte Jeannie, die neue Angestellte in der Wäscherei, meine Wäsche aufs Zimmer und fing an, die Sachen in meinen Kleiderschrank zu verstauen. Ich bat sie, die Sachen einfach auf dem Bett liegen zu lassen, weil ich sie lieber später selber einräumen wollte. Offensichtlich hatte sie mich nicht verstanden, denn als ich zurückkam, sah ich, daß sie bereits alles eingeräumt hatte.

Als sie das nächste Mal mit meiner Wäsche erschien, war ich vorbereitet. Ich reichte ihr einen Zettel, auf dem stand, daß ich durchaus in der Lage sei, meine Kleidungsstücke selbst einzuräumen. Sie antwortete: »Schön!« und meinte, ich müsse ja deswegen nicht gleich einen Aufstand machen. Dann verließ sie das Zimmer.

Ich dachte mir, daß ich wohl besser mit ihr Frieden schließen sollte. Sie war eine kurzgewachsene, kräftige Norwegerin mit einem Blick, der deutlich machte, daß sie sich von niemandem etwas gefallen lassen würde. In den nächsten Monaten sollte ich entdecken, daß ihre barsche, manchmal bissige Art ihr sanfteres Wesen nur teilweise überdeckte.

Eines Tages fragte ich sie: »Es gibt 110 Bewohner im *Res*. Warum hast du es immer auf mich abgesehen?«

Jeannie grinste: »Du kannst dir gar nicht vorstellen, was für einen Spaß es macht, dich zu ärgern. Du bist so mager, du siehst aus wie ein Strichmännchen. Außerdem bin ich stärker als du; da kann ich sicher sein, daß ich immer gewinnen werde.«

Sie lächelte so selbstgefällig, daß ich mich entschloß, ihr unter die Nase zu reiben, daß schließlich ich den Kampf um meine Wäsche gewonnen hatte. Ihre streitsüchtige Art machte mich neugierig, und sie wurde mir um so sympathischer.

Einmal kam ich gerade mit meinem Laufgestell den Gang herunter, als sie sich von hinten näherte und mir schroff sagte, ich solle mich beeilen und den Weg frei machen. Hätte sie höflich gefragt, wäre ich ihrer Bitte nachgekommen. Aber so wollte ich ihr eine Lehre erteilen. Ich wurde noch langsamer und sagte ihr, wenn sie sich besser benehmen würde, würde ich sie vorbeilassen.

Bevor ich etwas sagen konnte, hatte Jeannie mich gepackt und steckte mich ohne viel Federlesens in ihren Wäschewagen. Dann schob sie mich den Gang entlang zu meinem Zimmer, während sie irgend etwas murmelte wie: »Manche Leute lassen ihren Kindern aber auch alles durchgehen!«

Als sie mich auf meinem Bett deponierte, wurde mir bewußt, daß mein Rollstuhl im Therapieraum stand und mein Laufgestell irgendwo draußen auf dem Gang geblieben war. Ich bettelte Jeannie an, sie solle mich hier nicht so hilflos zurücklassen. Sie lächelte süßlich und informierte mich gelassen darüber, daß ich besser das tun sollte, was mir gesagt würde, wenn ich nicht noch mal in eine solche Situation geraten wollte. Also gab ich auf.

An den Tagen, an denen meine Depression und mein Frust besonders schlimm waren und ich mich wieder wie ein eingesperrtes Tier fühlte, ging ich oft hinunter in die Wäscherei und unterhielt mich mit Jeannie oder ihrer Chefin, Betty. Im Gegensatz zum Sozialarbeiter hatte Betty immer Zeit zu reden. Und was sie sagte, schien mir viel vernünftiger als das, was er mir sagte.

Eines von Bettys Rezepten gegen meine Depression war der Einkaufsbummel. Nachdem ich ihr das erste Mal erzählt hatte, wie frustriert ich gerade war, entschuldigte sie sich, ging kurz weg und kam mit Jeannie wieder, der sie den Auftrag gegeben hatte, mich zum Einkaufszentrum zu fahren.

Wir hatten einen Mordsspaß! Wir sprachen über unsere Sorgen und machten Einkäufe. Jeannie war alleinerziehende Mutter von zwei Kindern, die ihre eigenen Probleme hatte. Von einigen dieser Sorgen erzählte sie mir. So wurde dieser Einkaufsbummel der Anfang einer besonderen und bleibenden Freundschaft.

Bald war es reine Glückssache, wer wen zuerst fragen würde, ob die andere auch mitgehen würde, wenn die für Freizeitaktivitäten zuständige Abteilung einen kurzen Campingausflug plante.

Ich liebte die freie Natur. Jeannie brachte ihre beiden Kinder mit, die beim Rollstuhlschieben halfen.

Wir fanden schnell heraus, daß wir gut miteinander auskamen. Jeannie behandelte mich ziemlich ähnlich, wie es früher Mom und Elizabeth immer getan hatten; sie ließ mir meine Unabhängigkeit. Wenn sie mich nicht verstanden hatte, sagte Jeannie meist zu mir: »Nimm endlich den Kaugummi aus dem

Mund und red' klar und deutlich!« Und sie konnte meine Art zu sprechen ebenso gut nachmachen wie Pappy.

Ich freute mich auf diese Ausflüge mit Jeannie.

Einmal schickte mir Mom zum Geburtstag Geld für einen Wochenendausflug nach Victoria auf der alten *Princess Margaret*. Jeannie und ich hatten viel Spaß; wir schauten uns die Sehenswürdigkeiten an und verliefen uns dabei. Wie immer fühlte ich mich lebendiger und weniger nervös, wenn ich dem *Res* eine Zeitlang entfliehen konnte.

Und es war immer ein schönes Gefühl, wenn ich mich an kalten Wintermorgen auf den Weg zum College machte und Jeannie mir nachrief: »Mach' deine Jacke gut zu, es ist kalt draußen! Schönen Tag noch!«

Kapitel 26

Der Collegeabschluß

Mein Lieblingsfach am College war Literatur und wurde von Professor Maxwell unterrichtet. Er sah aus, als sei er geradewegs aus einem Buch über mittelalterliche Ritter entsprungen. Früher war er Jesuit gewesen, war dann aber aus der Kirche ausgetreten, hatte geheiratet und lehrte nun mit Leidenschaft Literatur. Ich besuchte alle seine Seminare, denn er hatte mich davon überzeugt, daß ein Schriftsteller über alles Bescheid wissen mußte – von der antiken griechischen Mythologie bis zur modernen Prosa –, wenn seine Werke glaubwürdig sein sollten.

Professor Maxwell hatte seinen Spaß daran, mich zu ärgern und dann zu beobachten, wie ich vor dem gesamten Seminar rot wurde. Oft grüßte er mich so ausschweifend, wie er nur konnte, und erklärte mit gespielter Leidenschaft: »Liebste, ich bin ja so verrückt nach dir. Durch dich wird mein Tag mit Freude erfüllt, wenn du mein Seminar mit deiner Anwesenheit zierst!« Dann stürmte er jedesmal auf mich zu und umarmte mich.

Ich sagte zu ihm, jetzt wisse ich, warum er das Ordensleben nicht ausgehalten habe: »Sie haben nichts als Flausen im Kopf!«

Eines Tages gab uns der Professor die Aufgabe, eine Geschichte zu lesen und zu interpretieren, die, wie er sagte, zu seinen Lieblingswerken gehörte. Sie trug den Titel *Der Gefesselte*. Es war die Geschichte eines Mannes, der sein ganzes Leben lang von Seilen gefesselt war; er konnte jedoch gehen, laufen, springen und alle möglichen Dinge tun, die ihm eigentlich unmöglich hätten sein müssen. Was er erreichte, war so erstaunlich, daß er zur Hauptattraktion eines Zirkus wurde.

Obwohl der Mann alle Angebote, ihn zu befreien, ablehnte, durchtrennten eines Nachts einige Leute seine Fesseln, weil sie glaubten, er sei verrückt oder nicht in der Lage, selbst eine

Entscheidung zu treffen. Als der Mann am nächsten Tag erwachte, war er völlig hilflos und konnte sich nie daran gewöhnen, »frei« zu sein.

Diese Geschichte überraschte mich, und ich machte zwei Beobachtungen. Ich sah die Freiheit als eine neue Behinderung an. Und ich hielt den Mann für behindert, weil er seine Fesseln und seine Identität verloren hatte, die so sehr mit diesen Fesseln verknüpft gewesen war. Ohne die Fesseln wußte er nicht mehr, wer er war. Ich verurteilte die Menschen, die ihn befreit hatten, für ihre mangelnde Bereitschaft, seinen Kampf wahrzunehmen und anzuerkennen. Hätten sie verstanden, daß gerade dieser Kampf dem *Gefesselten* seinen Wert und seine Identität gegeben hatten, dann hätten sie vielleicht auf eine hilfreichere und weniger eigennützige Art reagiert.

Eines Tages machte Professor Maxwell nach dem Seminar eine Bemerkung, die sowohl sein Mitgefühl für mich zeigte als auch sein völlig anderes Verständnis des *Gefesselten*. Ich suchte gerade meine Sachen zusammen, um den Raum zu verlassen. Er wischte die Tafel. Er wandte sich um und sagte: »So zu leben ist ganz schön schwer, Carolyn. Ich weiß nicht, ob ich den Mumm hätte, das durchzustehen.«

Ich wußte nicht, was ich antworten sollte, also nickte ich nur und ging. Ich war ebenso von der Ehrlichkeit und Einfühlsamkeit des guten Mannes berührt, wie mich sein Unterricht faszinierte.

Im Handumdrehen waren drei Jahre vergangen. Ich hatte die für meinen Abschluß notwendigen Seminare zusammen. Ich fühlte mich alt, müde und war sehr stolz auf mich.

Obwohl die eigentliche Abschlußfeier erst im Juni stattfinden sollte, erhielt ich bereits im Januar mein Diplom per Post. Eines Nachmittags erhielt ich einen Anruf, ich solle zur Rezeption kommen. Die an diesem Abend zuständige Rezeptionistin, Joyce, war ein sehr mütterlicher Typ und kümmerte sich besonders um diejenigen unter uns, deren Familien nicht in der Nähe wohnten. Nun wollte sie mir das Diplom lieber selbst überreichen, statt es auf mein Zimmer zu schicken.

Sie kam hinter ihrer Theke vor, drückte mir den Umschlag in die Hand, und nachdem ich ihn geöffnet hatte, umarmte sie mich herzlich. »Du hast dir dieses Diplom doppelt verdient«, meinte sie, »ich bin so stolz auf dich.«

Ich mußte gleichzeitig lachen und weinen.

Joyce verkündigte die gute Nachricht über die Lautsprecheranlage. Den Rest des Tages verbrachte ich damit, ganze Schwärme von Gratulanten bei mir zu begrüßen.

Im Juni war es dann endlich soweit; der Tag der Abschlußfeier war gekommen. Den ganzen Morgen wartete ich auf meinen Bruder Ken. Viele Jahre zuvor, als ich mir wie Treibgut in der wogenden See vorgekommen war, hatte ich ihm versprochen, daß er mich bei der Urkundenverleihung nach vorne begleiten dürfte, falls ich das College je beenden sollte. Nun kam er aus Kalifornien angereist, damit ich mein Versprechen erfüllen konnte.

Ken kam Mitte des Vormittags an. Pappy und Mom hatten Seattle schon früher erreicht und riefen mich kurz nach Kens Ankunft an, um zu fragen, ob wir den Tag mit ihnen zusammen verbringen wollten. Ken meinte zu Mom: »Nach dem Mittagessen ist es für Posie Zeit, ein Schläfchen zu halten. Ich bleibe einfach hier und kümmere mich darum, daß alles richtig läuft. Ich möchte nicht, daß sie übermüdet ist oder daß ihr sonst irgend etwas diesen Tag verdirbt. Wir treffen euch dann heute abend.«

Nachdem er den Hörer aufgelegt hatte, neckte ich ihn und meinte, er würde wirklich wie ein Einsatzleiter der Feuerwehr klingen – was er ja auch war – und alles ganz genau planen, damit nicht im letzten Moment etwas dazwischenkommt. Ken lachte und meinte, dieser Tag gehöre mir, und ich könnte tun, was ich wollte, solange ich mich anständig benähme und mein Mittagsschläfchen hielte. Also sagte ich ihm, daß ich einfach nur auf seinem Schoß sitzen und mich mit ihm unterhalten wollte.

Ich liebte es, wenn mich jemand im Arm hielt. Es machte mich so glücklich, auf Kens Schoß sitzen zu können, daß ich buchstäblich vor Freude quietschte. Ken lachte nur noch mehr und meinte, obwohl ich ja nun Akademiker sei, habe ich doch immer noch dieses kleine Mädchen in mir drin, das sich nach Liebe sehnt. Er sagte mir, wie stolz er auf mich sei. Er verkündete ohne Eigenlob, wie glücklich er sei, daß Mom auf ihn gehört und mir erlaubt hatte, Alaska zu verlassen und nach Seattle zu gehen. »Ich habe Mom nicht einmal, sondern tausendmal gesagt: ›Posie muß ihre eigenen Erfahrungen machen.‹«

Ich wollte mehr darüber wissen. Also erzählte er mir, daß Mom jahrelang all ihre Bedenken und Sorgen bei ihm abgeladen hatte, wenn ich etwas Abenteuerliches, etwas Neues machen wollte – wie zum Beispiel mein Plan, vom Pflegeheim ins *Res* umzuziehen. Er sagte, je älter Mutti geworden sei, um so einsichtiger sei sie auch, und um so weniger wollte sie »Steine in den Weg legen«, wie sie es nannte. Sie wurde ja in der Familie auch mit acht zu eins überstimmt.

»Also, mach du nur mit deinem Leben, was du für richtig hältst«, meinte Ken zu mir. »Ich halte dir bei Mom den Rücken frei.«

Ich aß mittags mein Sandwich auf Kens Schoß. Aber als ich nach meiner Milch griff, schlug er doch vor, daß ich mich dafür besser in meinen Rollstuhl setzen sollte. Mit meinem vollen Glas Milch in der Hand traute Ken mir nicht. Nachdem ich gegessen hatte, befahl mir Ken, ein Mittagsschläfchen zu halten. »Das wird heut' ein langer Abend«, sagte er zu mir, »wir wollen doch nicht, daß du mitten in der Zeremonie eindöst.«

Mein Bruder wußte, daß auf meinem wackeligen Kopf unmöglich ein Barett halten würde – und erst recht nicht, wenn ich aufgeregt war. Während ich schlief, besorgte er deshalb etwas Gummiband und Nadel und Faden. Als ich erwachte, nähte er gerade das Gummiband an den Hut, den ich bei der Abschlußzeremonie tragen dürfte, und schimpfte laut: »Schau nur, wieviel Ärger man mit dir hat. Wenn du nur einmal deinen Kopf stillhalten könntest, müßte ich mir nicht all diese Mühe machen.«

Ich schlug ihm vor, er solle eine der Pflegerinnen bitten, ihm zu helfen. Aber Ken wollte keine Hilfe; er zog es vor, sich zu beklagen.

Nach dem Abendessen erschienen Mom und Pappy mit meinem ältesten Bruder Don und seiner Frau Ruth. Ken teilte eine Fahrtbeschreibung zum College aus und bat Ruth, mir beim Anziehen zu helfen. Aber sie konnte kein Wort verstehen, also nahm Ken die Sache in die Hand, während Ruth zuschaute und sich über seine gespielte Ruppigkeit und seine ständigen Kommentare amüsierte. Er stellte mich auf meine Füße und zog mir mein Kleid aus, wobei er sagte: »Sei still, wenn ich dich anziehe. Es ist ganz einfach. Erst reißt du ihr die Arme aus und knallst ihr eine damit, wenn sie sich ziert. Weißt du, sie täuscht nur vor, Zerebralparese zu haben, um so zu vertuschen, daß sie eigentlich Bauchtänzerin ist. Hier, Ruth, zieh ihr das Kleid an, während ich die Robe hole. Ihre Schuhe kann sie selber anziehen; wenn ich das mache, schreit sie mich immer an. Sie ist so wählerisch. Sie mag es einfach nicht, wenn ihre Zehen in den Schuhen nach hinten umknicken.«

Inzwischen weinten Ruth und ich vor Lachen so sehr, daß uns die Tränen herunterliefen. Ruth meinte, sie würde es nie zulassen, daß Ken sie anzöge.

Während ich bei den anderen Studienabsolventen saß, entdeckte ich meine Schwestern Elizabeth und Shirley in der Menge. Sie waren gerade noch rechtzeitig zur Feier mit dem Zug angekommen. Ich erinnerte mich daran, daß die beiden meine ersten Lehrerinnen gewesen waren. Nachdem sie mich erst einmal auf den Geschmack gebracht hatten, so hatten sie gemeint, könne mich sicher nichts mehr aufhalten.

Die Feier begann, und etwa eine Stunde später wurde mein Name aufgerufen. Ken schob mich in den Mittelgang und zog die Bremsen an meinem Rollstuhl fest. Er wartete an meiner Seite, bis ich mich auf die Beine gekämpft hatte und aufstand, dann gingen wir gemeinsam den Gang entlang nach vorne. Ich ging langsam, mit meinem typischen »Carolyn-Wackel-Gang«.

Als wir endlich vorne angekommen waren, hatten sich bereits alle im Raum erhoben und klatschten Beifall. Die meisten weinten. Ich mußte selbst mit den Tränen kämpfen und mich ganz aufs Gehen konzentrieren.

Der Präsident des Colleges kam die Stufen des Podiums herunter und uns entgegen. Er umarmte mich mit einem Kuß und sagte zu mir: »Ich bin so froh, daß Sie unser College besucht haben. Wir sind alle sehr stolz auf Sie.«

Ken half mir, mein Diplom in Empfang zu nehmen, und der Beifall hörte noch nicht auf, als wir umkehrten und uns langsam zurück zum Rollstuhl begaben. Kurz fiel mein Blick auf Professor Maxwell, der im Gang stand, klatschte und Beifall rief; ich hatte augenblicklich den Eindruck, daß er das Ganze inszeniert hatte. Ich grinste ihn mitwisserisch an.

Es dauerte fünfzehn Minuten, bis ich den Gang wieder hinuntergegangen war und meinen Stuhl erreicht hatte. Während dieser ganzen Zeit hatten alle Anwesenden geklatscht und Beifall gerufen. Es tat mir leid für diejenigen, deren Namen nach meinem aufgerufen wurden. Aber was mich anging, war ich sehr glücklich. Nach all den Jahren, die ich davon geträumt und gekämpft hatte, klang der Beifall noch lange in meinen Ohren nach. Ich wußte genau: Wenn ich mich nun noch einmal einer Herausforderung gegenüberstehen sehen würde, die mir hoffnungslos erschien, würde ich mich immer daran erinnern, wie dieser Beifall geklungen hat.

Kapitel 27

Ein unabhängiges Leben

Während meines zweiten Collegejahres baute die UCP ein kleineres Wohngruppenheim auf der anderen Seite des Flüßchens, direkt neben dem *Res*. Diese neue Einrichtung hatte den Sinn, die weniger stark behinderten Glieder unserer Gemeinschaft auf ein unabhängiges Leben vorzubereiten. Ich war von dem Gedanken fasziniert, daß dies für mich eine Tür in ein neues Leben werden könnte. Daher informierte ich mich über die Möglichkeiten, in das neue Wohngruppenheim einzuziehen. Meine Hoffnungen wurden zerschlagen, als man mir sagte, daß ich nach den Vorgaben der UCP die Bedingungen dafür nicht erfüllte.

Als ich mich nach den Gründen erkundigte, erfuhr ich, daß für das Wohngruppenheim keine Bewohner zugelassen wurden, die in irgendeiner Weise spezieller Pflege bedürften. Nach meinem Behandlungsblatt trug ich eine Rückenstütze und benötigte fremde Hilfe, um diese anzulegen. Ich informierte Don, unseren Sozialarbeiter, ärgerlich darüber, daß ich diese Stütze nicht mehr benutzte. Sie lagerte schon seit zwei Jahren in einem Koffer im Keller des *Res*. Don wollte die Entscheidung jedoch nicht anfechten und meinte, ich solle erst das College beenden, bevor ich irgend etwas Neues in Angriff nahm. Eine der Bedingungen der UCP für das unabhängige Leben war, daß man alleine mit dem Bus fahren konnte. Don sagte, er werde es nicht einmal in Erwägung ziehen, mich für das Wohngruppenheim vorzuschlagen, wenn ich zuvor nicht mindestens einmal alleine mit dem Bus zum Northgate-Einkaufszentrum und zurück gefahren wäre.

Obwohl die meisten städtischen Busse damals bereits mit einer Hebebühne für Rollstühle ausgestattet waren, schien der Gedanke an ein solches Unterfangen immer noch recht gewagt. Ich war noch nie in meinem Leben alleine in der Öffentlichkeit gewesen. Ich war auch nicht sicher, ob ich das überhaupt wollte. Was wäre, wenn ich Hilfe bräuchte und mich kein Mensch verstand? Schließlich entschloß ich mich dazu. Wenn das nötig war, damit ich aus dem *Res* ausziehen konnte, dann würde ich es tun. Aber ich sagte Don, ich wolle diese Herausforderung in kleine Portionen aufteilen. Als erstes wollte ich mit meinem Rollstuhl bis zum Ende des Gehwegs fahren. Wenn ich mich dabei sicher genug fühlte, wollte ich die Straße überqueren. Danach wollte ich schließlich bis zur Bushaltestelle und zurück fahren.

Ich prägte mir die Bushaltestelle für den Rückweg genau ein, damit ich dann auch wissen würde, wo ich aussteigen mußte. Doch dort gab es eine kurze, steile Neigung zum Fußgängerüberweg, daher erschien sie mir zu gefährlich. Ich entschloß mich dazu, eine Station später auszusteigen und mit dem Rollstuhl zum *Res* zurückzufahren. Ich prägte mir die Stelle genau ein, denn mit dem Zahlenmerken hatte ich immer große Schwierigkeiten.

Nachdem ich etwa einen Monat auf den großen Tag hingearbeitet hatte, bestieg ich allein den Bus nach Northgate. Obwohl ich so aufgeregt war, daß ich fast losgeheult hätte, weigerte ich mich, jetzt noch aufzugeben. Ich gelangte sicher ins Einkaufszentrum, machte sogar ein paar Besorgungen und fuhr dann zur Haltestelle zurück, um mich auf den Heimweg zu machen. Als ich aus dem Bus stieg und wieder sicher auf dem Gehweg angekommen war, der zum *Res* führte, überkamen mich schließlich doch meine Gefühle. Wie das kleine Schweinchen in dem Kinderlied weinte ich den ganzen Weg nach Hause. Ich fühlte mich als Sieger, aber auch sehr erschöpft.

Obwohl es bereits nach fünf Uhr war, kam mir Don an der Eingangstüre entgegen. Er sagte, er hätte einfach nicht nach Hause gehen können, bevor er nicht wußte, daß ich wieder zurück war. Er erdrückte mich fast, umarmte und küßte mich und sagte: »Du bist eine ganz schön mutige Frau, Carolyn. Was du da gerade geschafft hast, spricht Bände.« Sein Lob ließ die Sache der Mühe wert erscheinen.

Als ich einige Minuten später in meinem Zimmer war, entdeckte ich, daß ich meine Decke und mein Portemonnaie irgendwo unterwegs verloren hatte. Wieder fühlte ich mich hilflos und ohne Hoffnung und begann zu weinen. Doch im selben Augenblick ließ mir Joyce, die Rezeptionistin, ausrichten, daß jemand vom Einkaufszentrum angerufen hatte, der meine Decke und meine Geldbörse gefunden habe. Eine freiwillige Helferin, jemand aus der Gemeinde, fuhr für mich hin, um sie zu holen. Als sie mir meine Fundsachen zurückgab, meinte sie: »Dein Wunsch hier auszuziehen muß wirklich groß sein, nach dem, was du heute gemacht hast.«

Ich umarmte sie dankbar und sagte zu ihr: »Es gefällt mir hier nicht mehr. Ich würde alles tun, um hier rauszukommen.« Sie gab keine Antwort, doch sie hielt mich lange und fest im Arm.

Im Vorfrühling, nur wenige Wochen vor jener ereignisreichen Abschlußfeier am College, überbrachte mir Don die aufregende Neuigkeit, daß meine Bewerbung um einen Platz im Wohngruppenheim angenommen worden war. Obwohl dieses Heim auf dem Gelände des *Res* lag, nur durch den Bach und den kleinen Weiher getrennt, so schien es doch, als bräuchte ich eine Ewigkeit, um dorthin zu gelangen – bei all dem Papierkrieg, den ich erledigen mußte. Ich war etwas nervös wegen des neuen Tagesablaufes, und etwas traurig, weil ich Ila Mae erneut verlassen würde. Dennoch wußte ich, daß die Zeit reif war zu gehen.

Eine riesige, uralte Trauerweide hing über dem Gehsteig vor dem Haus und überschattete mein neues Zuhause. Im Innern gab es fünf Einzelzimmer und drei kleine Apartments, die jeweils von zwei Leuten bewohnt wurden. Das Studioapartment, das ich mir mit einem Mädchen namens Debbie teilte, hatte eine eigene, rollstuhlgerechte Kochnische, außerdem ein Schlafzimmer und eine Arbeitsecke. Der riesige Hauptraum des Wohngruppenheims bestand aus einer größeren, rollstuhlgerechten Küche, einer Eßecke und einem Wohnbereich mit offenem Kamin. Da hier nur elf Leute wohnten, war es sehr anheimelnd und ruhig – eine völlig neue Welt, verglichen mit dem *Res*.

Die Atmosphäre hier war durch den Frieden und die Ruhe so einladend, daß ich mir wünschte, ich könnte für immer hier wohnen. Doch mir war klar, daß das nicht möglich war. Das Wohngruppenheim war als Zwischenstation gedacht, als ein Ort, wo ich mich auf den nächsten Schritt vorbereiten konnte – und der hieß: in eine eigene Wohnung einzuziehen.

Ich kannte meine Mitbewohnerin, Debbie, schon seit Jahren aus dem *Res*. Die Behinderung hatte bei ihr als Teenager angefangen, aufgrund irgendeiner genetischen Störung. Körperlich waren wir beide auf dem gleichen Niveau und wurden gute Freunde; wir lachten oft über unser beider unkontrollierbaren, schreckhaften Reflexe. Wir saßen zusammen mit einem weiteren Mitbewohner am einen Ende des Eßtisches im Gruppenheim. Ron konnte seine Hände recht gut benutzen. Doch wenn Debbie oder ich von etwas erschreckt wurden, dann endete dies meist damit, daß der arme Ron sich mit unserem Essen schmückte. Aber andererseits mußten wir uns auch seine abgedroschenen Witze anhören, und so betrachteten wir dies als einen fairen Ausgleich.

Debbie und ich lachten auch viel über unseren Dauerwettbewerb im Zahnpastaverspritzen – wer würde die unmöglichsten Stellen treffen? Entweder erwischten wir die Tube mit einem wahren Todesgriff und spritzten ihr die Gedärme aus dem Leib, oder wir schafften es tatsächlich, die Zahnpasta auf die Zahnbürste zu bekommen. Dann wurden wir aber meist im nächsten Augenblick von etwas derart überrascht, daß die Zahnbürste in hohem Bogen davonflog. Wir ließen unsere Pflegerin, Jackie, über die Liste unserer Treffer Buch führen.

Ich bewunderte Debbies Mut und Charakterstärke im Umgang mit ihrer Behinderung. Als sie auszog, weil sie heiraten wollte, weinte ich. Obwohl ich mich darüber freute, daß eine meiner Freundinnen es schaffte, dieser Falle zu entfliehen, wußte ich doch, daß mir ihre Gesellschaft fehlen würde.

Der Tagesablauf im Wohngruppenheim war völlig anders als im *Res*. Es gab Helfer, deren Aufgabe darin bestand, uns alles beizubringen, vom Kochen bis hin zur Kontoführung. Meine erste Helferin, Jackie, merkte bald, wie versessen ich darauf war, Neues zu lernen, und ließ mir den Freiraum, die alltäglichen Arbeiten meinen Bedürfnissen anzupassen. Einmal meinte sie zu mir: »Du könntest deine eigene Beschäftigungstherapeutin sein.« Sie ließ mich die Dinge oft auf meine eigene Art lernen.

Den Bewohnern des Wohngruppenheims wurden bestimmte Hausarbeiten übertragen, wie den Tisch auf- beziehungsweise abzudecken, die Geschirrspülmaschine zu füllen, staubzusaugen und Böden zu wischen. Für das Aufräumen nach dem Essen war jeden Abend ein anderer zuständig. Derjenige, an dem es hängenblieb, hatte den ganzen Abend zu tun. Ich schlug in einer gemeinsamen Besprechung von Mitarbeitern und Bewohnern vor, jeden Abend drei Leute zum Aufräumen einzuteilen. Auf diese Weise lief es viel besser. Alle begrüßten diese Änderung und wollten weitere Vorschläge von mir hören.

Ich hatte besondere Schwierigkeiten damit, das Schmutzgeschirr vom Tisch zur Spüle zu befördern. Meine Mitbewohner lösten das Problem, indem sie die dreckigen Teller auf ihrem Schoß stapelten und dann zur Spüle rollten. Das funktionierte bei mir nicht. Ich schien den Dreck förmlich anzuziehen. Wenn mich etwas erschreckte, während ich den Schoß voller Geschirr hatte, kam ich erst recht in Schwierigkeiten. Ich selbst und der ganze Boden waren in solchen Fällen mit Tellern und Essensresten völlig übersät. Ich löste das Problem, indem ich die Mitarbeiter davon überzeugte, eine Plastikschüssel zu kaufen, in die ich mein Geschirr stapeln konnte. Dort hinein konnte ich auch alle Essensreste kippen und das Ganze dann sicher zur Spüle befördern.

Nicht alle kleinen Probleme, die ich hatte, ließen sich so leicht lösen. Da war zum Beispiel der Abfall. Es wurde von uns erwartet, daß wir den Deckel des Containers hochhoben und große Plastiksäcke voll Müll hineinwarfen. Doch der Deckel war riesig und so hoch oben, daß ich nicht die nötige Hebelwirkung erzielte, um ihn von der Stelle zu bewegen. Nur die männlichen Bewohner schafften das.

Ich schlug Jackie vor, daß wir normale Mülltonnen anschafften und die Angestellten dann die Mülltonnen in den Container entleerten, bevor die Müllabfuhr kam. Sie stimmte zu, daß dies sinnvoll wäre. Aber, so erklärte sie, die Sache mit dem Müllcontainer sei Teil unseres Lernprogramms, so wie es die staatlichen Richtlinien vorschrieben.

Ich bat darum, diese Richtlinien einsehen zu können. Und tatsächlich, darin stand diese Müllcontainer-Geschichte, wie auch eine Menge anderer Dinge, die offensichtlich von einem Nichtbehinderten aufgeschrieben worden waren, der von den Einschränkungen, die meine Behinderung verursachte, nicht die geringste Ahnung hatte.

Eine weitere dieser unsinnigen Anforderungen besagte, daß jeder, der für ein eigenständiges Wohnen geeignet sein wollte, »lernen« mußte, wie man einen Schrubber an seinem Griff festschraubt. Ich fand das schrecklich witzig. Ich wußte, wie das ging. Doch ich würde nie in der Lage sein, es in die Praxis umzusetzen.

Als ich Jackie auf diese Anforderung aufmerksam machte, schüttelte sie nur den Kopf und stimmte mir zu, daß der Verfasser dieser Richtlinien – wer es auch immer gewesen sein mag – ernsthafte Probleme gehabt haben müsse, gesunden Menschenverstand walten zu lassen. In den nächsten Monaten und Jahren lachten wir beide oft über diese Richtlinien, die man in keiner Weise im Alltag von an Zerebralparese Erkrankten umsetzen konnte. Und da diese Richtlinien immer in einem so ernsten Tonfall geschrieben waren, als ginge es um Leben und Tod, lasen wir sie uns oft mit dramatischer Stimme laut vor. Dann lachten wir, als sei dies die komischste Sache der Welt.

Wenige Tage nachdem ich in das Wohngruppenheim eingezogen war, ging mir die saubere Wäsche aus. Statt wie früher im *Res* die Sachen in die Wäscherei zu geben, wurde nun von mir erwartet, meine Wäsche selbst zu waschen. Da Jackie gerade anderweitig beschäftigt war, bat sie einen meiner Mitbewohner, mir die Benutzung von Waschmaschine und Trockner zu erklären.

Ich dachte, ich hätte mich genau an die Anweisungen gehalten. Doch im Handumdrehen spuckte die Waschmaschine oben, seitlich und auf dem Boden Waschlauge aus. Ich zog also meine Hausschuhe aus, krempelte die Jeans hoch und watete durch die Schweinerei, um das Monster abzuschalten. Dann mußte ich dreckige Handtücher auf den Boden werfen, um die Lauge wieder aufzuwischen. Ich habe nie herausgefunden, was ich falsch gemacht hatte. Aber nachdem die Waschmaschine erst einmal gelernt hatte, wer hier der Boß war, hat sie nie wieder Waschlauge gespuckt. Dafür fraß sie regelmäßig meine Strümpfe. Vielleicht mochte sie mich einfach nicht.

Mit jeder neuen Aufgabe im Haushalt, die ich meisterte, verfeinerte ich meine Methoden. Zum Beispiel gelang es mir nur selten, einen vollen Becher Waschpulver aus der Vorratspakkung in die Waschmaschine zu bekommen, ohne dabei etwas zu verschütten. Bis ich dann das ganze Pulver wieder vom Boden aufgewischt hatte, war ich fix und fertig. Dieses Problem löste ich, indem ich flüssiges Waschmittel in elastischen Plastikflaschen kaufte. Ich hielt die Flasche in die Maschine und drückte soviel Waschmittel heraus, wie ich brauchte, ohne Gefahr zu laufen, daß es anderswohin geriet. Das sparte viel Zeit, Kraft und Nerven. Und zum ersten Mal in meinem Leben konnte ich meine Sachen so waschen, wie ich es wollte – keine Großwäscherei mehr, wo die Sachen einliefen und verfilzten.

Der Mount Everest unter den Hausarbeiten war das Reinigen der Böden. Als ich mich das erste Mal an diese Aufgabe heranwagte, arbeitete ich ganze drei Stunden. Dann schleppte ich mich erschöpft zum Teppich und schlief ein. Es braucht soviel Energie, einen Boden zu wischen, und so wenig, ihn wieder dreckig zu machen. Doch nachdem einige Wochen vergangen waren, lernte ich mit der Zeit, zu wischen und staubzusaugen. Ich beherrschte zwar nie die Kunst, einen Schrubber zu benutzen, aber ich erfand meine eigene Methode, wie ich harte Böden reinigen konnte. Als ich eines Tages etwas verschüttet hatte, warf ich einen Putzlumpen auf den Boden und schob ihn mit dem Fuß auf dem Boden herum. Nachdem ich alles aufgewischt hatte, kam mir der Gedanke: *He! Warum wische ich nicht den ganzen Boden auf diese Art?* Und dies tat ich dann auch. Ich wirbelte mit meinem Rollstuhl umher und schlurfte dabei mit den Füssen, um Flecken und Dreck aufzuwischen. Ich nannte es den »Putzlappen-Tango«. Wenn sie auch nicht ganz den staatlichen Richtlinien entsprach, so funktionierte diese Methode wenigstens.

Ich glaube, am meisten war ich stolz darauf, dass ich die gigantische Aufgabe bewältigt habe, mir einen Tee zu brühen. Hierfür musste ich mehrere Wochen herumexperimentieren. Zuerst setzte ich mich etwa drei Stunden vor den Teekessel und starrte ihn an. Dabei ging ich den Vorgang in Gedanken durch. Allein den unangenehmen waagerechten Henkel zu fassen, würde drei Handbewegungen und die Koordinierung beider Hände erfordern. Dann müsste ich ihn irgendwie füllen und auf den Herd manövrieren. Ich kam schliesslich zu dem Schluss, dass diese Bewegungen meine Fähigkeiten weit überstiegen. Als Alternative griff ich zu einer alten Kaffeemaschine; die Sorte aus Aluminium mit Glasknopf oben drauf. Ich füllte die Kaffeemaschine, mit der man insgesamt fünf Tassen kochen konnte, bis zur Marke für eine Tasse. So konnte ich vielleicht die Gefahr mindern, mich mit heissem Wasser zu verbrühen. Aber wie sollte ich den Teebeutel in das kochende Wasser tauchen, ohne dabei den Kocher vom Herd zu werfen?

Ich entschloss mich dazu, die Regeln des korrekten Teekochens zu brechen und Tee und Honig bereits hinzuzufügen, *bevor* ich die Kaffeemaschine auf den Herd stellte. Ein Freund entfernte den Glasknopf von der Maschine, so dass ich durch dieses Loch den Teebeutel in den Kocher stopfen konnte. Einziges Problem: Ich verlor den Teebeutel immer wieder, wenn die Schnur ins Wasser fiel. Dieses Problem löste ich, indem ich den Teebeutel mit einer Wäscheklammer so lange in der richtigen Position hielt, bis der Tee nach meinen Wünschen genug gezogen hatte.

Es dauerte lange, bis ich herausgefunden hatte, wie ich den Kocher von der Platte nehmen konnte, ohne mich dabei zu verbrennen. Ich musste lange Topfhandschuhe benutzen, den Kocher in Angriff nehmen und so lange damit kämpfen, bis er auf dem Tisch stand. Doch wie sollte ich mir nun eine Tasse eingiessen, ohne den gesamten Tisch unter Wasser zu setzen? Daran arbeitete ich mehrere Wochen und entschloß mich schließlich zu einem kleinen Strohhalm, den ich in den Gießrand des Kochers steckte.

Welch ein Triumph! Nachdem ich die Technik noch weitere drei Monate verbesserte, braute ich schließlich meine erste perfekt gemachte Tasse Tee und stellte sie auf den Tisch, ohne auch nur einen Tropfen zu verschütten. Ich konnte die Tränen der Freude über diese wichtige Errungenschaft nicht zurückhalten.

Nach einigen Wochen langweilte mich mein Erfolg bereits, und so beschloß ich, ein Teekränzchen zu geben. Aber eine richtige Dame konnte sicher nicht von ihren Gästen verlangen, daß alle ihren Strohhalm in denselben Topf steckten. Ich mußte einen Weg finden, den Tee einzuschenken. Beim Fernsehen kam mir eines Tages eine gute Idee. Einige Versuchsroboter konnten ihre Arme in einer starren Position halten und so bestimmte Armbewegungen vollführen. Ich stellte daher einige Becher in die Spüle, hielt meine Ellenbogengelenke steif und entdeckte so, wie ich die Becher etwa halb füllen konnte, ohne den Tee überall über den Becherrand zu gießen. So konnte ich sie auch, einen nach dem anderen, zum Tisch tragen, wobei ich meine Ellenbogen weiter steif hielt.

Ha! Wenn so ein Haufen Blech lernen kann, wie man etwas eingießt, dann kann ich das doch wohl erst recht.

Im Sommer nach meinem Collegeabschluß bemühte ich mich darum, mein Gewicht zu verbessern, so viele Hausarbeiten wie möglich zu meistern und einiges von meinen schriftstellerischen Arbeiten fertigzustellen. Obwohl die staatlichen Richtlinien verlangten, daß ich jeden Tag mehrere Stunden an einer Aktivität außerhalb des Wohngruppenheims teilnahm (denn wenn ich nicht mehr studierte, mußte ich arbeiten), war die Verwalterin des Wohngruppenheims bei mir etwas nachsichtiger. Sie erkannte, daß ich noch Zeit brauchte, um mich an meine neue Lebensumgebung anpassen zu können.

Im nächsten Herbst nahm ich eine Stelle am UCP-Zentrum als Unterrichtsassistentin an. Eines Morgens sah ich einen Moment lang eine Frau, die die Rampe zum Entwicklungszentrum hinuntergeführt wurde. Die Frau stützte ihren Körper auf recht ungewöhnliche Krücken. Irgendwie kamen sie mir bekannt vor. Es dauerte einige Minuten, bis mir bewußt wurde, wo ich sie bereits gesehen hatte. *Konnte das sein?* Dr. Anne Carlsen hatte solche Krücken benutzt.

Ich jagte den Gang hinunter, um es herauszufinden. Dort war sie. Dreißig Jahre älter und doch fast genau so, wie ich sie gekannt hatte – ruhig und voller Ausstrahlung. Eine bemerkenswerte Frau. Ich kam mir komisch vor, ihren Rundgang zu unterbrechen, aber ich wußte, wenn ich sie jetzt nicht ansprechen würde, würde ich dies den Rest meines Lebens bereuen.

Dr. Anne Carlsen unterhielt sich einige Minuten mit mir. Sie freute sich, mich wiederzusehen, und wünschte mir alles Gute für meine Zukunft. Dann wurde sie davoneskortiert, um andere Teile der UCP zu besichtigen.

Den ganzen Tag über mußte ich an Dr. Anne und ihre Schule denken. In Gedanken wurden Bilder und Erinnerungen wieder wach, an die ich in all den Jahren nicht gedacht hatte. Und natürlich erinnerte ich mich, wie ich unten an dieser Treppe gestanden und ihr zugeschaut hatte, wie sie die Stufen hinaufstieg. Nun hatten sich unsere Wege erneut gekreuzt. Diese Begegnung machte mir Mut. Ich mußte wieder an all die Träume meines Lebens denken. Manche waren wahr geworden, andere nicht.

Jene überraschenden Augenblicke mit Dr. Carlsen entfachten meine glimmenden Träume von neuem. Ich erinnerte mich daran, was ich bereits erreicht hatte, und schöpfte neu den Glauben, daß ich vielleicht doch noch aus dem System ausbrechen und frei sein könnte, wenn ich weiter daran arbeitete und es wagte, über das Bekannte hinauszugehen.

Kapitel 28

Workshops für Schriftsteller

Eines Abends löschte ich erst spät das Licht meiner Schreibtischlampe. Einige Minuten genoß ich die Dunkelheit und betete: »O Herr, was soll ich nun mit meiner Schriftstellerei machen?«

Es schien, als würde die Antwort von dem kühlen Sommerlüftchen hereingetragen, das sanft durch die offene Terrassentür hereinwehte. *Stelle eine Mappe zusammen. Du wirst von keinem professionellen Verleger ernst genommen, wenn er sich durch deinen ramponierten Karton hindurchwühlen muß, um deine Werke zu begutachten. Benutze deine Behinderung nicht als Vorwand für Unordentlichkeit. Das war immer schon ein armseliges Alibi.*

Ich hatte eine so schnelle und offene Antwort nicht erwartet. Aber ich dankte Gott dafür und sagte ihm, daß das, was er sagte, wie immer sehr vernünftig klang. Das ist einer der Gründe, warum ich mich so gerne mit Gott unterhalte: Bei ihm muß ich nicht immer alles wiederholen. Er versteht jedes Wort von mir.

In meiner freien Zeit begann ich, einige meiner Arbeiten neu abzutippen, damit sie so ordentlich wie möglich aussahen. Dann ließ ich Jackie einige Proben zu einem Heft zusammenstellen. Ich konnte bei dieser Arbeit meine Aufregung kaum abschütteln. Ich hatte den Eindruck, als bereitete ich mich auf etwas sehr Bedeutsames vor. Ich wußte aber noch nicht, auf was.

Ein paar Wochen später fiel mir sonntags in der Kirche ein Informationstisch mit dem Titel »Sommerschulkurse« auf, und ich nahm einige Broschüren mit nach Hause. Nachdem ich mir eine kleine Mahlzeit bereitet hatte, schaute ich mir am Nachmittag desselben Tages meine Beute genauer an. Eine Broschüre zog meine Aufmerksamkeit auf sich – es ging um eine Schriftstellertagung am *Lutheran Bible Institute* (LBI), einer Bibelschule in Issaquah, im Staat Washington, fünfundvierzig Autominuten von Seattle entfernt.

Ich erzählte Jackie, daß ich den Eindruck hatte, ich solle zu dieser Tagung gehen. Sie ermutigte mich dazu und schlug sogar vor, daß ich mir doch ein paar neue Anziehsachen für diese Tagung anschaffen könnte. Sie meinte, meine üblichen Pullis und T-Shirts seien vielleicht etwas zu vergammelt, um sie bei dieser Gelegenheit zu tragen, die doch vielleicht sehr wichtig für mein Leben sein könnte. Ich antwortete ihr lachend, daß ich doch sehr hoffte, aufgrund meiner Schreibkünste beurteilt zu werden und nicht aufgrund meiner Garderobe. Aber sie hatte schon recht. Nach meinem Kontostand zu urteilen, hatte ich genug Geld für die Anmeldegebühr und konnte mir außerdem noch eine neue Bluse und eine Hose kaufen. Also füllte ich die Anmeldung aus, tippte einen Scheck und steckte beides in die Post. Eine weitere Pflegerin half mir, die Fahrt zu organisieren.

Schließlich rückte der Tag der Konferenz heran. Ein Pfleger setzte mich und meine Habseligkeiten in der riesigen, hellen Eingangshalle des LBI ab und ging. Ich war völlig auf mich gestellt, inmitten einer Welt von Nichtbehinderten.

Die Dame am Empfang überraschte mich damit, daß sie meinen Namen bereits wußte. Sie sagte mir, wenn ich irgend etwas benötigen sollte, müsse ich es ihr nur sagen. Dann reichte sie mir den Zeitplan und schickte mich in die erste Plenumsveranstaltung.

Während ich durch die hellen, breiten Flure fuhr, geriet ich ins Staunen über den frischen, sauberen und offenen Eindruck, den die Schule machte. Auf den Fluren gab es große Fenster, so daß die üppigen Grünpflanzen, die überall standen, viel Licht hatten. Viele große, schöne Bilder zierten die Wände. Die Schule war als Kloster für die *Sisters of Providence* gebaut worden.

Die Reform der Katholischen Kirche nach dem Zweiten Vatikanischen Konzil hatte die Schwestern dazu gezwungen, ihre Gebäude und auch die Kunstwerke zu verkaufen.

Ich war so gespannt, daß ich am liebsten mit meinem Rollstuhl ein paar Pirouetten in den Fluren gedreht hätte. Aber ich erinnerte mich an mein Telefongespräch mit Iola am Abend zuvor. Sie hatte mir eine Vorlesung darüber gehalten, wie wichtig der erste Eindruck sei, und mir befohlen: »Benimm dich wenigstens wie ein erwachsener Mensch!«

Die erste Veranstaltung bestimmte die Atmosphäre der Tagung – überschaubar und persönlich. Jeder Teilnehmer erzählte von sich. Es gab unter uns einige, deren Werke bereits veröffentlicht worden waren. Ich erzählte, daß ich vor kurzem das College absolviert hatte und daß dies meine erste derartige Unternehmung auf eigene Faust sei.

Der Hauptdozent der Tagung gab uns die Aufgabe, eine Andacht über Römer 5,12-16 zu verfassen, einen Text, in dem die menschliche Schwäche mit Gottes Kraft verglichen wird. Ich schrieb darüber, wie sich einmal eine Schnur in meinem Rollstuhl verfangen hatte und ich eine geschlagene Stunde damit herumkämpfte, bevor ich mir eingestand, daß ich die Räder nicht von dieser Schnur befreien konnte. Darum krabbelte ich ins Wohnzimmer unseres Wohngruppenheims und bat jemanden um Hilfe. So ist es auch in unserem geistlichen Leben. *Manchmal müssen wir so lange kämpfen, bis wir die Freiheit haben, hilflos zu sein.* Wenn wir an diesem Punkt angekommen sind, dann kann Gott in unserem Leben wirken und unsere Schwächen in seine Stärke verwandeln, die größer ist als alle menschliche Kraft.

Die Leute am LBI machten mir so viel Mut, daß ich in den kommenden Monaten eine Reihe meiner Artikel überarbeitete, um sie an verschiedene Verlage zu schicken. Keiner wurde angenommen, bis Jackie vorschlug, ich solle doch meinen Artikel darüber, wie ich mir das Teekochen beigebracht hatte, an SCOPE (eine Frauenzeitschrift der lutherischen Kirche) schikken. Sie nahmen nicht nur die Geschichte an, sie wollten sogar ein Bild von mir, um beides zusammen zu veröffentlichen. Langsam erwarb ich mir einen Ruf als Schriftstellerin.

Meine Reise zu dieser Schriftstellertagung am LBI machte sich noch auf andere Weise bezahlt. Ich mußte mir endlich eingestehen, daß tief in mir ein sehr einsames, hungriges Kind schlummerte, das sich nach Liebe und Annahme sehnte, wie ich sie auf der Tagung erfuhr.

Eines Tages hörte ich im Radio, daß sich in einer nahegelegenen Gemeinde eine christliche Autorengruppe traf, um die Arbeiten der Teilnehmer gegenseitig zu beurteilen. Ich bat eine Pflegerin, per Telefon Näheres für mich herauszufinden. Am zweiten Sonntag des nächsten Monats nahm ich zum ersten Male an einem der Treffen teil. Da in dieser Gruppe niemand mein Sprechen verstehen konnte, mußte ich mich auf meinen *Communicator* stützen. Ich brachte außerdem meinen Tee-Artikel mit sowie einen weiteren mit dem Titel »Ungewöhnliches Mitgefühl«. Darin ging es um meinen Freund Richard, der tiefe Trauer empfand, als ihm ein Mensch ohne Arme und Beine begegnete. Richard, der sehr unter Zerebralparese zu leiden hatte, war selbst vom Leben betrogen worden, und doch hatte er Mitgefühl mit anderen.

Der Autorengruppe gefiel dieser Artikel, der ihnen vorgelesen wurde. Sie applaudierten. Die Leiterin der Gruppe, Mary Hammock, schrieb ihre Bemerkungen und Verbesserungsvorschläge für mich auf den Rand.

In den nächsten Monaten brachte ich viele Artikel zu den Treffen der Autorengruppe mit. Das meiste waren Andachten über meine Erfahrungen im Wohngruppenheim. Ich bog sie zurecht und polierte sie derart auf, daß der Leser nicht mehr erkennen konnte, daß ich behindert war. Ich verbarg absichtlich mein wahres Ich, besonders meine Körperbehinderung, hinter dem Gewand meiner Schriftstellerei. Wenn andere in der Autorengruppe vorschlugen, ich solle mehr über mich selbst schreiben, schauderte ich innerlich. Um nichts in der Welt wollte ich eine verkrüppelte Autorin sein.

Inzwischen war ich gut in das Informationssystem der örtlichen Schriftsteller integriert und stand auf einigen ihrer Adressenlisten. Als ich eine Broschüre über eine Autorenkonferenz an der *Seattle Pacific University* erhielt, meldete ich mich sofort an.

Zusammen mit der Anmeldebestätigung erhielt ich von der Konferenzleiterin, Rose Reynoldson, die Nachricht, daß mir eine Schwesternschülerin zur Verfügung stehen würde, die mir bei allem, was ich benötigte, helfen würde. Ich war erstaunt über die Aufmerksamkeit und Rücksichtnahme von Rose.

Kaum war ich zur Konferenz eingetroffen, suchend, wo ich mich anmelden konnte, als ich jemanden sagen hörte: »Sie müssen Carolyn Martin sein. Ich bin Rose.« Auf den ersten Blick erschien sie mir wie eine sanfte, weiche Ausgabe von Margaret Thatcher – selbstsicher und flexibel genug, um eine gute Leiterin abzugeben. Ihr silbergraues Haar und ihre feste Art sagten mir, daß sie Tiefe und Stabilität besaß. Ich vertraute ihr instinktiv.

Wahrscheinlich waren da, was die Konferenz anging, tausend Kleinigkeiten, um die sie sich kümmern mußte. Doch sie nahm mich zur Seite, wo wir uns setzen und uns unterhalten konnten. Sie bat mich, die Sachen lesen zu dürfen, die ich mitgebracht hatte, stellte eine Liste der Lektoren auf, die ich unbedingt kennenlernen sollte, und ergänzte mein Konferenzprogramm durch Notizen über die Veranstaltungen, von denen sie dachte, daß sie mir am meisten bringen würden.

»Sie müssen unbedingt Karen Mains kennenlernen«, meinte sie zu mir. Karen, eine bekannte und geachtete christliche Autorin, war die Hauptrednerin der Konferenz. Ich war von Roses Aufmerksamkeit und Interesse an mir beeindruckt und dankbar dafür. Ich kannte sie erst wenige Minuten, und doch gab sie mir das Gefühl, daß sowohl ich selbst als auch meine Arbeit wertvoll waren.

Dann stellte mir Rose die Schwesternschülerin vor, die mich während der Konferenz begleiten sollte. Nachdem ich einen Blick auf das hügelige Universitätsgelände und die steilen Gehsteige geworfen hatte, war ich froh um ihre Hilfe. Sie brachte mich zu den Seminaren, die ich mir ausgesucht hatte, und stellte den Kassettenrecorder auf, der meine Mitschrift ersetzte.

Spät am ersten Abend, nachdem meine Helferin schon nach Hause gegangen war, brachte mich Rose persönlich zum Studentenwohnheim, um sich zu vergewissern, daß mein Zimmer in Ordnung wäre. Am nächsten Morgen holte mich Rose schon früh ab, um mich zum Frühstück zu begleiten. Da ich noch nicht ganz soweit war, sprang sie ein und half mir, als sei dies das Natürlichste auf der Welt.

Sie bemerkte, daß ich gerade meine Haare gewaschen hatte, und fragte, wie ich das denn mache. Der Schalk saß mir im Nakken, und ich antwortete mit unbewegter Miene: »Mit Shampoo und Wasser natürlich. Wie machen Sie das denn?«

Auf ihrem Gesicht zeigte sich ein überraschter und peinlich berührter Blick, dann sprudelte ein wahrer Brunnen von Gelächter hervor. Als sie sich endlich beruhigt hatte, meinte sie mit einem Tonfall der Entschuldigung: »Das habe ich wohl verdient. Das gefällt mir, wie Sie mir da Kontra gegeben haben.«

Ich grinste, und sie umarmte mich und meinte, sie sei froh, daß ich ihre Naivität akzeptieren und einen Scherz darüber machen könne. An diesem Morgen machten wir den ersten Schritt in Richtung Freundschaft.

Am Abend dieses Tages ging ich früh auf mein Zimmer, um meine Notizen zu tippen und zur Bewertung einzureichen. Doch bevor ich mit dieser Arbeit anfing, nahm ich ein Bad, räumte das Zimmer auf und steckte meinen Rollstuhl und meinen *Communicator* in die Steckdose, damit sie am Morgen wieder frisch aufgeladen waren. Ich hatte gerade meinen Rhythmus mit meinem Ein-Finger-Schreibsystem gefunden, als es an der Tür klopfte. Es war eine Frau namens Elizabeth, die fragte, ob sie meine Kassette mit anhören könne, da sie einen Teil des Seminars verpaßt hatte. Nach ein paar Minuten kamen wir ins Gespräch. Sie hatte noch nie zuvor eine Schreibmaschine mit Tastenschutz gesehen und war neugierig darauf, meine anzuschauen. Ich erklärte ihr, daß ich bei der Bewegung meiner Finger Probleme hätte, die Dinge, auf die ich hinzielte, genau zu treffen. Der Schutz half mir (meistens), die richtige Taste zu erwischen. Ich wollte dieses Thema schon beenden, um mehr über sie zu erfahren, doch sie hatte offensichtlich das Bedürfnis, mir etwas zu beichten: »Ich hab es wohl immer als selbstverständlich angesehen, daß meine Finger über der richtigen Taste bleiben. Ich habe da nie viel darüber nachgedacht.«

Ich sagte ihr, daß meine Bewegungen immer so ruckartig waren, daß ich es ebenso für selbstverständlich hielt, daß ich sie durch spezielle Werkzeuge und durch genaues Durchdenken der präzisen Bewegungsabläufe überlisten mußte. Ich hatte mich schon so sehr daran gewöhnt, daß ich womöglich verrückt werden würde, wenn ich die alltäglichen Herausforderungen meiner Behinderung nicht mehr hätte.

Ich sagte dies, um Elizabeth zu beruhigen, aber sie schaute sich nach meinem elektrischen Rollstuhl und dem *Communicator* um und schien von all den übrigen Dingen erschlagen zu sein, die sie auch immer für selbstverständlich gehalten hatte. Ich wollte nicht, daß sie Schuldgefühle bekam. Daher versicherte ich ihr, daß die meisten Menschen eine Menge Dinge für selbstverständlich hielten. »Ich halte es für selbstverständlich, daß ich nicht fliegen kann. Also steht es zwischen uns eins zu eins.« Sie lachte und erzählte mir dann von sich. In kürzester Zeit schauten weitere Frauen herein, um sich unserer Plauderei anzuschließen. Es war die reinste Party. Mit meinen Notizen bin ich bis heute nicht fertig geworden.

Am Tag darauf machte Rose für mich einen Gesprächstermin mit Karen Mains aus, die die Texte gelesen hatte, die ich mitgebracht hatte, und nun unbedingt mit mir darüber reden wollte. Sie sagte mir, sie könne erkennen, daß ich einen eigenen Stil entwickle, und machte mir Mut, damit fortzufahren. Am meisten beeindruckt schien sie von zwei Kurzgeschichten über Donna und einem Stück, das ich für den Verwalter unseres Wohngruppenheims geschrieben hatte, mit dem Titel »Wir lernen unsere Hände kennen«. Sie sagte auch, ihr gefalle mein Artikel »Meine Tasse Tee«.

Karen hegte keinen Zweifel daran, daß ich dabei war, eine erfolgreiche Schriftstellerin zu werden. (Das war doch genau das, was ich hören wollte!) Doch was sie als nächstes sagte, wollte ich ganz und gar nicht hören: »Ich denke, Sie sollten mehr autobiographische Sachen schreiben.«

Später erzählte mir Rose von einem Gespräch, das sie nach unserer Unterredung mit Karen Mains geführt hatte. Karen schien wirklich von meinen Arbeiten begeistert zu sein und hatte zu Rose gesagt: »Ich kann es in Carolyns Gesicht sehen. In ihr steckt eine Bestsellerautorin.«

Meine Begegnungen mit den Leuten auf der Konferenz waren so positiv verlaufen, und ich fühlte mich so siegreich, dank all der Ermutigungen, daß ich all meine Selbstzweifel überwand und mir schwor, ihrem Rat zu folgen und über mein eigenes Leben zu schreiben. Das Problem dabei war, daß ich so viele optimistische und heldenhafte religiöse Biographien gelesen hatte, in denen die Christen immer all ihre Wut und all ihren Schmerz überwanden und wo das Feuer des Glaubens in ihnen voll entfacht wurde, daß ich versuchte, ihren oberflächlichen, propagandistischen Stil zu kopieren. Ich versuchte, meinen Schmerz hinter dem Kreuz zu verstecken, als ob es Gott peinlich sein könnte, wenn ich die Wahrheit schrieb und die Wut und die Enttäuschung zugab, die in meinem Innern festsaßen.

Es war, als besäße ich eine zerbrechliche Alabasterschachtel, angefüllt mit Leid, Schmerz und Wut. Ich hielt sie sorgfältig und fest unter Verschluß, aus Angst vor ihrem todbringenden Inhalt. Manchmal erlaubte ich ein paar Andeutungen der schmerzhaften Wahrheit, in meinen Arbeiten aufzuleuchten – gerade genug, um mich zu beruhigen, daß ich keine doppelbödige Lügnerin war. Aber damit hatte es sich auch schon.

Ich mußte diese Schachtel geschlossen halten. Also begann ich bei meinen biographischen Arbeiten mit den Jahren im Pflegeheim. Auf diese Weise mußte ich mich nicht mit den Enttäuschungen meiner Zeit in Alaska auseinandersetzen – meine Enttäuschungen über das Schulsystem, über meine unzulängliche Situation in der Familie, über das schreckliche Haus oder über die Gewalt, die ein Pfarrer, dem ich vertraut hatte, meinem Körper und meiner Seele angetan hatte.

Ich war schon eine ganz schön clevere Frau! Ich hätte vermutlich für den Rest meiner Schriftstellerkarriere über mein Leben in Heimen schreiben können. Solche Themen wurden in meiner Autorengruppe akzeptiert und gelobt.

Ich erkannte nicht, daß der Herr darauf wartete, daß die Wahrheit ans Licht kam – nicht um meiner Leser willen oder meiner Autorengruppe oder meiner Freunde, sondern um meiner selbst willen.

Kapitel 29

Am LBI

Obwohl es ermutigend war, daß viele Leute dachten, ich hätte ein Talent zu schreiben, konnte ich meine Zweifel doch nicht abschütteln. Und selbst wenn ich schreiben könnte, wie würde mir das helfen, mein anderes Ziel zu verwirklichen – das Ziel, allein zu wohnen, außerhalb einer schützenden Umgebung, in der rauhen Wirklichkeit?

Ich beschloß, die Möglichkeiten für ein Leben außerhalb der gewohnten Grenzen meiner UCP-Welt zu erkunden. Ich schrieb an das *Lutheran Bible Institute* und bat um ein Vorlesungsverzeichnis und Informationen zur Einschreibung. Pfarrer Larson war nicht gerade optimistisch, als ich ihm erzählte, was ich erwog. Er wußte genug über staatliche Bestimmungen und das System der UCP, um zu wissen, wie schwierig dieses Unterfangen werden könnte. Aber nachdem er diese Probleme angesprochen hatte, kicherte er und meinte: »Solche Kleinigkeiten haben dich bisher ja auch nie von etwas abgehalten, oder?« Er schüttelte den Kopf: »Du bist ein Pionier, Carolyn. Du bist schon im *Res* und im Wohngruppenheim neue Wege gegangen. Vielleicht solltest du auf das LBI gehen und den Leuten dort endlich mal zeigen, was Sache ist.«

Ich sagte ihm: »Mir gefällt der zweifelhafte Ruf, der erste geistig völlig verblödete Mensch zu sein, der das LBI besucht.« Er schaute mich verdutzt an, und so erklärte ich ihm diesen Scherz, der bei mir und Mom schon eine lange Tradition besaß. Jedesmal, wenn ich einen neuen Meilenstein erreicht hatte, erinnerten wir beide uns lachend an die erste Einschätzung des Arztes bei meiner Geburt. Ich war der erste völlig verblödete Mensch gewesen, der mit Erfolg die High-School besucht hatte, der erste verblödete Mensch auf dem College und so weiter. Als ich mit meinen Erklärungen am Ende war, lachte Pfarrer Larson bereits so herzhaft, daß ihm die Tränen herunterliefen.

Nachdem er sich so weit beruhigt hatte, daß er wieder sprechen konnte, sagte er: »Wenn sie mich um eine Beurteilung deines Charakters bitten sollten, kann ich wenigstens sagen, daß du ein ganz besonderer Vogel bist.« Er meinte, ich solle auf jeden Fall darauf achten, daß ich meinen Humor am LBI nicht verlöre, damit ich anderen helfen könne, die Absurditäten des Lebens zu sehen.

Mein Entschluß, aufs LBI zu gehen, war *eine* Sache, die Klärung aller Detailfragen war eine ganz andere Sache. Ich mußte Berge von Formularen ausfüllen und monatelang um mein Anliegen kämpfen, um die Genehmigung zu bekommen, daß ich als Bewohnerin des Wohngruppenheims einen Teil der Woche auf dem Gelände des LBI übernachten dürfte. Aber der Verwalter des Wohngruppenheims kämpfte mit mir darum, und so erklärte sich die zuständige Behörde bereit, eine Ausnahme zu machen, solange ich weiter Fortschritte machte und alle vorgesehenen Aufgaben im Wohngruppenheim erfüllte.

Nachdem ich diese Hürde genommen hatte, mußte ich ja erst noch vom LBI angenommen werden. An einem wunderbaren, goldgelben Septembernachmittag hatte ich ein Vorstellungsgespräch mit dem zuständigen Ausschuß.

Keiner fragte nach meiner bisherigen Ausbildung und meinen Gründen für den Besuch des LBI. Die Fragen waren eher praktischer Natur: Würde ich sowohl mit den Anforderungen des Wohngruppenheims als auch mit den akademischen Anforderungen der Schule zurechtkommen? Was wäre, wenn ich krank würde – wer wäre für meine medizinische Versorgung verantwortlich? Wie sah es mit meiner Ernährung aus?

Ich beantwortete alle Fragen so ehrlich, wie ich nur konnte. Ich wüßte nicht, wie gut ich mit den doppelten Anforderungen von Wohngruppenheim und Schule zurechtkommen würde. Aber ich sei der Meinung, daß jeder Mensch irgendwann im Leben etwas wagen müsse. Was das Krankwerden angehe, so werde jeder irgendwann einmal krank und brauche dann unter Umständen Hilfe. Und ich könne alles essen, was sich so weit zerkleinern läßt, daß ich es auf meinen Löffel bekommen könne.

Die Ausschußmitglieder lachten und meinten, wenn ich mir so wenig Sorgen um meine Erfolgschancen machte, dann wollten sie mich in derselben Haltung akzeptieren, mit der ich selbst mich akzeptierte. Ich könne im Wintersemester am LBI anfangen.

Während ich in diesem Herbst gespannt darauf wartete, mein neues Abenteuer zu beginnen, belegte ich einige Kurse in meiner Gemeinde, die im Rahmen der Erwachsenenbildung abgehalten wurden. Die Kurse wurden von Professor Josee Jordan abgehalten, die zufälligerweise auch Leiterin der Fakultät für christliche Pädagogik am LBI war.

Sie trug einen schwarzen Anzug, und ihre schwarzen Haare waren mit grauen Strähnen durchsetzt. Dr. Jordan erstaunte mich durch ihre ruhige, sehr professionelle Art. Man konnte an dem, was sie sagte, ihr Interesse und persönliches Engagement für ihren Lehrstoff spüren.

Wir machten uns nach der ersten Unterrichtsstunde miteinander bekannt. Sie war ganz beeindruckt von meinem *Communicator*. Und als ich ihr sagte, daß ich im Wintersemester zum Studium ans LBI kommen wolle, meinte sie, sie habe schon von meinem Kampf mit den staatlichen Stellen wegen der Genehmigung gehört. Sie gab zu, daß sie nie gedacht hätte, daß staatliche Richtlinien und Bürokratie die Entscheidungsmöglichkeiten und das Leben von Behinderten derart einschränken. Ich erzählte ihr von den Dingen, die mir ein Dorn im Auge waren, und hielt ihr einen Kurzvortrag über die Unart der Regierung, körperlich und geistig Behinderte ständig in eine Schublade zu stecken. Sie wollen immer dieselben Regeln auf alle anwenden. Es gebe nur eine Chance, um die Regeln den eigenen Bedürfnissen anzupassen – man müsse die entscheidenden Personen innerhalb des Systems auf seiner Seite haben.

Professor Jordan schien sich wirklich für die Herausforderungen zu interessieren, mit denen ich es zu tun hatte. Mir machte es Mut, jemanden kennengelernt zu haben, der womöglich nach meinem Studienbeginn am LBI zu meinen Dozenten gehörte. Ich hatte keine Ahnung, daß sie noch viel mehr für mich bedeuten sollte.

Spät abends, wenn die Flure der Schule verlassen dalagen, rollte ich oft in die wunderschöne Kapelle, um zu beten. Ich betete für meine Zukunft. Ich bat Gott auch um Vergebung dafür, daß ich ein so schlechter Mensch war, und bat ihn, mir zu helfen, damit ich meine Wut besser in den Griff bekäme, nachdem sie sich im Zusammenleben mit anderen im Wohngruppenheim wieder häufiger gezeigt hatte.

Die Stille der Kapelle erschien einem nachts fast ohrenbetäubend – das »ewige Licht« über dem strahlend weißen Altar war die einzige Lichtquelle. Die Heiligkeit dieses Ortes machte einem beinahe angst. Ich fühlte mich klein und unvollkommen, wenn ich in meinem ausgeleierten Rollstuhl, meinem fleckigen rosa Kleid und meinen verschrammten Schuhen vor diesem herrlichen Altar saß. Ich fragte mich, ob Gott im Himmel sich nicht manchmal sagt: »Ich bin von Carolyn wirklich enttäuscht. Sie macht mir soviel Mühe.« Oder vielleicht sagt er auch verständnisvoll: »Ich weiß, daß Carolyn sich wirklich bemüht, um mir zu gefallen; selbst wenn sie schon ein paar schlimme Fehler in ihrem Leben gemacht hat und sicher noch ein paar machen wird. Sie ist trotzdem meine Tochter. Ich liebe sie, und ich bin für sie gestorben.«

Ich redete mit niemandem am LBI über meine Probleme im Wohngruppenheim. Daher wußte ich, daß die große Ermutigung, die ich in vielen kleinen Dingen erlebte, daher kam, daß Gott meine Gebete in der Dunkelheit der Kapelle erhörte. Seine Antworten erlebte ich im herrlichen Sonnenlicht, das durch die riesigen Fenster in den Fluren meiner Schule lachte. Zur täglichen Bewegung ging ich einen der großen hinteren Flure mit meinem Laufgestell auf und ab. Und ich fand Ermutigung durch ein großes Gebettuch, das dort an der Wand hing. In unübersehbar großen Buchstaben wurde darauf verkündet: »Fürchtet euch nicht, denn ich bin euer Gott.«

Wenn ich diesen Flur hinunterwackelte, begegnete mir öfter Lucille, die Frau eines Professors am LBI, die zufälligerweise auch noch Pfarrer Jims Mutter war. Sie fand immer ein fröhliches und positives Wort. Ihre natürliche Freundlichkeit bestärkte mich jedesmal – sie drückte damit aus, daß ich ihre Zeit und ihr Interesse wert war. Wir unterhielten uns nie lange, doch jedesmal, wenn wir uns auf dem Flur begegneten, war es, als würde Gott jungen Wein in meine müden und schlaffen Weinschläuche gießen.

Am LBI gab es jeden Morgen einen Gottesdienst in der Kapelle. Da ich ein Gewohnheitsmensch bin, saß ich immer auf demselben Platz. Josee Jordan, die Dozentin, die ich im letzten Herbst in meiner Gemeinde kennengelernt hatte, saß gewöhnlich neben mir und half mir beim Umblättern der Gesangbuchseiten, so daß ich die Lieder finden konnte, bevor die letzte Strophe vorbei war.

Vor und nach dem Gottesdienst unterhielten wir uns immer ein wenig. Josee (sie bat mich, sie so zu nennen) sorgte sich ständig um meine Unterbringung im Studentenwohnheim. »Hast du es nachts auch warm genug? Wenn du die Heizung brauchst, bitte einfach den Heimbetreuer, sie anzuschalten. Und wenn du unter der Woche sonst noch etwas brauchst, während du auf dem College-Gelände bist, dann gib mir Bescheid.« Sie hatte schon bald herausgefunden, daß es Stunden dauerte, bis mir wieder warm wurde, wenn ich erst einmal so richtig ausgekühlt war. Wenn sie im Gottesdienst den Eindruck hatte, mir sei kalt, dann nahm sie ihren Blazer und legte ihn mir über die Schultern. Wenn ich sie dann fragte, ob ihr denn dann noch warm genug sei, dann lachte sie nur und meinte, sie sei heißblütig und gut isoliert.

Als die Tage und Wochen ins Land zogen, stellte mir Josee immer mehr persönliche Fragen. »Wo ist deine Familie? Warum bist du hier in Seattle ganz allein? Was ist für dich an deiner Behinderung das Schwerste?« Ich wollte ehrlich antworten, aber ich hatte Angst davor, zuviel zu sagen. Was würde geschehen, wenn sie herausfände, wie ich wirklich war, und dann enttäuscht wäre? Konnte ich ihr wirklich vertrauen?

Manchmal unterbrach sie sich mitten im Satz und ließ mir ein Hintertürchen offen: »Wenn ich dir zu nahe trete, und du meine Frage nicht beantworten willst, dann tu's bitte auch nicht. Ich möchte nicht in deinem Leben herumstochern.«

Die Zeit verging, und es schien, als sei Josee jederzeit zur

Stelle – sie kämmte mir die Haare, rückte mir den Kragen zurecht, steckte meine Bücher in die Tasche meines Rollstuhls. Ihr Interesse an mir schien echt zu sein. Ich glaubte nicht, daß alles nur gespielt war.

Ich beschloß, daß ich vielleicht Pastor B. mal fragen sollte, was Josee anging. Es gab keinen Grund, warum ich ihm nicht vertrauen sollte. Pastor B. sagte immer geradeheraus die Wahrheit. Doch noch bevor ich mich an ihn wandte, kam er nach dem Unterricht auf mich zu und sagte: »Ich habe gestern mit Josee Jordan zu Abend gegessen. Das Thema kam auf Sie, und sie sagte mir, daß Sie ihr wirklich ans Herz gewachsen sind. Josee ist ein ganz besonderer Mensch. Sie können sich glücklich schätzen, so eine gute Freundin gefunden zu haben.« Eine Frage war beantwortet worden, bevor ich sie überhaupt gestellt hatte.

Wenn sie mich wirklich mochte, dann wollte ich ihre Freundschaft erwidern. Und so fing ich an, ihre Fragen zu beantworten. Ich neckte sie auch mit meiner Klage: »Mal ehrlich, Josee, du stellst mehr Fragen als ein Anwalt aus Tennessee!«

Dann zog sie die Frage zurück und entschuldigte sich. Aber sie sagte auch: »Ich will doch nur wissen, was du durchmachst.«

Ein paar Monate später aßen wir bald jeden Tag zusammen in der Mensa. Später gab sie zu, daß es für sie zunächst schwer gewesen sei, mit mir zu essen. Mein Mangel an Koordinationsfähigkeit, die Notwendigkeit, mein Essen zu Brei zu zerdrücken, und meine Probleme beim Schlucken führten oft zu einer unappetitlichen Sauerei. »Der Herr mußte schließlich ein ernstes Wörtchen mit mir reden«, gab sie zu.

Es ehrte mich, daß sie die Freiheit besaß, so offen mit mir zu reden.

Beim Essen mit Josee entdeckte ich, daß auch sie nicht vollkommen war. Sie war eine unverbesserliche Keksdiebin. Ein Schild oberhalb der Essensausgabe besagte: »PRO PERSON NUR EIN KEKS«. Doch irgendwie geschah es, daß ich nach jedem Essen mit Josee eine ganze Handvoll Kekse in meiner Büchertasche fand. Sie behauptete steif und fest, es ginge ihr nur darum, daß sie Angst habe, es könne mich eines Tages davonwehen, wenn ich nicht ein wenig Gewicht zulegte. Wie sehr ich auch mit ihr schimpfte, es half nichts.

»Was wäre, wenn sie dich dabei erwischen? Ausgerechnet dich. Was für ein schlechtes Vorbild würdest du da abgeben? Oder was, wenn sie mich schnappen? Du klaust sie, aber schließlich landen sie immer in meiner Tasche.«

Sie lächelte und sagte voller Unschuld: »Ich erzähle ihnen einfach, wie du aus deinem Rollstuhl aufgestanden bist, dort hinübergegangen bist und dir eine Handvoll geschnappt hast!« Als ich beleidigt reagierte, meinte sie, es sei sowieso alles meine Schuld – sie täte so etwas erst, seit sie ständig mit mir herumginge.

Doch man mußte sich nur ihr Büro anschauen, um zu sehen, daß sie eine ziemlich humorvolle Ader hatte. Unter all den ernsthaften Werken und Büchern befand sich eine Unzahl von Spielsachen und Puppen. Auf ihrem Schreibtisch stand ein Telefon, das aussah wie Kermit der Frosch. Gut sichtbar, auf dem obersten Brett ihres Bücherregals, befand sich eine Spielzeugmaus, die als Oma verkleidet war, komplett mit Schal und Strohhut.

Eines Morgens benutzte ich wie üblich mein Kommunikationsgerät, während wir uns nach dem Gottesdienst unterhielten. Josee schaute mir ins Gesicht und sagte: »Dein *Communicator* hindert mich daran, dich besser kennenzulernen. Ich möchte deine Stimme hören.« Ich hob meine Arme, damit sie das Brett von meinem Rollstuhl schrauben konnte. Sie lehnte es gegen das Geländer vorn am Altar und setzte sich, um mit mir zu reden – *wirklich* zu reden.

An diesem Morgen begaben wir beide uns auf eine wunderbare Reise ins Land des gegenseitigen Verstehens. Josee war als Schülerin ebenso gut wie als Lehrerin. Sie fand sich schnell mit meinen Sprachmustern und -eigenheiten zurecht. Wenn wir an einem Wort hängenblieben, konnte sie es oft erraten, wenn ich ihr den Anfangsbuchstaben nannte. Die Tatsache, daß sie mich verstehen und meine Stimme hören wollte, vertiefte meine Zuneigung zu ihr um so mehr.

Ich bestand auf einem fairen Ausgleich und ließ mir von

Josee auch alles über ihr Leben erzählen. Je mehr ich über sie erfuhr, um so mehr Achtung und Liebe empfand ich für sie.

Trotz der Träume, die ich all die Jahre mit mir herumtrug, fragte ich mich immer noch, ob ich je ein Mensch werden könnte, der nicht in einem Heim leben muß. Ich war wie eine unentschlossene Raupe, die nicht wußte, ob sie sich entpuppen solle.

Meine Erfahrungen am LBI gaben mir neue Hoffnung – nicht nur meine Freundschaft mit Josee und meine guten Beziehungen zu den anderen Professoren, sondern auch das Ausgesetztsein unter meinen Kommilitonen. Es gab da ein witziges Ereignis, das mich besonders ermutigte.

Eines Tages stellte Pastor B. im Apologetik-Seminar eine knifflige theologische Frage. Totenstille erfüllte den Raum. Wir versuchten, den Sinn der Frage herauszubekommen und uns eine Antwort zu überlegen. Nach ein paar Minuten faßte ich mir ein Herz und tippte meine Antwort in den *Communicator*.

Pastor B. war ganz und gar entzückt über meine Antwort und ließ dies auch die Gruppe wissen. Ich stöhnte innerlich und fragte mich, was meine Kommilitonen wohl über mich denken würden, wenn Pastor B. mich mit solch besonderer Aufmerksamkeit behandelte.

Das fand ich hinterher heraus. Einige Studenten überfielen mich: »Wir haben genug von deinen gescheiten Antworten, Carolyn«, sagte einer, »wir haben doch schon längst herausbekommen, wer von Anfang an das Lieblingskind von Pastor B. war.«

Jemand anders erhob seine Stimme: »Nimm ihr das Hackbrett weg, dann werden wir sehen, ob sie ohne Worte noch genauso gescheit ist.« »Gute Idee.« Sie nahmen mir meinen *Communicator* weg, und alles lachte. »He«, sagte der Junge, der jetzt meinen *Communicator* hatte, »so hab' ich noch nie gekämpft, das ist ja kinderleicht. Alles was wir tun müssen, ist, ihr dieses Ding wegzunehmen, und wir brauchen ihr nicht mehr zuzuhören.«

Ich konnte sie schließlich überzeugen, mir meinen *Communicator* zurückzugeben, so daß ich mich verteidigen konnte.

»Ich bin nicht verantwortlich für Pastor B.s Lob«, sagte ich. »Ich gehe jede Wette ein: Wenn irgendeiner von euch eine Antwort auf die Frage gewußt hätte, hätte er genauso reagiert. So ist er eben. Und ich bin nicht sein Liebling. Es sind die Umstände, und darauf habe ich keinen Einfluß.«

In meinem Schlußappell fügte ich hinzu: »Ich bin zwanzig Jahre älter als ihr, was kann ich dafür, daß ich die richtige Antwort weiß? Aber ihr habt recht, er macht zuviel Aufhebens um mich.«

Da lachten meine Kommilitonen und meinten, dieses eine Mal würden sie es mir noch durchgehen lassen, aber beim nächsten Mal würden sie mein »Hackbrett« verstecken.

Ich stimmte ihnen zu und fühlte mich geehrt, daß sie die Freiheit hatten, mich so zu ärgern und mir einen Dämpfer zu geben. Sie akzeptierten mich nicht nur, sondern sie ließen mich auch wissen, daß meine Behinderung kein Grund sei, mich anders zu behandeln als andere.

Dieses Ereignis und manches andere, was im LBI passierte, zeigte mir, daß ich mich wohl doch in der rauhen Wirklichkeit zurechtfinden könnte. Menschen schauten hinter meine Behinderung, um zu sehen, was für ein Mensch dahintersteckt.

Aber wollte ich auch, daß sie dabei mein wahres Ich entdecken?

Kapitel 30

Das Fundament meiner Träume

Auf der Hochschule war ich Carolyn Martin, aussichtsreiche christliche Autorin, die von Professoren wie Studenten wegen ihrer Festigkeit, mit der sie höhere Ziele verfolgte, geschätzt und respektiert wurde. Im Wohngruppenheim war ich, trotz der Fortschritte, die ich beim Erlernen einer ganzen Bandbreite von lebensnotwendigen Fähigkeiten machte, die gleiche Carolyn Martin – verzweifelt auf der Suche nach Frieden und Ruhe inmitten eines chaotischen Systems staatlicher Einrichtungen. Zu oft war ich frustriert und wütend, und meist war ich weit davon entfernt, ein vorbildlicher Christ zu sein.

Mein größtes Problem war die Beziehung zu meiner neuen Zimmergenossin. Nachdem Debbie, meine erste Zimmergenossin, ausgezogen war, um zu heiraten, genoß ich einen Monat lang die herrliche Abgeschiedenheit des Alleinlebens. Welch ein Luxus! Dann kam Jennifer. Ich kannte sie noch aus meinen letzten Tagen in Sea Ridge. Sie war etwa so alt wie ich. Durch Polio im Kindesalter war einer ihrer Arme unbrauchbar geworden, und sie hinkte stark. In jüngerer Zeit hatte sie Diabetes bekommen. Lange Zeit hatte sie im Pflegeheim mit Amy, einer älteren Frau, zusammengelebt, die emotional unbeweglich und von Jennifers Hilfe bei ihrer Pflege abhängig gewesen war. Die beiden waren unzertrennlich gewesen und hatten sich in ihrer Unzufriedenheit gegenseitig hochgeschaukelt. Sie sahen ihre eigenen Probleme als viel schlimmer an als die der anderen. Wenn sie gerade mal nicht in ihren persönlichen Krisen versanken, dann schienen sie sich um irgendwelche Horrorgeschichten aus den Nachrichten zu sorgen.

Ich hatte nie versucht, mit einer von den beiden Freundschaft zu schließen. Aber als ich erfuhr, daß Jennifer ins Wohngruppenheim ziehen und meine Zimmergenossin werden würde, schwor ich mir, ihr eine Chance zu geben. Es sollte nicht einfach werden.

Jennifer schien zu wollen, daß ich eine zweite Amy wäre – jemand, die emotional und körperlich von ihr abhängig war. Als ich ihre Hilfe ablehnte, hielt sie mich für einen Snob. Ich wollte emotional unabhängig sein und erwartete von ihr, daß sie ihr Päckchen an Problemen selber trug. Ich hörte ihr höflich zu, wenn sie sich aufregte. Aber wenn ich mich weigerte, mich ebenfalls aufzuregen, und wieder an meine eigene Arbeit ging oder zu lesen versuchte, war sie verletzt und wütend. Es sah so aus, als erwartete sie von mir, daß ich jede Minute des Tages zu ihrer Verfügung stand.

Ein weiteres Thema, mit dem wir zu kämpfen hatten, war die Privatsphäre; sie wollte nicht, daß unsere Zimmertüre geschlossen war, und fühlte sich bedroht, wenn ich sie zumachte.

Neben ihren körperlichen Einschränkungen schien mir Jennifer durch eine fehlgeleitete innere Einstellung zusätzlich behindert zu sein. Einmal sagte sie bei einer Besprechung der Heimbewohner: »Da ich Diabetes habe, sollte ich davon befreit werden, die Dinge tun zu müssen, die hier sonst jeder zu tun hat. Leute, ihr müßt wissen, daß ich Diabetes habe, und wenn ihr mich wütend macht, dann fall ich in ein Koma und sterbe.«

Als Jennifer bei ihrem Pfarrer in Seelsorge ging, hoffte ich, das würde helfen. Doch es gab nie irgendwelche Anzeichen dafür, daß diese Seelsorge zu irgend etwas nütze war. Anscheinend verbrachte sie die meiste Zeit bei ihren Seelsorgegesprächen damit, dem Pfarrer zu sagen, wie unmöglich es war, mit mir auszukommen. Nach jedem Gespräch sagte sie mir: »Mein Seelsorger meint, du bräuchtest einen Psychiater, weil du so ekelhaft zu mir bist.«

Ich bekam eine rasende Wut auf Jennifer, wenn sie zwei Stunden mein Telefon blockierte, dabei in meinem liebsten Schaukelstuhl saß und allen Leuten in ihrer Gemeinde erzählte, was für ein schrecklicher Mensch ich war. Wenn ich schon nichts gegen ihre Lügen unternehmen konnte, dann verlangte ich wenigstens, daß sie sich einen eigenen Telefonanschluß und einen eigenen Sessel besorgte.

Immer wieder ging ich zu den Mitarbeitern und sagte, meine Geduld mit Jennifer sei am Ende. Meist hatten sie Verständnis dafür, aber es gab keine Möglichkeiten, sie umzuquartieren. Alle Zimmer waren belegt. Wir hatten einander weiterhin am Hals.

Ihre Sprache war eine der merkwürdigsten Eigenheiten von Jennifer. Wenn sie Lügen erzählte oder Gerüchte in die Welt setzte, war ihre Syntax völlig geordnet und ihre Aussprache stimmte. Wenn sie etwas sagte, das der Wahrheit auch nur ein bißchen ähnlich war, konnte sie genauso wenig klar reden, wie ich eine Nadel einfädeln konnte. Es mag unglaublich klingen, aber die meiste Zeit waren die anderen im Gruppenheim auf meine Übersetzung angewiesen, weil sie sie nicht verstehen konnten.

Ich bekam Schuldgefühle, weil es mir nicht gelang, mit ihr auszukommen. Ich hatte Seminare in Psychologie belegt und besuchte eine Schule, auf der mich die Leute als vorbildlichen Christen behandelten, und ich konnte nicht einmal mit meiner Zimmergenossin zusammenleben.

Eines Tages schaute ich aus dem Fenster und sah meinen Freund Richard vom *Res* in einem nagelneuen elektrischen Rollstuhl. Ich wußte, daß er über zwei Jahre auf diesen Rollstuhl gewartet hatte. Ich kreischte vor Freude über sein Glück und sprang in meinen eigenen Rollstuhl, um hinauszusausen und ihn zur Feier des Tages zu umarmen. Ich traute meinen Ohren nicht, als ich hörte, was Jennifer sagte, während ich zur Tür hinausfuhr: »Da verschwindest du wieder und läßt mich hier ganz allein zurück.«

Ich hielt inne und sagte zu ihr: »Dann komm doch mit, und wir sagen Richard, was für ein schmucker Kerl er doch ist mit seinem poppigen neuen Rollstuhl.«

»Ich kann nicht in der Gegend umherrennen. Ich könnte dadurch ins Koma fallen.«

Ich erwiderte: »Dann bleib' halt hier im Haus und verrotte. Ich hau' ab.«

Als ich den Bürgersteig vor dem Haus erreicht hatte, konnte ich das arme verkrüppelte Mädchen bereits mitleidheischend schluchzen hören. Aber ich glaube nicht, daß sie von irgend jemandem bedauert wurde.

Ich wehrte mich dagegen, daß alle von mir erwarteten, daß ich mich neben allem anderen in meinem Leben auch noch um Jennifer kümmerte. Ich haßte die Wut, die ich ihr gegenüber empfand. Ich bat Gott um Vergebung und darum, daß er mir Gnade geben möge, damit ich besser mir ihr auskäme. Ich fühlte mich als völliger Versager. Ich war keine Hilfe für Jennifer, und Gott konnte ich so auch nicht gefallen.

Ich fühlte mich noch schlechter, als Jennifer damit anfing, mir zu sagen, sie wolle sich umbringen. Und wenn es so weit wäre, dann solle ich wissen, daß es meine Schuld sei, weil ich sie so schlecht behandelte. Da wehrte ich mich und sagte ihr: »Wenn du glaubst, ich würde dir deine Mitleidstour abkaufen, dann hast du dich getäuscht. Hier wird keiner anders behandelt, nur weil er behindert ist. Wir haben alle unsere Probleme. Was mich so wütend macht, ist, daß du es nicht einmal versuchst. Und außerdem, wenn du jemals Selbstmord begehen solltest, dann mach's bitte unter der Dusche. Da ist es leichter, die Schweinerei den Abfluß runterzuspülen!«

Ich war so wütend, daß meine Worte noch verdrehter herauskamen als sonst. Eine Pflegerin half, meine Schimpfkanonade zu übersetzen. Wie vorherzusehen war, bekam Jennifer ihrerseits einen Wutanfall und erklärte zum x-ten Male, sie werde sich umbringen. Ich gab bissig zurück: »Dann beeil' dich und bring's hinter dich! Ich hasse es, wenn ich mir ständig die gleiche Leier anhören muß, und nichts geschieht!«

Nichts schien mir beim Problem Jennifer zu helfen. Weder meine Gebete und meine Bibellese, noch die Bach-Kassette, die mich sonst sogar in den düstersten Stimmungen aufmunterte. Ich wollte einfach nur einen getrennten Ort für mein Bett, wo ich mich ganz für mich allein hineinkuscheln konnte und so lange weinen, bis ich mich besser fühlte. Doch diesen Luxus besaß ich nicht.

Am nächsten Wochenende – Jennifer war gerade nicht da – versuchte ich meine Stimmung aufzubessern, indem ich den Boden fegte und das Geschirr abspülte. Als ich das Geschirr in das schaumige, heiße Wasser legte, entdeckte ich plötzlich ein großes Fleischermesser auf der Küchentheke. Ich starrte es eine halbe Ewigkeit lang an, überlegte, welche Bewegungen ich machen müßte, und fragte mich, ob ich wohl wirklich die Kraft und Koordinationsfähigkeit hätte, mich mit diesem Messer umzubringen. Wenn ich es schon tun sollte, dann wollte ich sicher sein, daß es auch funktionieren würde.

Bevor ich meine Überlegungen abgeschlossen hatte, kam mir bereits ein anderer Gedanke. Es war offensichtlich, daß ich eine Strafe verdient hatte. Aber es gab dafür noch eine andere Möglichkeit. Ich schüttete meine gesammelten Werke aus den Schubladen und Kartons auf das Bett. Ich starrte den Haufen Papier lange an. Jedes Wort, das ich geschrieben hatte, war ein Stück von mir. Das hier war alles, wofür ich gelebt und gearbeitet hatte, mein persönliches Erbe aus Tränen und Schmerz. Dies zu zerstören war die effektivste Art, mich selbst zu zerstören.

Ich nahm eines der Blätter, zerriß es in winzige Stücke und stopfte es in einen Müllsack. Ich empfand den gleichen Schmerz, als hätte ich mir die Pulsadern aufgeschnitten. Ich weinte, während ich ein weiteres Blatt in die Hand nahm. Dann wurde mir auf einmal deutlich, daß das, was ich hier gerade tat, eigentlich nicht das war, was ich wollte. Der Herr erinnerte mich daran, daß alles, was ich geschrieben hatte, das Fundament meiner Träume war. Dies waren die Träume, die Gott mir ins Herz gegeben hatte. Und nun ließ ich zu, daß unglückliche Umstände alles zu zerstören drohten, wofür ich die letzten beinahe vierzig Jahre gearbeitet hatte.

Vorsichtig räumte ich alle Papiere wieder an ihren Platz. Ich holte die zerrissene Seite wieder aus dem Müll. Als ich sah, daß es die vierte Fassung der vierten Fassung einer Arbeit war, lachte ich. Ich sann darüber nach, wie es sein konnte, daß ich in einem Moment niedergeschlagen war und im nächsten über mich lachen konnte. Ich verstand es nicht, aber ich wußte, ich wollte leben. Ich wollte weiter schreiben.

Pfarrer Jim kam mich in der nächsten Woche besuchen. Ich erzählte ihm die ganze Geschichte – angefangen mit meinem Streit mit Jennifer bis hin zu meinen Selbstmordgedanken und meinem mißlungenen Plan, meine Arbeiten zu zerstören. Er sagte mir, er denke, daß es richtig von mir war, es bei Jennifer darauf ankommen zu lassen. »Du darfst es nicht zulassen, daß sie dein Leben ruiniert.«

Das wußte ich. »Aber was mache ich, wenn sie wirklich ins Koma fällt und stirbt oder so wütend auf mich wird, daß sie sich umbringt?«

Er richtete sich in seinem Stuhl auf und sagte ernst: »Was sie tut, dafür ist sie selbst verantwortlich, nicht du. Es wäre tragisch, aber Gott hat ihr einen freien Willen gegeben. Sie hat beschlossen, auf diese Art und Weise mit ihrer Wut und ihrem Schmerz zurechtkommen zu wollen. Du hast, als du am Ende warst, beschlossen, innezuhalten und auf Gott zu hören. Jennifer könnte das auch tun.«

Ich war mir nicht sicher, wie lange ich noch mit jemandem zusammenleben konnte, der mich und meine Gefühle derart aufrieb. Pfarrer Jim versprach, mich zu besuchen, sooft ich ihn brauchte. Und er riet mir, in dieser ganzen Auseinandersetzung nicht mit dem Schreiben aufzuhören. Denn er glaube, daß meine besten Arbeiten den Zeiten meiner Tränen und Schmerzen entsprungen waren. Er sorgte dafür, daß ich meine Träume nicht aus den Augen verlor.

Die Situation mit Jennifer verbesserte sich für einige Monate, bis sie an einem Wochenende ihre frühere Zimmergenossin Amy auf einen Besuch einlud. Obwohl sie sich in meiner Gegenwart über mich unterhielten, als sei ich taub, versuchte ich ihren ständigen Dialog über all meine Unmöglichkeiten in den letzten zwanzig Jahren zu ignorieren.

Ich war kurz davor, zu platzen. Wir saßen gerade alle am Tisch und aßen einen Happen, als Amy sagte: »Na ja, du weißt ja, wie Carolyn ist. Sie war schon immer hinterhältig und snobistisch.«

Obwohl ich versuchte, nicht die Beherrschung zu verlieren, schien Jennifer zu spüren, daß ich innerlich vor Wut schäumte. Sie entzündete den Funken durch ihre dummdreiste Drohung:

»Wenn du wütend auf mich wirst, werde ich das meinem Pfarrer sagen. Er behauptet, du bräuchtest psychiatrische Behandlung.«

Ich explodierte und warf meinen schweren Gummilöffel nach Jennifer. Durch einen erstaunlichen Glücksfall – was fast mehr mich selbst erschreckte, als daß es sie überrascht hätte – traf der Löffel sie tatsächlich an der Hand. Wenn ich etwas zu werfen versuchte, landete es normalerweise hinter meinem Stuhl, weil es genau in die Gegenrichtung flog und nicht dahin, wohin ich gezielt hatte.

Jennifer rächte sich damit, daß sie mich mit heißem Kaffee übergoß und drohte, sie werde in ein diabetisches Koma verfallen und sterben. Amy war inzwischen das reinste Wurfgeschoß. Sie trat, schrie und schlug mit ihren Armen wild in der Luft herum. Es wurde noch schrecklicher, denn die übrigen Bewohner, die sich im Raum befanden, heulten vor Lachen angesichts dieser unerfreulichen Angelegenheit.

Eine Helferin eilte herein, um den Kampf zu beenden. Während sie die Anfeuerer aus dem Raum scheuchte, floh ich in eine stille Ecke, wo ich bis zur Erschöpfung weinte. *Warum konnte ich nicht so sein, wie ich es mir wünschte? Warum konnte ich meine Wut nicht beherrschen?*

Als die Helferin schließlich zu mir kam, sagte sie: »He, kleine Dame. Sei nicht so hart mit dir. Diese Kabbelei war schon lange fällig. Und ich werde morgen an meinem freien Tag herkommen und dafür sorgen, daß du bekommst, was dir zusteht.«

Anfang der nächsten Woche wurde dafür gesorgt, daß Jennifer eines der Einzelzimmer bekam und die Frau, die dort gewohnt hatte, bei mir einzog. Als Pfarrer Jim in dieser Woche zu seinem regelmäßigen Besuch kam, hatte ich ihm viel zu erzählen. Er lächelte, als ich ihm von dem Kampf berichtete, und meinte: »Ich habe dir ja gesagt, sie stirbt nicht gleich, nur weil du dich wehrst.« Als ich ihm erzählte, daß ich mich wegen meiner Wut ziemlich schuldig fühlte, ermutigte er mich und sagte: »Manchmal muß es zum Zerbruch kommen, bevor die Heilung einsetzen kann.« Er erinnerte mich daran, daß Gott meine Wut verstand und mich immer noch liebte.

Einige Wochen später war allen klar geworden, daß Jennifer einen festeren Rahmen benötigte, als ihn das Wohngruppenheim bieten konnte. Als sie auszog, fühlte ich mich unweigerlich ein wenig schuldig. Ich dachte: *Vielleicht hätte sie nicht versagt, wenn ich ihr und Gott gegenüber nicht versagt hätte. Wenn ich es nicht zugelassen hätte, daß meine Wut jede Hoffnung auf eine gute Beziehung zu ihr zerstörte.*

Kapitel 31

Eine schutzlose Seele

Ein Mann aus meiner Gemeinde entschloß sich, ebenfalls das LBI zu besuchen. Ich war dabei, mein zweites Jahr dort zu beginnen. Wir fuhren jeden Tag gemeinsam zur Hochschule, und ich gab mein Zimmer im Studentenwohnheim auf. Diese Neuerung erlaubte es mir, meinen Studienplan flexibler zu gestalten – ich konnte nun fünf Tage die Woche studieren – und mehr Pflichtkurse zu belegen. Doch dies sollte sich eher als Rückschritt denn als Vorteil erweisen. Ich kam jeden Abend müde von der Fahrt nach Hause, hatte dann noch zwei bis drei Stunden zu lernen und mußte alle meine Hausarbeiten im Wohngruppenheim erledigen.

Nach den ersten Wochen des Semesters war ich bereits in allen Seminaren zurückgefallen. Josee sah, was los war, und sprach mich darauf an: »Ich weiß, daß du erschöpft bist. Aber wenn du noch weiter zurückfällst, gerät dein Studium in Gefahr. Ich weiß, daß du den Aufgaben gewachsen bist, aber du mußt aufholen.«

Nachdem ich wieder im Wohngruppenheim war, traf ich mit Robin, meinem neuen Helfer, eine Abmachung. Ich sagte ihm, wenn ich mich am nächsten Samstag und Sonntag ganz auf mein Studium konzentrieren könnte, dann würde ich dafür in der Woche darauf alle ausstehenden Hausarbeiten erledigen. Ich dachte an Josee und ihr Vertrauen in mich, und das half mir, das ganze Wochenende dranzubleiben.

Am Montagmorgen war ich ausgesprochen fröhlich und freute mich schon darauf, auf dem Brett meines Rollstuhls eine Siegeshymne herauszutrommeln. Ich konnte es kaum erwarten, Josee zu sagen: »Ich habe alle Aufgaben erledigt«, um mich dann von ihr ganz dick umarmen zu lassen. Aber als Josee den Raum betrat und ich meine Tasche vom Rollstuhl abmachte, sagte mir schon das Gewicht der Tasche, daß da etwas ganz gewaltig faul war. Ich schaute hinein. Nichts. Meine ganzen Seminararbeiten waren weg. Ich schaute noch einmal nach. Die Tasche war, bis auf ein paar gebrauchte Taschentücher, leer.

Ich schlug mit der Faust auf das Brett meines Rollstuhls und fing an zu weinen. Als Josee zu mir eilte, um zu erfahren, was los war, zeigte ich ihr die leere Tasche und sagte: »Ich habe alle meine Seminararbeiten verloren.«

Josee stöhnte: »O nein, Schatz! Vielleicht hast du sie zu Hause liegengelassen. Es ist okay, wenn du dich ärgerst, aber im Moment heißt es, einen kühlen Kopf zu bewahren. Nach dem Unterricht überlegen wir, was zu tun ist.« Sie verstand zwar meine Wut, aber sie blieb selbst so ruhig, daß auch ich meine Gefühle zügeln und einen meiner langen unkontrollierten Weinkrämpfe vermeiden konnte. Ich hatte zwar nur einen winzigen Millimeter an Fassung gewonnen, aber es erschien mir wie ein Wunder. *Ich hatte mich unter Kontrolle.*

Ich habe diese Seminararbeiten niemals wiedergefunden, aber es gelang mir, meine ersten Entwürfe noch einmal abzutippen, und so mußte ich nur einige wenige Antworten völlig neu schreiben. Und so hatte etwas, das zunächst nach einer ziemlichen Katastrophe aussah, mir schließlich den Antrieb gegeben, meine lebenslange Unordentlichkeit zu durchbrechen. Robin half mir, meine Studienunterlagen zu ordnen, indem er eine Schreibmappe mit Reißverschluß besorgte und mit einem Schnürsenkel eine Schlaufe daran befestigte, so daß ich sie auf- und zuziehen konnte. Allmählich holte ich auf und konnte zusehen, wie meine Noten wieder besser wurden.

Am letzten Oktoberwochenende unternahmen einige der Bewohner des Wohngruppenheims einen Ausflug nach Bainbridge Island, um noch einmal vor Einbruch des kalten Wetters die Wälder zu genießen.

Ich verbrachte fast den ganzen Tag damit, einsame Wege ausfindig zu machen, wo ich meinen elektrischen Rollstuhl parken, allein sein und nachdenken konnte, während ich meinen Blick über den *Puget Sound* schweifen ließ, der von einer weißen Nebelschicht bedeckt war und herrlich geheimnisvoll aussah.

Wieder erlebte ich, wie nahe mir das Meer war – denn ich wußte, daß auch mein Sein, zumindest mein wahres Ich, den Menschen um mich herum verborgen blieb.

Ich döste während der langen Fähr- und Autofahrt zurück nach Hause vor mich hin. Als es Zeit war, auf dem Parkplatz des Wohngruppenheims die Rollstühle zu entladen, fuhr ich mit meinem Rollstuhl rückwärts auf die Hebebühne, wie ich es schon hundertmal zuvor getan hatte. Aber irgendwie hatte ich mich verkalkuliert oder war abgelenkt worden, denn die Hebebühne war noch nicht oben. Ich purzelte rückwärts aus dem Wagen. Mit meinem Rollstuhl, in dem ich festgeschnallt war, landete ich krachend auf dem Beton.

Durch den Schlag verlor ich das Bewußtsein. Als ich wieder zu mir kam, überprüfte mich Robin gerade auf Knochenbrüche. Nachdem er nichts finden konnte, hob er mich hoch, trug mich vorsichtig zu meinem Bett und gab mir zwei Aspirin, um mir die Schmerzen zu nehmen, an denen ich durch Prellungen litt.

Er fragte mich dann, ob ich mich daran erinnern könne, daß ich, als ich am Boden lag, nach Josee gerufen hätte. Ich verneinte. Er meinte, es sei eine spontane Reaktion bei Menschen, die unter Schock standen, nach der Person zu rufen, die ihnen emotional am nächsten stand. Ich dachte über diese Bemerkung nach, während ich versuchte, die Schmerzen zu ignorieren und einzuschlafen.

Am nächsten Morgen taten mir meine Schultern und mein Rücken so weh, daß ich den Gottesdienst schwänzte und bis in den Nachmittag hinein schlief.

Ich stand auf und versuchte Josee anzurufen, um ihr zu sagen, was geschehen war. Am frühen Abend erreichte ich sie endlich. Da ich sie noch nie angerufen hatte, war ich nicht sicher, ob sie mich am Telefon verstehen würde. Aber sie verstand mich. Es tat gut, mit ihr zu reden.

Ihr letzter Rat war, ich solle wieder ins Bett gehen. Und da ich darauf bestand, am nächsten Tag zum Unterricht erscheinen zu wollen, nahm sie mir das Versprechen ab, daß ich morgens als erstes bei ihr vorbeischauen würde.

Als ich am LBI ankam, erwartete sie mich in der Eingangshalle mit einer Rocktasche voll Aspirintabletten. Sie sagte mir, ich gefiele ihr gar nicht, und fragte mich, ob ich denn auch sicher sei, daß ich einen ganzen Studientag überstehen würde. Nachdem ich ihr versprochen hatte, in der Pause ein Mittagsschläfchen zu halten, beauftragte sie Studenten damit, mich zu meinen Hörsälen zu bringen. Als ich protestierte, meinte sie, sie mache sich Sorgen, daß mein Nacken noch mehr wehtun würde, wenn ich mich ständig bewegen müßte, um meinen Rollstuhl zu fahren. Also gab ich auf. Mit einem Engel kann man nicht diskutieren.

Als wir später am Tag ein paar Minuten Zeit hatten zu reden, fragte sie mich über den Unfall aus. Sie schien wütend darüber zu sein, daß die Mitarbeiter nicht besser aufgepaßt hätten. Ich versuchte sie zu verteidigen, aber Josee blieb stur: »Sie hätten besser auf dich achtgeben müssen!«

Die Intensität ihrer Gefühle überraschte mich. Mir wurde bewußt, wie sehr sie sich um mich sorgte. Mir kam der Gedanke: *Wenn sie sich wegen dieses Sturzes aus dem Wagen soviel Sorgen macht, vielleicht würde ich ihr auch dann noch etwas bedeuten, wenn ich ihr von meinen Gefühlskämpfen um meine Wut erzählte; oder gar von diesem schrecklichen Geheimnis, das mich in meinen Augen so gering erscheinen ließ.*

Ich wußte inzwischen, daß Josee kein 08/15-Christ war – sie benutzte die Sichtweisen der Bibel und auch ihren gesunden Menschenverstand, um selbständig zu denken. Sie war immer offen und liebevoll zu mir gewesen. Wenn ich ihr von meiner Wut und meinem Schmerz erzählte, würde sie bestimmt nicht mit Scham oder Enttäuschung reagieren.

Ich faßte einen Entschluß. Die Zeit war reif dafür.

Ich fragte Josee später in dieser Woche, ob ich mit ihr reden könne.

Sie versprach, daß sie mich in der Vorhalle des Studentenwohnheims treffen würde, sobald sie ihre Post nachgesehen habe.

Wir gingen in eine Ecke, wo uns niemand zuhören konnte. Ich wußte nicht, wie ich anfangen sollte, bis Josee sagte: »Ich kann spüren, daß du sehr unruhig bist.«

Ich sagte ihr: »Robin, mein Helfer, hat gemeint, ich solle doch mit dir reden.« Aber Robin wußte nichts von dem, worüber ich eigentlich reden mußte.

Als sie bemerkte, wie schwer es mir fiel, meine Gedanken zu ordnen, sagte Josee mit sehr ruhiger Stimme: »Warum versuchst du nicht, mir zu sagen, was dich so durcheinanderbringt?«

Ich versuchte zu sprechen, zu sagen, was ich so lange niemandem zu erzählen gewagt hatte, aber die Worte waren in meinem Herzen eingerostet.

Es schien mir, als könne ich sie nicht von dort lösen und aussprechen.

Josee spürte meine innere Not und ergriff meine Hand: »Selbst wenn es den ganzen Tag dauern sollte, ich werde hier sitzen bleiben und zuhören. Also laß dir nur Zeit.«

Wieder versuchte ich zu sprechen, aber meine Gefühle verwirrten meine ohnehin unklaren Worte. Ich griff zu Gesten und deutete auf meine Geschlechtsteile.

»Bist du sexuell mißbraucht worden?« fragte Josee.

Ich nickte.

»In letzter Zeit?« Ich schüttelte den Kopf.

»Als du jünger warst?« Ich nickte.

»Von deinem Vater?«

Schnell schüttelte ich den Kopf.

»Von wem?«

Ich deutete wieder auf mich und machte die Bewegung des alten Kindergedichts »Dies ist meine Kirche, dies ist der Kirchturm...« nach, indem ich meine Hände zusammenlegte und mit meinen beiden Zeigefingern den Turm darstellte.

Ich sah, daß Josee verstanden hatte, und sah die Wut in ihren Augen. »Ein Pastor?«

Ich nickte.

»Wo? In Alaska?«

Wieder nickte ich. Der Schlüssel hatte sich im Schloß gedreht. Meine Pandorabüchse war offen und die dunkle Wahrheit ans Licht gekommen. Ich konnte spüren, wie ihre Umklammerung nachließ, als ob sich ein Anker losreißt. Auch die Worte machten sich frei, und nun konnte ich zu reden anfangen.

Ich erzählte Josee von meiner Scham und Selbsttenttäuschung. Ich bekannte ihr meine Angst, meine Wut könne mich zerstören. Und daß ich nach meinen Wutanfällen stundenlang weinte, weil ich mich so schuldig fühlte, so gefangen, so allein.

Plötzlich begann ich zu weinen. Ich war erleichtert und erschöpft von dem Kampf, all diese Worte aus den Tiefen meiner Seele herauszuzerren. Während Josee mich im Arm hielt, liefen meine Tränen und mein Speichel über ihre schwarze Bluse und richteten eine schreckliche Bescherung an.

Doch das schien ihr nichts auszumachen, denn sie ließ mich nicht los. Sie hielt mich nur fest und sagte mit sanfter Stimme: »O Schatz, ich wußte immer, daß in dir drin eine Menge Schmerz steckt, und manchmal habe ich zu sehr in dir herumgestochert. Aber ich bin froh, daß du mir so lange vertraut hast.« Sie sagte mir, daß es in Ordnung sei, wenn ich weinte.

Und das tat ich dann auch. Diesmal fühlte ich mich nicht schuldig, denn endlich hatte ich einen Wendepunkt in meinen Leben erreicht.

Josee überzeugte mich davon, daß ich professionelle Hilfe brauchte, um mit den emotionalen Folgen meines Mißbrauchs fertig werden zu können. Aber ich wollte mich nicht dem staatlichen System aussetzen und erleben, wie die schmerzlichen Einzelheiten meines Falles vor Leuten ausgebreitet wurden, denen ich nicht vertraute. So fand Josee für mich eine christliche Psychologin, und Pfarrer Jim kam mit Hilfe des Notfonds seiner Gemeinde für meine Therapiestunden auf.

Ich mochte meine Seelsorgerin von Anfang an. Vicki war eine scharfsinnige und weise Frau, die einen tiefen Glauben an Gott besaß. Sie stöhnte laut auf, als sie den Brief las, in dem ich ihr von meiner Vergewaltigung und meinen daraus resultierenden Reaktionen berichtete. Ich bekannte, daß ich immer mir selbst die Schuld gegeben hatte, weil ich dem Pfarrer erlaubt hatte, all die Dinge zu tun, die er mir angetan hatte.

Vickie half mir zu verstehen, daß ich sowohl körperlich als auch emotional nicht in der Lage gewesen war, seiner Kraft zu widerstehen. Sie schätzte meine emotionale Reife zum Zeitpunkt der Vergewaltigung etwa auf das Niveau einer Sechsjährigen ein. Ich hatte mich häßlich und ungeliebt gefühlt, und der Mann hatte mir das Gefühl gegeben, hübsch und begehrenswert zu sein, nur um daraus seinen Vorteil zu ziehen und sich zu vergnügen.

Endlich verstand ich es. Es war nicht meine Schuld gewesen, daß ich mißbraucht worden war.

Doch diese Entdeckung weckte in mir erneut Gefühle der Wut – Wut auf den Pastor für das, was er mir angetan hatte; Wut über mich selbst, wegen all des Leides, dem ich mich ausgesetzt hatte, und weil ich die Wahrheit all die Jahre verborgen und mich und alle anderen betrogen hatte.

Vickie und ich sprachen viel über die Wut, über die Vergewaltigung, aber auch darüber, wie wütend ich wurde, weil ich mich in meinem eigenen Körper gefangen fühlte, und wie mein Zorn selbst zu einer Falle geworden war. Ich erzählte ihr von meiner verzweifelten Sehnsucht, geliebt zu werden, aber ich hatte schon als Kind das Gefühl, man könne mich einfach nicht lieben, weil ich meine Wut so wenig unter Kontrolle hatte.

Oft flehte ich Gott an, mir zu helfen, daß ich ein gutes Mädchen würde. Meine Anfälle führten bei meinen Eltern ebenfalls zu Auseinandersetzungen, die auf ihre Art einem Anfall ähnlich waren. Dadurch fühlte ich mich noch häßlicher und noch weniger liebenswert, weil ich doch so schlecht war.

Ich bekannte Vickie, daß ich meine Wut als eine Behinderung ansah, die schlimmer war als meine Zelebralparese. Ich hatte immer Wege gefunden, wie ich meine körperliche Behinderung austricksen konnte, aber ich schien meinem Zorn völlig ausgeliefert zu sein und fand kein Mittel dagegen.

Vickie zeigte mir in den nächsten drei Jahren geduldig, daß ich durchaus Mittel hatte, sowohl mit meiner Wut als auch mit meiner Schuld zurechtzukommen. Sie lehrte mich, mir selbst zu vergeben und meine Wut in der Gegenwart Gottes zuzulassen – ihm all meinen Schmerz offen zu zeigen.

Gott möchte die Wahrheit. Er ist die Wahrheit. Er möchte nicht, daß wir Dinge zudecken. Und nachdem ich ihm alles offengelegt habe und all meine Wut herausgelassen habe, wird Gott immer noch bei mir sein. Und er liebt mich, wie er mich zuvor geliebt hat. Ich muß ihm nichts mehr vorspielen.

Als ich lernte, Gott gegenüber ehrlich zu sein und zu zeigen, wer ich wirklich war, fand ich es auch einfacher, mir selbst und anderen gegenüber ehrlich zu sein.

Am Ende meines zweiten Studienjahres am LBI begann ich, mich in einem neuen Licht zu sehen. Noch nie hatte ich enge, echte Freundschaften mit Gleichaltrigen erlebt, die nicht behindert waren.

Am LBI entstanden solche Freundschaften. Und was genauso wichtig war: Ich bewies mir selbst, daß ich auch außerhalb spezieller Behinderteneinrichtungen zurechtkommen konnte. Nachdem ich so lange in Behindertenheimen gelebt hatte, erstaunte mich diese Tatsache zutiefst.

Gegen Ende des Studienjahres wurde ich gebeten, in der Kapelle meinen Kommilitonen eine Ansprache zu halten. Ich sollte ihnen von meinem Leben erzählen und von all den Dingen, die ich über die Jahre meiner persönlichen Wanderschaft gelernt hatte.

Ich suchte folgenden Bibeltext heraus: »Wir haben aber diesen Schatz in irdenen Gefäßen, damit die überschwengliche Kraft von Gott sei und nicht von uns. Wir sind von allen Seiten bedrängt, aber wir ängstigen uns nicht. Uns ist bange, aber wir verzagen nicht. Wir leiden Verfolgung, aber wir werden nicht verlassen. Wir werden unterdrückt, aber wir kommen nicht um. Wir tragen allezeit das Sterben Jesu an unserem Leibe, damit auch das Leben Jesu an unserem Leibe offenbar werde. Denn wir, die wir leben, werden immerdar in den Tod gegeben um Jesu willen, damit auch das Leben Jesu offenbar werde an unserem sterblichen Fleisch.« (2. Korinther 4,7-11; Lutherübersetzung)

Ich hatte meine Ansprache fertig ausformuliert. Josee las sie für mich vor mit ihrer starken, klaren Stimme, während ich neben ihr auf dem Podium saß.

Zunächst erschien es mir fremd, meine eigenen Worte so sauber und mit solcher Kraft durch die Stimme eines anderen zu hören. Dann wurde mir bewußt, daß Gott mir nun schließlich eine Sprache gegeben hatte. Durch das, was ich schrieb, konnte ich die Schwächen meines eigenen Körpers umgehen, dieses irdene Gefäß, von dem Paulus sprach.

Nun besaß ich die Gewißheit, daß mein Leben schließlich doch noch einen Sinn und einen Wert gefunden hatte.

Kapitel 32

Der Spatz hat sein Nest gefunden

An einem kalten und windigen Wintertag begann die UCP mit dem Bau einiger Apartmenthäuser ganz in der Nähe des Burke-Gilman-Weges in der Gemeinde von Hawthorne Hills im Norden Seattles. Dies war die dritte Stufe des ursprünglichen Langzeitplanes der UCP. Am Anfang hatte der Bau des *Res* gestanden, darauf folgte das Wohngruppenheim und nun eine Gruppe von unabhängigen Wohneinheiten.

Die Apartments waren als Unterabteilung des Wohngruppenheims gedacht. Rund um die Uhr würden den Bewohnern Helfer zur Verfügung stehen. In jedem Apartment konnten bis zu zwei Personen wohnen. Den Plänen nach bestand jedes Apartment aus einem Wohnzimmer, einer Küche mit niedrigen, rollstuhlgerechten Theken, Spülen und Küchengeräten, einem Badezimmer, das über den Flur erreichbar war, und einem Schlafzimmer für zwei Personen, das in der Mitte durch eine Schrankwand geteilt wurde.

Die Monate vergingen. Die UCP-Apartments waren fast fertig. Jeder – ob Single oder Ehepaar – konnte eines der neuen Apartments mieten, sofern er keine ständige Betreuung benötigte. Ich meldete mich umgehend für eines der Apartments. Der Direktor des *Res*, der auch das neue Burke-Gilman-Projekt verwaltete, sagte, ich dürfte mir als erste ein Apartment aussuchen.

Die nächsten Wochen verbrachte ich damit, die Einrichtung meines eigenen Apartments zu planen. Meine früheren Visionen, wie ich mir mein Zuhause vorstellte, kamen mir wieder in den Sinn. Auf dem Tisch ein paar Kerzen, viele Körbe an allen möglichen Stellen, genügend Bücherregale, mit viel Platz für meine altmodischen Puppen, und Gagas alter Spiegel auf einem rosa Läufer auf der Kommode.

Doch die praktischen Gesichtspunkte hatten Vorrang. Ich brauchte ein Bett, einen Tisch und Stühle und Möbel fürs

Wohnzimmer. Einiges von dem, was ich brauchte, fand ich unter den Spenden des Wohngruppenheims. Pfarrer Jim trieb einen Küchentisch und Stühle auf, Robin gab mir eine Matratze mit Gestell. Andere Freunde gaben mir Möbel, die sie seit Jahren eingelagert hatten. Ich konnte kaum glauben, wie schnell ich alles zusammen hatte. Alle meine Freunde wollten sich an meinem Glück beteiligen.

Der 1. Juni 1982 kam wie ein Schmetterling herbeigeflattert. An diesem Morgen sollte ich mir mein neues Zuhause aussuchen. Einige Mitarbeiter des Wohngruppenheims begleiteten mich zu der fast fertigen Baustelle. Auf dem Weg dorthin neckten sie mich und sagten, daß sie die »alte Dame jetzt endlich loswerden würden«. Eine von ihnen schlug vor, ob ich nicht die Wohneinheit in der Ecke des Hauses erwägen wollte. Sie war eingerahmt von Bäumen und besaß vor dem Haus Platz für einen kleinen Blumengarten. Die Mitarbeiterin hatte recht. Ich hatte den Eindruck, als habe dieses Apartment nur auf mich gewartet.

Irgend etwas am Eingang zu diesem Apartmentblock erinnerte mich an das kleine Häuschen am Strand, in dem Gaga und ich so lange gewohnt hatten. Alle Wohneinheiten waren miteinander verbunden, und jede besaß einen eigenen Zugang, der von einem kleinen eingezäunten Hof aus erreichbar war. Der hintere Teil des Eckgebäudes lag in der Nähe einer bewaldeten Schlucht mit einer grünen Stadtoase aus Bäumen, Büschen und Unterholz. Dies war (wie ich später herausfand) das Zuhause einer Vielzahl verschiedenster Vögel und zahlloser diebischer Eichhörnchen – die anscheinend versuchten, sich zu Tode zu futtern, während sie an den Vorrichtungen schaukelten, die zur Fütterung der Vögel angebracht waren. Auch konnte man eine Waschbärenfamilie beobachten, die gelegentlich hinter dem Haus durch den Garten wackelte.

Ich öffnete die Tür der Eckeinheit und ging hinein. Alles roch brandneu und sah auch so aus. Der Zuschnitt der Wohnung war für eine Einzelperson im Rollstuhl bestens geeignet. Die Wände waren bis zur Fußleiste mit Teppichboden verkleidet. Alle Kanten waren gepolstert, damit sie die Stöße eines elektrischen Rollstuhls aushalten konnten. Das Badezimmer sah geräumig aus, die Küche und das Wohnzimmer ähnelten einer verkleinerten Version des Wohngruppenheims. Im Eingangsflur gab es zusätzlich einen kombinierten Besen- und Garderobenschrank. Das große geteilte Schlafzimmer würde sich wunderbar für eine Kombination aus Schlafzimmer, Bibliothek und Arbeitszimmer eignen. Ich mußte bei dem Gedanken, daß ich hier ganz für mich leben sollte, vor Freude weinen.

Ich öffnete die Vorhänge im Wohnzimmer und blickte zur Schlucht hinüber. Direkt vor dem Fenster stand ein alter Baum, an dessen Stamm ein tiefer Spalt diagonal entlanglief. Seine Rinde war aufgerissen, dahinter konnte man ein Stück blankes Holz sehen, das ungefähr die Form Afrikas darstellte. Ich gewann diesen Baum sofort lieb. Er war vernarbt und doch immer noch schön, entstellt, und doch hatte er sich vorgenommen, an seinem Leben und seinem grünen Kleid festzuhalten.

Die Entscheidung, welches Apartment ich nehmen würde, war gefallen. In den darauffolgenden Tagen unternahm ich mit Robin einige Ausflüge in die Umgegend, damit ich mich mit der neuen Gemeinde, in der ich leben würde, vertraut machen konnte. Selbstverständlich hielten wir immer an der Baustelle an, um zu sehen, wie der Ausbau vorankam. Wenn ich das grüne Dach und die Holzverkleidung meines Apartments sah, hatte ich jedesmal den Eindruck, als hätte ich dieses »Häuschen« schon einmal gesehen. *Aber wo?* Immer wieder durchforstete ich meine Erinnerung.

Robin meinte, ich würde es vermutlich mit der Hütte am Strand verwechseln, in der Gaga und ich in Santa Cruz gelebt hatten. Die Vorderseite des Apartments erinnerte mich zwar durchaus an jene alte Hütte, doch letztere war weiß gestrichen gewesen und hatte hinten noch einen Anbau gehabt. Aber ich war mir sicher, daß ich ein exaktes Abbild meines UCP-Apartments vor Jahren schon einmal gesehen hatte.

Ich war ratlos, Robin lachte und meinte, es werde mir sicher früher oder später wieder einfallen.

Am Tag vor meinem geplanten Einzug war die Erinnerung

plötzlich wieder da: Ich hatte dieses Haus vor fast zwanzig Jahren im Pflegeheim in einem Traum gesehen. Ich hatte Donna an einem regnerischen Samstagnachmittag ins Bett gesteckt, damit sie ein Schläfchen hielte. Dann wickelte ich mich in eine Decke und setzte mich in meinen Schaukelstuhl, um zu lesen. Doch ich nickte ein, und während ich schlief, träumte ich von diesem Haus, eingerahmt von Gebüsch und mit Blumen im Vorgarten. In meinem Traum näherte ich mich der Haustür und hörte, wie jemand sagte, ich solle hineingehen. Ich fand das jedoch unhöflich, denn schließlich wohnte ja irgend jemand darin, der ganz ohne Zweifel arbeitete und nicht gestört werden wollte. Doch wie sehr wünschte auch ich mir ein solches Haus. Es hatte genau die richtige Größe für mich und war umgeben von den herrlichsten alten Bäumen. Als ich aus meinem Traum erwachte, war dieser immer noch so lebendig, daß ich wußte: Das ist das Zuhause, das ich mir wünschte. Aber ich sagte mir, daß es ja nur ein Traum gewesen war, und versuchte ihn zu vergessen.

Ich erzählte Robin von diesem Traum. Auch er fand, daß das Leben manchmal noch verrückter ist als alle Märchen dieser Welt.

Am nächsten Tag bewirtete ich meine ersten Besucher: meine alte Freundin und Helferin vom *Res* Jeannie, die Nancy und Joe mitgebracht hatte, ein Ehepaar, das ich noch aus meinen Tagen im Pflegeheim kannte. Nun sollten sie meine Nachbarn werden. Sie wollten in das Apartment direkt neben meinem einziehen.

Jeannie hatte mir gesagt, daß sie kommen würden, und sie erwartete bei ihrer Ankunft Toast und Kaffee. Da ich kein Kaffeetrinker bin, meinte ich zu ihr, sie solle den Kaffee lieber selbst brauen. Aber ich versprach, mich um den Toast zu kümmern. Das Problem dabei war nur, daß die Steckdosen in meinem Apartment noch so neu und stramm waren, daß ich den Toaster nicht hinein bekam. Ich mußte warten, bis meine Gäste da waren und Jeannie um Hilfe bitten.

Sie begann eine ihrer gespielten Schimpfkanonaden: »Wir

kaufen dir Bücher, schicken dich aufs College, und du schaffst es nicht mal, einen Toaster in die Steckdose zu stecken.« Und dann tat sie so, als sei sie zu Tode enttäuscht, blickte himmelwärts und rief: »O Jesus, bitte komm und nimm mich zu dir.«

Ich lachte und war dankbar, daß Jeannie meine Helferin sein würde, sobald aller Papierkram erledigt war. Sie würde dann drei Tage pro Woche zu mir kommen und einige Stunden bei mir verbringen, um Essen vorzukochen und die Hausarbeiten zu machen, bei denen ich Hilfe brauchte. Der Staat hatte natürlich wieder so ein unsinniges System, das vorschrieb, daß ich erst zwei Wochen, nachdem ich aus dem Wohngruppenheim ausgezogen war, diesen Haushaltshilfendienst in Anspruch nehmen dürfte.

In Windeseile rückte mein Geburtstag heran. Ich sagte allen meinen Freunden, sie sollten auf Geschenke getrost verzichten. Nun, wo mir Gott das Heim meiner Träume gegeben hatte, konnte ich mir nichts vorstellen, was mir noch fehlte. Aber ich bekam noch eine Dreingabe, als Josee – die am Tag meines Umzugs fort gewesen war – vorbeikam, um den Tag mit mir zu verbringen.

Ihr gefiel mein neues Zuhause sehr, und sie machte die gleiche Beobachtung wie alle meine Freunde: »Das Apartment hat genau die richtige Größe für dich!« War ich denn eine Elfe, daß alles genau die richtige Größe für mich haben mußte? Josee lachte über meine Proteste und meinte, sie denke, daß ich durchaus wie eine Elfe aussähe und der Wald das richtige Zuhause für mich sei.

Sie hing für mich Bilder an die Wand, fuhr mich in der Umgebung herum, aß mit mir und einigen Nachbarn eine besondere Geburtstagstorte, die sie mitgebracht hatte, und zusammen planten wir eine große, dem Anlaß angemessene Einweihungsparty für mein neues Zuhause. Ich bat Pfarrer Jim, einen speziellen Einweihungsgottesdienst zu leiten. Er sagte, es sei ihm eine Ehre. Ich erzählte Josee, ich wolle alle einladen, die ich noch erreichen konnte und die irgendwann einmal Teil meines Lebens gewesen waren – angefangen mit meiner Zeit in Sea

Ridge bis hin zu meinen neuen Bekanntschaften aus der nahegelegenen Gemeinde, die ich nun besuchte.

»Ich hoffe nur, daß das Wetter mitspielt«, antwortete Josee. »Wir bringen niemals alle Gäste in deinem Apartment unter!«

Und wie es so geht: Am Vorabend der Party gab es ein gewaltiges Gewitter. Ich konnte nur einschlafen, indem ich im Haus so viel Lichter anmachte, daß ich die Blitze nicht mehr durch die Vorhänge sehen konnte. Ich hatte das sichere Gefühl, es würde bei meiner Party regnen.

Aber beim Morgengrauen war der Himmel hell und klar. Frische Farben und Düfte feierten den Sieg des Lebens. Die Erde hatte ein Bad genommen und ihr schönstes Partykleid angezogen. Von ihrem Beispiel angeregt, tat ich das gleiche.

Josee und die Frau von Pastor B. (vom LBI) kamen, um alles für die Party vorzubereiten, mit Punsch und einer Menge selbstgemachter Näschereien. Der Nachmittag war erst halb um, doch es hatte sich bereits eine große Zahl von fröhlichen, lachenden Gästen eingefunden. Da waren Iola, Ruth und Dorothy und auch andere Freunde vom LBI und von den Gemeinden, die ich besucht hatte.

Als es soweit war, eröffnete Josee den eigentlichen Gottesdienst und lud alle ein, zu erzählen, wie ihr Leben mit dem meinen zusammenhing. John, dieser humorvolle Mann, der den Dienst freiwilliger Helfer aus seiner Gemeinde im *Res* ins Leben gerufen hatte, machte den Anfang. Er erzählte, wie wir uns an meinem ersten Tag im *Res* auf dem Flur getroffen hatten. Er schloß mit den Worten, daß er und seine Frau Mary sich »sofort in diesen Krümel verliebt hatten und ihn gar nicht mehr gehen lassen wollten«.

Pfarrer Jim grinste, während er sich zurückerinnerte: »Iola und Ruth haben mich mit Carolyn zusammengebracht, weil sie nicht wußten, was sie mit ihr machen sollten.«

Nachdem sich alle meine Freunde auf diese Weise vorgestellt hatten und wußten, welche Beziehung jeder einzelne zu mir hatte, setzte Pfarrer Jim den Gottesdienst fort, indem er Psalm 84 las, denselben Psalm, den ich auch bei meinem High-School-Abschluß gesungen hatte.

»Der Vogel hat ein Haus gefunden und die Schwalbe ein Nest für ihre Jungen.«

Hat nicht Jesus gesagt, daß man zwei Sperlinge für einen Groschen kaufen kann, und doch fällt nicht einer von ihnen auf die Erde, ohne daß es der ewige, allmächtige Gott weiß? Und wir sind wertvoller als diese kleinen Vögel. Gott ist nicht nur der Herr über die Starken. Er ist auch der Herr der Spatzen, und er bereitet ihnen ein Nest, wo sie ihre Träume nähren und großziehen können.

Pfarrer Jim schloß mit einem Segen über meinem neuen Zuhause und über meinem weiteren Leben darin. Dann faßten wir uns alle an den Händen und sangen »Segne dieses Haus«.

Ich dankte allen für ihr Kommen. Dann dankte ich Gott für alle meine Freunde und betete, daß ich eines Tages jedem von ihnen ein kleines bißchen von dem zurückerstatten kann, was sie mir gegeben haben.

Nachdem die Party vorbei war und alle Freunde gegangen waren, erschien mir das Apartment besonders ruhig, aber draußen konnte ich die Vögel fröhlich durcheinanderzwitschern hören.

Mein ganzes Leben hatte ich mich nach einem Heim gesehnt, wo ich mich zu Hause fühlen konnte. Nun hatte ich endlich einen Ort ganz für mich allein gefunden.

Ich erinnere mich, wie ich kurz vor dem Eindösen dachte: *Ich habe noch einen langen Weg vor mir. Aber ich werde ans Ziel gelangen – Zentimeter um Zentimeter. Und wenn ich wieder wach bin, werde ich eine neue Liste von Träumen aufstellen.*

Nachwort

Seit meinem Einzug in mein eigenes Apartment ist bereits ein ganzes Jahrzehnt vergangen. Ich lebe immer noch hier. Und ich strenge mich an, die neue Liste meiner Träume abzuarbeiten.

Ich habe fast alle akademischen Voraussetzungen für meinen Abschluß (nach vier Studienjahren) am *Lutheran Bible Institute* erfüllt. Bis dieses Buch die Druckerpresse verlassen hat, werde ich bereits mit Volldampf an einer meiner neuen Buchideen arbeiten.

Natürlich bedeutet Volldampf bei mir Zentimeter um Zentimeter. Und doch habe ich in vielen Lebensbereichen in den letzten Jahren große Fortschritte erzielt. Meine rauhbeinige Freundin Jeannie kommt noch immer jede Woche zwei- oder dreimal vorbei, um mir bei einigen schwierigeren Hausarbeiten zu helfen. Und sie kocht für mich die Mahlzeiten vor, so daß ich nur noch eine Plastikdose aus dem Gefrierschrank ziehen und in die Mikrowelle stecken muß, und schon habe ich ein warmes, nahrhaftes Essen, selbst an Tagen, an denen ich nicht die Energie besitze, mir selbst etwas zuzubereiten. Andere Leute machen für mich regelmäßig einen freiwilligen Fahrdienst. Josee ist immer noch um mich besorgt und paßt gut auf mich auf. Und viele andere Freunde rufen von Zeit zu Zeit an oder schauen vorbei, um nach mir zu sehen. Nachdem ich so viele Jahre in den unpersönlichen Tagesabläufen der verschiedensten Heime gefangen war, bin ich jeden Tag neu dankbar für das Maß an Unabhängigkeit, das ich nun besitze und mit dem ich mein Leben selbst bestimmen kann.

Körperlich geht es mir schlechter denn je. Nachdem ich ein Leben lang unnatürliche Bewegungen gemacht habe – angefangen vom »Carolyn-Wackel-Gang« bis hin zum ständigen Schwanken meines Kopfes auf meinem Gummihals –, ist meine Wirbelsäule ziemlich im Eimer. Die Folge davon sind weitere Einschränkungen meiner Beweglichkeit und ständige Schmerzen, die manchmal so schlimm sind, daß ich nachts nicht schlafen kann.

Es scheint, als gäbe es immer häufiger Tage, an denen mein Herz und mein Verstand rufen: »Auf geht's!« Und mein Körper schreit: »O nein, das läßt du schön bleiben!« An solchen Tagen muß ich mir sagen: »Die Mehrheit entscheidet!« Und dann befehle ich meinem Körper: »Mein Herz und mein Verstand machen mit, also – ob's dir gefällt oder nicht, du bist auch mit dabei.«

Ich lerne langsam, realistisch zu sein. Ich weiß, daß ich nie in der Lage sein werde, eine Nadel einzufädeln, und ich werde niemals einen Berg erklimmen. Aber ich bin bereit, das alles zu versuchen, was zwischen diesen Extremen liegt.

Es gibt gesellschaftliche Fortschritte, die es Behinderten erlauben, ein größeres Maß an Selbständigkeit zu erlangen. 1992 wurde in den USA ein Gesetz verabschiedet, das in dieser Hinsicht wegweisend war. Aber es bleiben auch weiterhin viele Hürden.

Eines der Dinge, die mich am meisten frustrieren, wird niemals durch Gesetze beseitigt werden, denn es beruht zutiefst auf der Einstellung der Menschen. Ständig frustriert es mich – ich möchte fast sagen, es ist mir peinlich –, daß ich den Leuten, die mir im Alltag begegnen, meine intellektuellen Fähigkeiten beweisen muß. Erst wenn ich auf irgendeine Weise meine Intelligenz unter Beweis gestellt habe, werde ich nicht mehr behandelt, als wäre ich geistig behindert oder, schlimmer noch, jeder Beachtung unwürdig und daher zu ignorieren. Besonders ärgerlich sind Leute, die sich mit meinen Freunden oder Helfern unterhalten, um etwas über mich zu erfahren oder meine Pläne und Aktivitäten zu kommentieren, statt daß sie direkt zu mir reden. Wenn ich dann sehe, wie die gleichen Leute streunende Hunde streicheln und zu ihnen reden, dann weiß ich ziemlich gut, wo ich in ihren Augen stehe.

Ich werde auch heute noch wütend über die Unwissenheit und die Vorurteile der Gesellschaft Behinderten gegenüber. Mir sind so lange die grundlegenden Menschenrechte verwehrt worden – die Möglichkeit, eine meinen Fähigkeiten entsprechende Bildung zu erlangen und die Möglichkeit, frei und würdevoll zu leben. Um diese Grundrechte zu bekommen, müssen

Behinderte sich oft wie Zirkustiere vor den Kameras der Benefizveranstalter zur Schau stellen und vor Menschen, die geneigt sind, Behindertenhilfsorganisationen zu unterstützen. Ich möchte schreien: »Auch wir sind Teil einer freien und demokratischen Gesellschaft! Warum haben wir nicht das gleiche Selbstbestimmungsrecht über unser Leben wie Nichtbehinderte? Warum muss es so viele Regeln und Gesetze geben, die unsere Entscheidungsfreiheit einschränken?«

Auch auf Gott bin ich manchmal noch wütend. Früher haben mich diese Gefühle geängstigt und Scham und Schuldgefühle in mir hervorgerufen. Doch Gott hat mir mit viel Geduld gezeigt, daß die Wut nun mal eine der Emotionen ist, die er mir gegeben hat. Er ist weder schockiert davon, noch fühlt er sich dadurch bedroht. Anders als meine leiblichen Eltern, deren Gefühlsreaktionen auf mein Gezeter und meinen Zorn oft meine eigenen Gefühle von Unsicherheit und Schuld gesteigert haben, ist mein himmlischer Vater nicht so wankelmütig und verletzlich, daß er sich gleich aufregen würde, nur weil ich mich über ihn aufrege. Er ist kein zerbrechlicher Gott.

Ich war manchmal so wütend auf Gott, daß ich zu ihm gesagt habe: »Fahr doch zur Hölle!« Aber diese Gefühle sind nun geläutert, weil ich den Teil des Glaubensbekenntnisses verstehe, in dem es heißt: »Hinabgestiegen in das Reich des Todes, am dritten Tage auferstanden von den Toten, aufgefahren in den Himmel. Er sitzt zur Rechten Gottes...« Gott ist für uns schon zur Hölle gefahren! Er ist dort gewesen, und er weiß, was das heißt. Genauso, wie er hier gewesen ist und heute noch hier bei uns ist. Dies zu wissen hilft mir, damit aus meiner Wut Dankbarkeit und Lob werden kann.

Wenn ich heutzutage so wütend auf Gott bin, daß ich fluchen und schreien möchte, dann kommt es schließlich oft dazu, daß ich bete und weine und lache – alles zugleich. Ich empfinde es als wunderbar befreiend, vor Gott emotional bloß und verletzlich dazustehen. Er ist unerschütterlich, barmherzig und hat Geduld mit mir. Er möchte lieber, daß wir alle ihm unsere Wut hinhalten, als daß wir Bitterkeit, Selbstzerstörung und Tod wählen.

Es gibt Zeiten, da richte ich meine Wut gegen mich selbst – besonders dann, wenn ich entmutigt darüber bin, daß ich immer noch nicht die sanfte, reife Person bin, die ich immer sein wollte. Aber ich bin auch dabei, in diesem Bereich eine wichtige Lektion zu lernen.

Die meiste Zeit meines Lebens habe ich geglaubt, daß Gott mich nicht lieben kann, bevor ich nicht liebenswerter und annehmbarer werde. Nun beginne ich zu verstehen, daß er mich so liebt, wie ich bin. Ich habe erlebt, wie die Tatsache, daß ich diese Liebe angenommen und ihr vertraut habe, mich langsam verändert hat und mir hilft, annehmbarer und liebenswerter zu werden. Viel zu lange habe ich den Fehler gemacht zu glauben, ich müsse mir Gottes Liebe verdienen, indem ich ein besserer Mensch werde; und ich habe mich immer als Versager gefühlt. Nun begreife ich, daß ich nur dann die Hoffnung haben kann, die Gnade und Kraft zu finden, um der Mensch zu werden, den Gott und ich selbst gerne in mir entdecken würden, wenn ich seine bedingungslose Liebe annehme.

Eines Tages sah ich im Fernsehen einen Bären, der mit dem Fuß in eine Falle geraten war. Während ich zusah, wie er rang und kämpfte und wütend nach dem stählernen Gestell schlug, das ihn gefangenhielt, hatte ich plötzlich einen Geistesblitz. Ich wußte genau, was dieser Bär fühlte. Mehr als dreißig Jahre hatte ich mich in einer Falle gefangen gefühlt. Ich kämpfte bis zur Erschöpfung. Ich rang und schlug so wild um mich, daß meine Fluchtversuche mich oft mehr verletzten, als daß sie mir halfen. Mein Kampf war so langanhaltend und vergeblich, daß ich ständig von dem Gefühl überwältigt wurde, völlig machtlos zu sein. Und ich versuchte es zu leugnen – genauso sehr, wie ich auch versuchte, meine Grenzen und mein Versagen zu leugnen.

Schließlich lernte ich folgendes: Nur wenn ich meine Machtlosigkeit annehme und eingestehe, werde ich frei, Gottes Kraft in mir zu erleben. Das war es, was der Apostel Paulus meinte, als er den Korinthern sagte: »Denn wenn ich schwach bin, so bin ich stark.«

Wenn ich meine Schwäche eingestehen will, muß ich zugeben, daß ich bei weitem nicht perfekt bin. Und es wird nirgends so deutlich wie in meinen Beziehungen zu anderen.

Vor nur wenigen Jahren weinte ich einmal über die unfreundliche Art, mit der ich meiner Nachbarin begegnet war, als mein Pfarrer vorbeischaute. Er stand neben meinem Rollstuhl, während ich weinte, und sagte mir ruhig, daß es in Ordnung sei, wenn ich nicht mehr wäre als nur ich selbst. Als ich ihm die Einzelheiten meiner unschönen Begegnung erzählte, hörte er zu. Dann meinte er, es sei trotzdem in Ordnung, wenn man nicht mit jedem gleich gut auskäme. Seine Ruhe und Annahme waren ein menschlicher Kanal für die Gnade und Annahme Gottes. Sie sprachen Bände und gaben mir einen Frieden in meinen Beziehungen zu anderen, wie ich ihn nie zuvor gekannt hatte.

Dieses positive Heilungserlebnis führte mich in eine neue Tiefe der Selbstannahme. Nur wenige Tage vor diesem Ereignis hatte ich einen befreundeten Künstler gefragt, ob er einige meiner Artikel illustrieren könnte, in der Hoffnung, daß wir etwas Gemeinsames veröffentlichen könnten. Aber nachdem mir Pfarrer Jon versicherte, es sei o.k., einfach nur ich selbst zu sein, entdeckte ich diese Wahrheit auch in einer anderen Hinsicht. Ich dachte: *Wenn Gott möchte, daß ich einfach nur der Mensch bin, der ich bin, dann sollte ich vielleicht auch die Freiheit haben, so zu malen, wie ich male – wie ein dreijähriges Kind.*

Viele Jahre zuvor hatte ich meine Liebe zur Kunst aufgegeben, weil ich wollte, daß meine Bilder erwachsen, klug und reif aussahen. Meine Entscheidung, die bildende Kunst an den Nagel zu hängen, war von einer Kunstlehrerin am College beeinflußt worden, die mich wissen ließ, daß sie nicht der Meinung war, Malen gehöre zu meinen Talenten. Nun weiß ich, daß ich nur im verkehrten Unterricht gewesen war und mit den verkehrten Mitteln gearbeitet hatte – schwer zu greifende, winzige Kohlestifte und dünne Bleistifte.

Nach der Aufmunterung durch Pfarrer Jon ging ich in einen Laden und kaufte *meine* Art von Zeichenausrüstung – riesige Blätter, große, dicke Buntstifte und wunderbar fette Wachsmalstifte. Doch selbst diese Utensilien blieben wochenlang in einer Tasche liegen, während der ewige Perfektionist in mir jeden Schritt durchdachte, den ich brauchen würde, um das »perfekte« Grundmuster meiner Kunst zu planen und zu entwerfen. Schließlich kam mir ein Gedanke – ich muß zum *Nicht*-Perfektionisten werden! Ich muß es zulassen, daß meine Kunst die Tatsache feiert, daß ich eben nicht perfekt bin. Ich muß Gott für diese ungezähmte und wunderbare Gnade preisen, mit der er mich mit all meiner Wut, meinem Schmerz, meiner Freude, meinen Tränen und allem, was mich sonst noch ausmacht, in seine allmächtige Arme nimmt.

Ich wählte einen Satz aus einem Artikel, den ich kurz zuvor über den Tod meines Vaters geschrieben hatte: »Zu wachsen ist qualvoll und herrlich!« Ich nahm meine neuen Wachsmalstifte und malte einen farbenfrohen Korb mit Blumen, unter den ich diesen Satz tippte. Dann besah ich das Bild. Es sah tatsächlich wie ein Korb mit Blumen aus. Erstaunlich!

Während ich mich voller Wehmut daran erinnerte, warum ich vor so vielen Jahren das Malen aufgegeben hatte, durchfluteten ernüchternde Gedanken meinen Geist und meine Seele. *Wieviel Freude habe ich verpaßt, weil ich etwas sein wollte, das ich nicht bin? Wie oft habe ich mir einen schlechten Dienst erwiesen, weil ich vorgeben wollte, daß ich weniger behindert bin, als es tatsächlich der Fall ist? Wie viele Gelegenheiten, meine eigenen Träume wahrzumachen, habe ich verpaßt, weil ich nicht über die Wahrheit meines Lebens schreiben wollte – denn ich wollte ja nicht als behindert angesehen werden? Wie oft habe ich – auf meiner Suche nach Sinn und Bedeutung – versucht, meine eigene wahre Identität zu verbergen und zu verleugnen?*

Indem ich lernte, meine Unzulänglichkeiten mir, anderen und Gott gegenüber einzugestehen, habe ich mehr und mehr erkannt, daß ich mich von anderen bei weitem nicht so sehr unterschied, wie ich immer befürchtet hatte. Keiner von uns ist perfekt. Wir werden alle von unseren Unzulänglichkeiten behindert.

Nun erkenne ich die Wahrheit. Mein Menschsein hat mich viel mehr behindert als meine Körperbehinderung. Die gute

Nachricht ist, daß Gott beschlossen hat, unseren universellen geistlichen Nöten mit seinem eigenen »Göttlichen Gesetz zum Schutz von Behinderten« zu begegnen. Der allmächtige Schöpfer machte sich selbst zum Behinderten, kam als Mensch zur Welt, um unser Leiden zu ertragen, unsere Fallstricke der Sünde zu durchschneiden und es uns zu ermöglichen, für immer frei zu leben, als die heilen und geheilten Individuen, die wir seinem Willen nach sein sollen.

Nicht, daß ich keine Zweifel und Fragen mehr habe. Ich würde Gott gerne fragen, warum ich all das durchmachen mußte, was ich erlebt habe. Aber ich bin schließlich an dem Punkt angelangt, wo ich den Eindruck gewinne, ich muß die Antworten nicht mehr wissen. Ich kann einfach zu Gott sagen: »Ich bin dein Diener. Wenn es irgendeinen Sinn oder eine Botschaft in meiner Behinderung gibt, dann möchte ich, daß du davon Gebrauch machst.«

Gott hat nie gewollt, daß meine Körperbehinderung mein Menschsein lähmt oder verkrüppelt. Wenn ich es zulasse, daß mein unvollkommener Körper das hemmt und verkrümmt, was in mir ist, dann werde ich selbst zur Ursache meines Leidens. Aber wenn ich mich weigere, mich von meinen Einschränkungen geschlagen zu geben, dann werden sie mich sogar stärker machen. Es ist eine wertvolle Übung, jeden Tag gegen meine Behinderungen anzukämpfen – ob es nun darum geht, eine Kanne Tee zu kochen, oder darum, einem Beamten beizubringen, daß ich durchaus zurechnungsfähig genug bin, für mich selbst zu entscheiden.

Ich weiß also noch nicht genau, welche Rolle meine Körperbehinderung in meinem Leben spielt. Vielleicht werde ich es nie wissen. Aber das eine weiß ich: Es war ein Wendepunkt in meinem Leben, als ich anfing, meine Körperbehinderung als Tatsache zu akzeptieren. Von da an war es eine Wanderung auf das hin, was Gott schon immer für mein Leben gewollt hatte.

Ein weiterer Meilenstein meiner Reise bestand darin, daß sich kürzlich das dunkelste, schmerzhafteste Kapitel meiner Geschichte schloß. Ich dachte, ich hätte die letzten Geister schon vor sechs Jahren ausgetrieben, nachdem mich die Auswirkungen von Zeit und Therapie soweit gestärkt hatten, daß ich schließlich sogar einen Brief an den Pfarrer schickte, der mir soviel Schmerz bereitet hatte. Ich schrieb ihm, daß ich mit Gottes Hilfe schließlich an dem Punkt sei, wo ich ihm vergeben könne.

Es war schon ein Heilmittel, diesen Brief überhaupt abzuschicken. Nach Jahren voll Schmerz, Wut und Haß fand ich allein in dem Aussprechen der Vergebung ein überraschendes Maß an Befreiung und Freiheit. Ich dachte, diese Episode wäre nun abgeschlossen, aber da täuschte ich mich.

Einige Monate später erhielt ich einen Brief von der Frau des Pfarrers, die mir mitteilte, daß ihr Mann soeben gestorben sei. Sie sagte auch, daß sie, als mein Brief ankam, so gespannt war, von mir zu hören, daß sie die Tatsache ignorierte, daß der Brief an ihren Mann adressiert war.

Sie öffnete und las ihn. Als ihr Mann am Abend nach Hause kam, konfrontierte sie ihn mit dem Brief. Er leugnete, mich je sexuell berührt zu haben, und verbot ihr, auf meinen Brief zu antworten. Nun wollte sie mich wissen lassen, daß er gestorben sei, und sich in seinem Namen für all den Schmerz entschuldigen, den er mir zugefügt hatte. Sie hatte sich entschlossen, meinem Brief Glauben zu schenken. Das allein war eine heilende Erkenntnis.

Wir schrieben uns in den nächsten Monaten mehrfach. Ich war mir nie ganz sicher, warum sie den Kontakt halten wollte. Vielleicht um ihr eigenes Gewissen zu beruhigen. Vielleicht hoffte sie, den Ruf ihres Mannes zu retten, indem sie mich bat, niemandem zu erzählen, was geschehen war. Möglicherweise waren ihre Motive rein, und sie begegnete mir aus Mitgefühl und Sorge heraus.

Doch ihre Briefe waren nie heilsam. Jeder schien einen Riß durch die kaum verheilte Wunde zu reißen und die ungeschützten Emotionen der alten Verletzungen wieder bloßzulegen. Ich schrieb ihr schließlich ein letztes Mal, dankte ihr für ihre Sorge und bat sie aber auch, mir nicht mehr zu schreiben. Ich mußte diesen Schmerz ein für allemal hinter mir lassen.

Ich legte die Briefe in ein Regal in meinem hinteren Wandschrank, zusammen mit einer Reihe anderer Dinge, von denen ich hoffte, daß ich ihnen nie wieder begegnen müßte. Jahre vergingen. Dann erwachte ich eines Wintermorgens mit dem heiligen Gefühl, daß ich diese Briefe aus meinem Haus verbannen und zerstören sollte. Mein erster Gedanke war, sie einfach zu zerreißen und die Stücke in die Schlucht hinter meinem Apartment zu werfen. Aber als ich Nancy, die mir beim Zusammenstellen aller meiner Arbeiten für dieses Buch half, von dieser Idee erzählte, schlug sie den symbolträchtigeren Akt des Verbrennens vor. Dann könnte der Rauch der Briefe wie ein Opfer meines Schmerzes zum Himmel aufsteigen.

Nancy meinte auch, Gregg, mein Co-Autor, sollte Kopien des Schriftwechsels als Hintergrundinformation für dieses Buch bekommen. Daher nahm sie die Briefe mit nach Hause, um Kopien zu machen und gleichzeitig meinem Eindruck gehorsam zu sein, daß ich dachte, Gott möchte diese Briefe aus meinem Haus hinaus haben.

An einem wunderschönen Sonntagmorgen ein paar Wochen danach besuchten Nancy, Gregg und ich die Gemeinde, in der Pfarrer Jim nun arbeitete. Nach dem Vormittagsgottesdienst plazierte Pfarrer Jim die Briefe auf der Terrasse seines Hauses in einer alten Kaffeekanne und zündete sie an. Während die Flammen das Papier zu Asche verwandelten, sangen wir die Doxologie, und Pfarrer Jim betete. Er dankte Gott für das Privileg, das ich ihm vor so vielen Jahren durch mein Vertrauen gegeben hatte. Dann dankte er Gott für all die Heilung, die in meinem Leben bereits stattgefunden hatte, und bat ihn, dieses Feuer als einen Akt des Lobes und des Opfers anzunehmen und weiterhin seine Heilung über meine alten Wunden und meine Zerbrochenheit auszugießen.

Nachdem die Flammen heruntergebrannt waren, machten wir alle eine Fährfahrt. Ich stand an der Reling des Schiffs, während meine Freunde mich stützten, und goß meinen alten Schmerz in die Tiefen des Puget Sound. Die Asche traf auf die Wasseroberfläche und wurde bald von der Bugwelle der Fähre und den mächtigen, stillen und scheinbar gleichgültigen Wellen des Meeres geschluckt.

Etwas Heiliges geschah auf dieser Fährfahrt. Mein Schmerz wurde vom tiefen und heilenden Meer der Liebe Gottes weggewaschen. Die Beerdigungsfeier für meine quälendsten Lebenserinnerungen dauerte nur wenige Augenblicke, und langsam verschwinden die Narben.

Als Kind und bis lange in meine Erwachsenenzeit hinein sah ich mich in meinen nächtlichen Träumen mit einem völlig gesunden Körper. Ich konnte gehen und rennen und springen. Und das Erwachen war jedesmal hart, da ich wieder die harte Realität des Lebens erlebte, gefangen in einem verbogenen Körper und von Zerebralparese eingeschränkt.

Doch in den letzten paar Jahren finde ich mich, wenn ich nachts träume, in meinem Rollstuhl wieder, mit genau den Einschränkungen, die ich auch im wirklichen Leben besitze. Und doch spüre ich, wenn ich heute aufwache und darum ringe, meinen unkooperativen Körper aus dem Bett zu manövrieren, ein Gefühl von Frieden und Freiheit, wie ich es nie für möglich gehalten hatte.

Ich wollte immer sein wie jeder andere. Ich verschwendete viel Zeit und Energie darauf zu versuchen, bei der großen Parade des Lebens mit dem Rest der Welt Schritt zu halten. Es hat fünfundvierzig Jahre gedauert, bis ich akzeptieren konnte, daß ich wohl nie gut im Marschieren sein werde. Und das ist schon in Ordnung so.

Heute kann ich mit Gottes Hilfe lachen und sagen: »*Ich kann nicht laufen – darum will ich tanzen lernen.*«